"中国廉洁创新奖"

主办单位

中国管理现代化研究会廉政建设与治理研究专业委员会
清华大学廉政与治理研究中心（北京廉政建设研究基地）

廉洁创新的中国实践

POLICY INNOVATION IN FIGHTING CORRUPTION

首届"中国廉洁创新奖"获奖案例集

CHINA INTEGRITY INNOVATION AWARDS

任建明 过勇 主编

社会科学文献出版社
SOCIAL SCIENCES ACADEMIC PRESS (CHINA)

目录
CONTENTS

序 言

鼓励廉洁创新探索　讲好"中国廉洁故事"……………任建明　过　勇 / 1

党政机关篇

福州市利用大数据技术破解监督困境………………………………… / 3
"最多跑一次":"放管服"改革的浙江样本…………………………… / 16
龙岩市公款存储"潜规则"治理………………………………………… / 28
宁海县将村级小微权力关进"制度笼子"……………………………… / 38
武义县首创村务监督委员会机制……………………………………… / 50
四川省党风廉政建设社会评价机制创新……………………………… / 65
苏州市农村集体"三资"监管改革……………………………………… / 79
规范"一家两制"管理:义乌市探索与启示…………………………… / 93
反贿赂管理体系的"深圳标准"………………………………………… / 109
"互联网+监督":湖南麻阳的实践与创新……………………………… / 125
山东淄川区:审计全覆盖的可能与挑战……………………………… / 138
宜宾市党内监督责任"清单化"管理…………………………………… / 148
曲阜:县级廉政治理模式的探索与实践……………………………… / 162

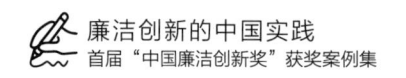

企业单位篇

阿里巴巴廉正合规体系化创新……………………………………… / 175
"有效最低价"：合肥市招投标评审体系的渐进创新 ……………… / 187
三只松鼠："互联网+"时代的廉洁体系综合创新 ………………… / 201
国有企业"大监督"体系创新的国网新源模式…………………… / 214

社会组织篇

"企业反舞弊联盟"的探索与发展 ………………………………… / 229
基金会中心网：打造中国慈善业的"玻璃口袋" ………………… / 240

附　录

首届"中国廉洁创新奖"获奖及提名奖名单…………………… / 252

致　谢 ……………………………………………………………… / 254

序　言

鼓励廉洁创新探索　讲好"中国廉洁故事"

党的十九大报告指出："强化不敢腐的震慑，扎牢不能腐的笼子，增强不想腐的自觉，通过不懈努力换来海晏河清、朗朗乾坤。"党的十八大以来，以习近平同志为核心的党中央坚持党要管党、全面从严治党，以零容忍态度"打虎""拍蝇""猎狐"，反腐败斗争取得压倒性胜利，全面从严治党取得重大成果。在这一历史性变革进程中，我国各级党政机关、各类企事业单位和社会组织等方面积极发起廉洁创新项目，有的已经发挥一定的示范作用，成为中国廉洁治理新模式的重要组成部分。2019年1月，习近平总书记在十九届中央纪委三次全会上发表重要讲话强调，要"取得全面从严治党更大战略性成果，巩固发展反腐败斗争压倒性胜利"。这就需要系统总结和提炼十八大以来各地各部门廉洁治理行之有效的好经验好做法，同时结合新的形势任务和实践要求加以集成创新，不断深化对管党治党和反腐败规律的认识，创造新的廉洁治理经验。基于这一考虑，中国管理现代化研究会廉政建设与治理研究专业委员会、清华大学廉政与治理研究中心(北京廉政建设研究基地)，于2018年联合倡议发起并具体组织了首届"中国廉洁创新奖"(China Integrity Innovation Award)评选活动。

作为国内廉政治理领域的首个学术性奖项，"中国廉洁创新奖"发起的宗旨主要体现在以下三个方面。

一是鼓励廉洁创新探索。创新是国家强盛和社会进步的不竭动力。中国改革开放40余年来一条重要的成功经验，就是不断推动顶层设计和基层探索的良性互动、有机结合。党的十八大以来，针对党风廉政建设和反腐败斗争中面临的种种难题，全国各级党政机关、各类企事业单位和社会组织等方面积极探索、大胆突破，积累了丰富的廉洁创新实践经验。但毋庸讳言，当前我国反腐败斗争形势依然严峻复杂，一些地方和部门廉洁创新动力依然不足。"中国廉洁创新奖"评选活动旨在充分尊重地方和基层的首创精神，激励各地各部门深化廉洁创新探索，为顶层设计提供参考、积累经验。

二是深化廉洁教育研究。理论创新来源于实践创新，理论创新成果形成之后又对新的实践创新提供理论指导。党的十八大以来，在中国廉洁治理领域的很多理论创新来自实践创新，一些实践创新超前于甚至已经在引领理论创新。首届"中国廉洁创新奖"获奖项目，是中央全面从严治党战略部署在地方和基层的生动实践，对推动廉政领域的理论创新具有重要的启发价值。

三是讲好"中国廉洁故事"。我们从学术的视角系统总结和提炼了首届"中国廉洁创新奖"获奖项目的鲜活经验，并于2018年秋借助第十八届国际反贪污大会、第三十六届剑桥反经济犯罪国际论坛等国际平台讲好"中国廉洁故事"，深化中国与世界各个国家和地区的双向交流，为促进廉洁治理国际合作、提升全球廉洁治理成效贡献中国智慧和力量。

"中国廉洁创新奖"的评选原则包括非营利性、学术中立、客观公正和公开透明。具体的评选标准包括五个方面：一是创新程度，申请项目须在理念、方法或实际操作层面具有创新性，而不是简单地执行上级任务或简单模仿已有做法；二是重要程度，申请项目应当能够解决廉洁治理面临的实际问题，对于推进反腐败工作、建设廉洁政治具有较强的理论和实践意义；三是效益程度，申请项目应当在实践中已经产生良好的工作成效，并且已经得到相关方面的支持和社会的认可；四是持续程度，申请项目应当具有较强的可持续性；五是推广程度，申请项目的具体做法、先进经验应当能在同类组织或部门有效推广，具有高度的扩散和借鉴价值。

首届"中国廉洁创新奖"评选活动正式启动后，于2018年5月24日在清华大学举办新闻发布会，面向全国各级党政机关、各类企事业单位、社会组织等各方面广泛征集廉洁创新项目。"中国廉洁创新奖"组织委员会共收集创新项目278个，经过媒体宣传、专家推荐和自愿申请，先后有近百个创新项目单位提交了申请表。组织委员会对申请项目进行了严格的

序 言

资格审查，向评选委员会提交了 77 个符合资格的申请项目。历经首轮评审会、专家实地考察、最终评审会等流程和环节，评选委员会、组织委员会进行了长达数月的细致工作和公开评审，最终评选产生了首届"中国廉洁创新奖"及提名奖。2018 年 9 月 15 日，评选结果在清华大学揭晓，浙江省"最多跑一次"改革办公室的"'最多跑一次'改革"等 10 个廉洁创新项目荣获首届"中国廉洁创新奖"，三只松鼠股份有限公司的"'互联网＋'时代的企业廉洁体系综合创新"等 9 个项目荣获首届"中国廉洁创新奖"提名奖 (具体名单请见附录)。

从获奖项目创新领域看，触及党内监督、脱贫攻坚、公款存储、工程招投标、村务监督等廉洁治理的重要领域和关键环节，体现出全面从严治党正在向纵深发展、向基层延伸。从获奖单位性质看，这些单位涵盖了党委、政府、纪委监委、国有企业、民营企业、社会组织等各方面，体现出我国廉洁创新的格局和领域正在日益扩展，党和国家监督体系正在不断完善。从项目地域分布看，这些项目主要分布在东部的北京、浙江、福建、广东、江苏等地，中部的安徽、湖南等地，以及西部的四川等地，体现出这些省份廉洁创新动力较为强劲，质量和成效较为突出。总体上看，这些获奖项目具有广泛的代表性，能够集中展现出十八大以来我国党政机关、企业单位、社会组织廉洁创新实践的最新成果，能够为推动全面从严治党向纵深发展、向基层延伸提供借鉴和参考，为促进廉洁治理国际合作、提升全球廉洁治理成效提供"中国方案"。

为了助力全面从严治党取得更大战略性成果、巩固发展反腐败斗争压倒性胜利，"中国廉洁创新奖"组织委员会特别邀请参加入围项目实地考察的 20 余位廉政研究领域中青年学者，针对首届"中国廉洁创新奖"19 个获奖项目，从专业学术的视角逐一撰写案例分析报告。这支作者队伍来自清华大学、北京大学、复旦大学、中国政法大学、北京航空航天大学等著名高校，其中既有廉政研究领域深耕多年、颇有影响力的知名学者，更有近年来在学术界崭露头角、颇为活跃的后起之秀。这些案例报告叙事鲜活、语言生动，既有丰富的实践总结，又有前瞻的理论思考，读来令人耳目一新，颇受启发和鼓舞。

需要指出的是，在本书长达半年的编辑和出版过程中，我们得到了中央纪委国家监委等中央国家机关及相关领导的亲切关怀和有力指导，得到了《人民日报》《光明日报》《中国纪检监察报》《廉政瞭望》等权威媒体以及国内外学术界的密切关注和大力支持。全国各级党政机关、各类企事业单位和社会组织等各方面经常来电询问进展，各获奖单位也对本书提出了具体意见和建议。在此，我们向前述有关单位和领导，向评选委员会各位专家，以及关心支持本书编辑出版的各界人士表示衷心的感谢！

2019年是中华人民共和国成立70周年，是全面建成小康社会、实现第一个百年奋斗目标的关键之年。习近平总书记在十九届中央纪委三次全会上强调，"我们要继续推进全面从严治党，继续推进党风廉政建设和反腐败斗争"。期待我们编辑出版的这本《廉洁创新的中国实践》，能够为取得全面从严治党更大战略性成果提供来自实践一线的鲜活探索，为巩固发展反腐败斗争压倒性胜利提供可资借鉴的样本。未来我们将每两年举办一届"中国廉洁创新奖"评选活动，鼓励实务部门富于创造性地深化廉洁治理实践，推动廉洁创新在中华大地乃至全世界蔚然成风！

任建明　过　勇
2019年2月20日于清华园

（任建明，首届"中国廉洁创新奖"评选委员会主任，北京航空航天大学廉洁研究与教育中心主任、教授；过勇，首届"中国廉洁创新奖"组织委员会主任，清华大学党委副书记、公共管理学院教授、廉政与治理研究中心主任）

党政机关篇

福州市利用大数据技术破解监督困境[*]

> **颁奖词**
>
> 福州市运用互联网手段建设"惠民资金网"监督平台,实现了对财政扶贫惠民资金到户、到人、到账的精准监督,有效解决了资金发放数据的信息不对称问题,实现了便民利民的初衷,便利了民众的信息查询和比对,保障了民众的切身利益,也遏制了扶贫惠民资金使用中贪污挪用、优亲厚友、监管失责等突出问题,体现了为民众谋福祉的担当与进取。

党和国家历来高度重视权力监督问题。自2018年《中华人民共和国监察法》出台以来,我国各级监察委员会相继组建成立,国家监察实现了对所有行使公权力的公职人员全覆盖。在具体的实践中,如何区分和确认监督对象、如何实现监督体系全覆盖、如何提高监督能力等,都是正在探索的重要命题。2017年初,福建省福州市纪委监委运用大数据技术,积极探索建立"惠民资金网"监督平台,在破解"监督难"等方面取得了较好成效。

一 惠民资金网建设的起因和背景

福州市惠民资金网的实践创新,是党的十八大以来在全面从严治党的背景下,地方政府不断依靠技术革新提升治理水平的重要成果。其创新实践的直接动因,一方面来源于扶贫资金使用"监督难"问题带来的压力,另一方面则来源于当地纪委监委主动监督的推力。

---

[*] 作者简介:李莉,中国政法大学政治与公共管理学院副教授。

（一）压力：中国财政监督与精准扶贫执行中的难题

财政资金违规使用，一直是困扰地方政府财政监督的难题。目前我国还是以专项转移支付为主，而财政转移支付最核心的问题就是监督问题。这一问题并未因设置专项转移支付而得以彻底解决。多年来，中央和地方各级党委、政府保障民生的力度持续加大，扶贫惠民资金项目日益增多，在实际发放使用管理中反复出现的一些问题，长期困扰着地方政府和相关职能部门。尤其是在精准扶贫过程中，作为专项转移支付的各种扶贫资金违规使用现象突出，雁过拔毛、虚报冒领、优亲厚友等问题较为严重。数据显示，在中央纪委、部分省区市和副省级城市纪委通报曝光的侵害群众利益的不正之风和腐败的883起典型问题中，扶贫领域突出问题多达325起，约占通报曝光问题总数的37%。[①]

在扶贫惠民资金使用的监督实践中，目前主要有三大难点：一是扶贫惠民资金种类繁杂。扶贫领域的各项转移支付资金，具有数量大，项目多，涉及领域广、部门多等特点。在资金发放过程中，经手人员多、发放环节繁杂、透明度低，群众对扶贫惠民资金政策不了解，对自身可以享受具体的资金项目知晓度不高，对政府发放到人到户资金满意度一般，一定程度降低了资金发放的社会效益。二是监督管理难度大。基层单位面对日益增加的工作量，采取传统方式监管，无法准确掌握发放对象的实际情况。各级财政、审计等部门在现实监督管理中力不从心，资金拨付后，对资金在终端是否发放到位往往只进行抽查，无法实现对每一笔发放情况的监管。抽查往往费时费力，例如县对乡镇的抽查，由于检查人员与被检查乡镇人员往往比较熟络，检查效果因此大打折扣。如果采取县区交叉检查，人力、物力、时间花费极大，效果比不上网络公开和社会监督。三是对基层的监督难以真正到位。一些受访者坦言，"以往我们补贴发放情况的公示方式，都是依托传统的村委会（社居委）门口宣传栏和政府办公区域的政务信息公开栏，但是群众驻足查看的比例偏少"。传统的监督方式容易流于形式，不能实现真正的监督到位。

[①]《扶贫领域腐败问题治理》，中央纪委国家监委网，2016年9月14日。

可见，问题的核心在于信息不对称带来的监督困难。而解决信息不对称问题最核心的做法在于能够实现信息公开与透明。

（二）推力：寻求纪检监察工作的突破口

监督是纪检监察机关的第一主责，而净化地方政治生态，有待于构建更加完善、高效运行的监督机制。随着监察体制改革的不断深入，纪检监察机关面对庞大的监督群体及监督事项，急需探索一套符合基层实际的高效监督机制。然而，监督工作在实践操作中涉及面广、形式复杂多样，很难寻找到通用的模式。如何寻找到落地实践的突破口，成为基层纪检监督工作的难点。福州市惠民资金网项目找准了问题的症结。扶贫惠民资金的使用环节长期存在截留挪用、盘剥克扣、优亲厚友等问题，既是财政部门的内部监督问题，也是涉及基层干部权力滥用的微腐败问题。以这个领域作为执纪监督的突破口，具有重要的实践意义。惠民资金网实现了精准监督，推动了主体责任和监督责任双落实，提升了福州市纪检监察机关的监督能力。

二 惠民资金网的运行与实践

地方创新实践面临很多难题，其有效开展与作为创新主体的地方党政机关领导及相关职能部门领导、作为创新载体的创新者所领导的组织机构和创新者所处的外部环境都有重要关系。在福州市惠民资金网案例中，这三个要素依然发挥重要的作用。其中，作为创新主体的地方党政机关领导及相关职能部门领导，即福州市委、市纪委监委发挥了突出的组织作用。同时，包括试点模式的运用、创新手段的技术革新等其他因素也至关重要。

（一）创新机构：纪委、财政部门共同建设

扶贫专项资金的监管，一直是财政部门的职能。福州市惠民资金网的创建与运行，实际采取了纪委监委和财政分工协作、共同建设的方式。

这是与以往对于财政资金监督的不同之处。纪委监委从执纪问责的职能出发，不仅仅将财政违规问题局限于财政专业问题视角，而是将其置于落实主体责任和监督责任的职能范畴内。创新主体的转换充分显示出推动能力的改变。福州市财政局负责人坦言："我们初期协调的十几个职能部门都是由纪委来协调的。纪委负责牵头和协调组织，我们负责专业的工作。"

2017年3月，按照福建省纪委的部署要求，由福州市纪委、市财政局共同发起，市纪委、市财政局、数字办和软件开发公司等部门联合组成惠民资金监督平台建设小组；6月，福州市省级贫困县永泰县正式上线，开启了"互联网+"技术的扶贫惠民资金精准监督创新（对外宣传为"惠民资金网"）的序幕；7月，惠民资金网向全市13个县（市、区）全面推开；9月，惠民资金网正式建成启用。

惠民资金网宣传画

福州市惠民资金网监督平台，目前已涵盖全市13个资金发放主管部门以及13个县（市、区）管理的64类扶贫惠民资金项目发放结果。这一平台向下穿透市、县、乡、村四级，把扶贫惠民资金补助对象的姓名、发放时间、发放金额等和领取结果的核心信息尽可能详尽地公开在互联网上、晒在阳光下，运用"互联网+"解决资金发放数据信息不对称问题，为群众查询、比对惠民资金发放结果提供了便捷、易用的数据集中展示平台，从而使群众了解到每一笔资金的最终发放结果与使用情况。以数据质量为导向，不断强化数据质量关，初步形成了系统化的数据收集、整理、核验、上报机制，强化了对各级各部门预算执行数、实际下发数以及上线公示数的监督，形成了对各级党委、政府部门的管理水平精细化的监督体系。

截至2018年12月，惠民资金网已在线上推出2016年以来全市范围内发放的城乡低保补助、特困供养（"五保"）补助、中央财政扶贫资金、福州扶贫济困春风行动资金等65类资金项目，惠及群众158万余人，涉及金额超过63亿元，共计1800多万条发放记录数据，网站点击量近2600万人次。福州市各级纪检监察机关通过惠民资金网，发现问题线索共涉及597人，给予党纪政务（纪）处分208人，移送司法机关11人，其他组织处理323人。

（二）创新模式：试点先行，逐步推广

试点先行是富于中国特色的政策创新方式。2017年3月，福州市纪委选定本市唯一的省级扶贫开发工作重点县永泰县进行试点。试点期间，永泰县成立以县委书记为组长的惠民资金建设领导小组，高标准完成了试点建设工作。从最早12类资金6900万元的几十万条发放记录开始，通过不断试错逐条列出问题清单，逐项研究解决，制作操作宣传手册，为向全市推广扫清了障碍。永泰县财政局工作人员说："摸着石头过河，一边做一边思考，每天都在解决不同问题。网站从筹划设计、研发完善到前期宣传和试运行，经过6个多月，前后进行40余次改版。"

福建省纪委、省财政厅领导多次听取试点工作汇报，予以肯定鼓励。2017年9月，福州市惠民资金网项目在福建省脱贫攻坚现场会上做了典型工作汇报，得到参会各级领导的认可；12月，在中央党校举办的第三届全国精准扶贫论坛上，福州市纪委进行主题发言，随后又引起中央纪委党风政风监督室的关注。福州市探索的过程也表明，地方创新通过试点的方式能够进入循序渐进的轨道，有利于积累经验，为后期的推广奠定较为良好的基础。

（三）创新手段：技术主导，打造平台

福州市利用互联网技术不断优化网站功能，打造惠民服务平台。

经过前期的不断探索，惠民资金网初步建立了一整套的收集整理、录入上线、比对纠错的长效机制。2018 年，福州市财政局印发《福州市惠民资金网管理暂行办法》，进一步明确了各级各部门主要职责，梳理了惠民项目、数据上线等相关要求，规范了部门申报上线惠民项目和跟踪督促惠民资金上线情况，严格落实异常数据修改审批备案制度，采取"谁发放、谁收集、谁录入"的原则，不断健全网站后台管理制度，为监督平台后期推广应用提供有力的制度保障。市财政局相关负责人介绍说，由于惠民数据量庞大、繁杂，涉及群众多，各单位在建设初期收集核对数据方面都存在力不从心的现象。当时，下乡宣传推广惠民资金网的工作人员经常会遇到民众的质疑："为什么我们村公示出来的发放结果中，领钱的人名字一样，身份证号却不同？"面对群众的质疑，工作人员有些尴尬。数据质量就是网站的生命！为确保数据及时准确导入，平台建设牵头单位立即行动，通过召开专题会、现场督查督办、抽查数据进行比对、制定数据收集上线规范化制度等手段，全面梳理数据采集过程中可能存在的问题和疑点并加以解决。软件公司开发上线数据校验程序，从技术上提供保障，目前网站上线数据身份证异常率已降低到万分之五以下，确保了群众查询的准确性。为确保网站正式上线后能够获得更好的用户体验，研发团队广泛收集不同行业、不同年龄、不同文化层次人群的使用意见和建议，不断优化网站的各项功能细节。网站设计师说："惠民资金网从一开始定位就非常明确，要做面向群众，易用、直观、便捷的网络查询平台，所以不管是网站设计，还是操作都非常简单，一般只要使用过一次，基本上就能轻车熟路。"

与此同时，惠民资金网平台运用数学算法和海量数据的结合，让"数据自己说话"，使决策者能够结合大数据分析的信息化手段对全市扶贫惠民资金的使用情况进行准确评估与监督，遏制群众身边的微腐败，使中央政策不走样、不变形、不打折扣，切实推进全面从严治党向纵深发展。

目前平台已收集整理包括"全市财政供养人员数据库""全市企业社保缴费数据库""全市死亡人口数据库"等在内的关键比对数据库信息4000万余条，初步具备了精确运用大数据比对实施有效监督的基础。

作为大数据的核心技术，惠民资金网还自行研发了内网后台的大数据比对系统，将发放结果与纪委监委掌握的比对数据库进行撞库分析，快速排查异常数据背后可能的问题线索，有效提升了各级纪检监察机关发现问题的能力。2018年初，福州市纪委监委利用全市财政供养人员数据库与低保发放数据库进行比对，将发现的问题线索移送核查，查实率超过80%，实现了快速精准监督，有力地保护了群众的利益。

（四）创新理念：实用导向，广泛宣传

福州市惠民资金网这一案例，凸显向民众负责、以民众为本的改革理念。福州市纪委书记说："我们当时最直接的想法，就是要让普通的老百姓能知道这个事，能会用这个网站。我自己就是从农村出来的，我知道最普通的老百姓需要用什么。"

基于这样的创新理念，整个惠民基金网的创新思路都是围绕普通的民众需求展开。例如，他们提出了民众知晓率、民众使用率和民众满意率的"三率"法则，以此来推进创新工作的每一个环节。在实现民众知晓的过程中，充分利用各种宣传途径，通过专场培训、入户走访、媒体宣传报道等方式加大宣传力度，并深入集市、小卖部开展"扫街式"宣传，手把手教群众使用。利用公交站宣传栏、电视台、报纸等民众喜闻乐见的方式进行广泛宣传。福州市纪委秘书长开玩笑说，"我们的宣传，真正做到了'攻占'电线杆、小卖部和村医所"。2018年8月，国家统计局福州调查队调查了1688位被访者，发现市民对惠民资金网的知晓率为54.63%。

由于创新理念基于民众使用、民众受益，民众的满意率也在持续上升。一位受访者直接表达了他的看法："这个网很好，我们可以直接知道每笔钱的发放情况。这个网一定要继续办下去啊。"不少受访者表示："通过惠民资金网项目的不断推进和大力宣传，我们村在宣传推广上下功夫，发动村干部，在入户中采取面对面、点对点、手把手的宣传方式，逐步改变了群众对网站'不看好'的态度，进一步营造人人知晓、广泛使用、全员监督的良好氛围，不断提升群众的知晓率、使用率和满意率。""惠民资金网真的很方便，随时都可以查询到自己补助资金的发放情况，很公开。不管在哪里，我随时都可以查看到我家人的一些补贴金到位情况。我们老百姓最关注的就是我们的补贴金有没有到位。通过这个惠民资金网，我们还可以查看其他村民包括村干部等享受了什么政策补助，是不是合理合规。这个惠民资金网，也能让我们对现有国家和政府出台的各项惠民政策情况有一个很直观的了解，这个很棒！"

三　惠民资金网建设的成效

福州市惠民资金网开通时间不长，但其监督效果却是显著的。统计数据显示，惠民资金网平台从最初试点建设时的12类资金、几十万条发放记录开始，通过不断拓展项目，扩充至65类、1800多万条有效记录。网站建设秉承"应晒尽晒"的原则，不断增加新的上线公示项目，努力实现福州市所有发放到人（户）的资金信息应上尽上。2018年4月，针对群众在来信来访中反映强烈的村务村财问题，网站按计划扩展了村务村财公开模块，截至当年12月底，将涉及全市所有173个乡镇街道，共2691个村居95余亿元财务收支数据公示在网站上。

福州案例的最大特点，是实现了多元主体参与监督，形成了监督合力。网站以民众需要为建设导向，使得民众监督落地可行。在操作使用方面，网站有两个突出便捷特点：一是登入方式多样化。可通过互联网查找、扫描二维码、安装App、微信小程序等方式登录网站。二是查询便捷化。网站无须登录注册，最少两次点击即可查询到结果，既可按姓名和身份证号查询，也可按资金项目查询，还可按地区／地图查询，同时增加对查询结果姓名、金额等要素的排序功能，方便群众进行查询监督。很多受访群众坦言，"这个网操作简单，不用注册"，"我们可以直接知道每笔钱的发放情况，还可以查到别人享受了哪些政策补助，是否合理合规"。这是实现民众有效参与监督的重要前提。福州市人社局干部说:"惠民资金网改变了传统的公示方式,把群众补贴款的发放时间、发放金额通过互联网公示出来,方便群众随时随地查看,在一定程度上减少了办事窗口经办人员的接访量。此外,职能部门官方网站融合太多信息,群众并不能明确筛选出关于政府补贴政策的规章制度,或者只是对相关政策仅有模糊印象,并不明晰向哪个部门申请,而惠民资金网集中展示各部门的补贴政策,帮助群众从模糊查找到精确查找,更有利于群众筛查符合自己条件的补贴政策,明白补贴发放依据的法规、发放的标准、申请流程、咨询单位和咨询电话,实现了从职能部门单方解答到职能部门、财政、纪委三方监管,再到全民监督的转变,在一定程度上帮助我们减少了窗口经办人员和群众的摩擦,增强了政府公信力。"

由于民众能够有效参与监督,使得纪委主导的自上而下监督模式与这种自下而上监督模式实现了无缝对接。其发挥的这种监督合力,也直接落实到了乡村治理之中。一些村民坦言:"最想查的不是自己的,而是村干部的情况。"在使用惠民资金网之前,干群关系颇为紧张,民众不能充分信任村干部;惠民资金网开通之后,干群关系得到了有效缓解。

其实,利用互联网技术推进群众监督,并非福州市首创。近年来,随着技术的日益普及,各地实践创新也不断涌现。而福州的惠民资金网有以下突出特点:一是使用率高。截至2018年8月,福州惠民资金网的访问量为21390180人次,这与国内目前相似功能的网络平台相比是较高的。二是内容更新快。互联网产品最大的特点是及时有效的传播与沟通,因此评价一个网络平台的标准还在于其更新频率。根据已有的各地监督平台的统计数据发现,惠民资金网更新较为及时,自上线以来保持较为连续的更新,然而其他一些平台的更新相对较为缓慢与滞后。点击量和更新率的背后,实际上反映出民众使用率、知晓率和满意率的实现。

四 对惠民资金网的进一步思考

技术的创新与发展对于推动治理具有重要作用。然而,不可否认的是,技术通常是一把"双刃剑"。一方面,技术能够革新治理工具,尤其对于纪委进行监督的创新与改革具有重要意义；另一方面，技术也会引发相关的治理困境，例如数据安全的防范、数据隐私的保护等。福州市的创新案例，为我们思考技术对于治理如何发挥作用提供了生动样本。

（一）互联网技术是强化监督的利器

一些学者的研究表明，中国行政监督的成本与效果有时呈反比例关系。因此，大数据技术对于治理的革新作用就是在一定成本的基础上更加便捷和经济。福州市惠民资金网充分依托政府部门建设的公共服务网络资源，实现资源共享，节约了建设成本，投入资金较少，初期研发费用仅160多万元，后期推广每个县区投入的费用不到20万元。

从监督的效果来看，大数据技术的高效、快捷也使得监督的时效性更加凸显。据福州市纪委信访室统计，惠民资金网正式上线之后10个月内（2017年10月至2018年7月），涉及惠民资金方面信访举报量同比从62件上升至116件，查实率从25%上升至36%，群众监督逐渐变得更加精准。网站启用后，福清市南岭镇西溪村4名村干部迫于公开的压力，主动找当地纪委坦白了违规领取补贴的问题，并接受了相应的处理。永泰县纪委在网站试运行的第三天，便通过群众举报与数据核查，仅用8个小时，就查处了白云乡财政所负责人连某伙同他人截留私分涉农补贴款的违纪问题，成为当地"史上最快办结案件"。可见，大数据技术对于纪检监察部门履行监督问责职能具有重要作用，其经济、便捷、高效的结果导向机制，使得监督的种种不可能成为可能。

但不可否认的是，在享有技术革新的实效的同时，大数据技术也有可能带来数据安全风险与隐患。如何有效规避风险，最大限度地减少其负面效应，也是迫切需要解决的问题。福州的惠民资金网络建设，依托市政务云平台，由云平台服务器提供网络安全，统一防护。网站建设注重互联网信息安全，在外网公布的信息中，对涉及个人隐私的重要信息进行了处理，外网网站上不保存任何涉密数据。通过IP流量监控、漏报定期排查与及时修复等策略保障系统运行，防止被恶意攻击；在数据方面实施安全巡检、风险评估、安全措施有效性检测、渗透测试、入侵清查及代码走查、安全培训服务、安全演练服务、上线测试、代码审计、压力测试、应急响应服务、云平台等级保护建设、互联网发布区监控服务、安全咨询、云平台安全事件处理服务、安全基线设计服务、虚拟化安全模板构建等工作项目。

（二）信息壁垒的消除是技术平台应用的重要条件

大数据技术的应用，在一定程度上创新了反腐败的方法，解决了反腐败领域的信息壁垒问题。大数据技术对于反腐败工作的创新意义早已有共识，但这一方法的落地却一直成为难题。其中最为困难的就是无法在实际工作中实现信息的共享，从而不能解决所谓的信息孤岛问题[①]。在对同类案例的分析中发现，通过建设跨部门数据互联互通共享机制，少数地区已经突破了信息共享壁垒，但停留于县级层面的案例较多。福州市惠民资金网从早期的县级平台推广至全市范围，在市一级层面有效解决了信息壁垒难题。

在试点时，永泰县针对首批上线的12项数据进行了分类梳理，发现解决了多个共性问题。一是数据采集格式不统一。各个部门提交的发放数据采集格式纷杂，关键地理位置信息缺失较多，无法统一上线。二是身份信息缺漏显著。有些部门长期用一套报表收集数据，身份证信息多为过期或错漏，导致人员定位难以实现。三是有些部门数据量大，校验不及时，电子数据窜行漏登现象不易发现。四是实际发放情况与部门登记造册情况有偏差。例如有惠民资金因各种原因在银行发放时不成功，但在部门数据报表上并无体现。

目前，平台已收集整理财政供养人员数据库、企业职工养老保险数据库、死亡人口数据库、惠民资金发放数据库，以及部分职工居民参保数据库、城乡居民社保数据库、公积金个人数据库、建档立卡贫困数据库、个体工商户信息库、房产登记信息库，共计约4000万条信息，初步具备了精确运用大数据比对实施有效监督的基础。惠民资金网已上线的所有发放

---

① 刘筱勤：《大数据与廉政制度创新》，《中国行政管理》2015年第12期。

结果以及村务村财政公开数据，均可直接查询，无须注册登录。以低保数据为例，由于打通了财政与社保等部门的信息壁垒，2018年初，福州市纪委监委利用全市财政供养人员数据库与低保发放数据库进行比对，将发现的问题线索移送核查，查实率超过80%，实现了快速精准监督，有力地保护了群众的利益。

下一步，福州惠民资金网需要继续打破横向部门之间和纵向层级之间的信息壁垒问题。目前正在构建的"13×13"监督网络体系，包括13个上线资金的职能部门及13个县（市、区）。13家市直责任部门和13个县（市、区）党委、政府的主体责任协同起来，在纵向和横向上强化监督，落实责任，把资金用好管好。这些都有效解决了信息壁垒问题。

（三）数据质量是监督平台的生命

大数据技术的应用不仅在于平台的建立，更重要的还在于对信息的深度、有效开发与分析。近年来，一些地方纪委监委采用大数据技术进行创新，有的建立单一功能的信访举报大数据平台，有的开发信访举报与执纪监督一体的监督系统，还有的研发与民生服务功能合并为一的"e社区综合服务平台"等。这些平台的共性特征，都是借助互联网实现了信息数据收集的革新。信息不仅涵盖范围广泛，而且数量巨大。然而，对于这些不断增加的信息数据进行深入而系统的开发，即筛选出有效信息，成为一个棘手的难题。这是由于网络信息数据冗杂、广泛，真伪性较难辨别。这些都为信息数据的深度分析带来了困难。以信访举报信息为例，民众通过网络进行举报的案件中有很多是涉及民生问题的，而非完全是腐败问题。根据人民网地方领导留言板专栏中向省、市、县三级行政单位党政领导留言的大数据信息分析表明，从腐败投诉占民众总诉求的比例看，2008年为14.6%，2012年上升为20.4%，2013年为27.4%，2014年降低至24.2%。这反映出在现实中，各地依靠网络技术收集到的有关反腐败的各种信息，实际是与其他众多信息混杂在一起的。这就为信息的梳理、甄别和进一步深入分析带来了诸多困难。在目前已有的地方实践中，大数据信息平台已经建立，但后期对于数据的深度开发与审慎分析，将是未来亟须关注并解决的难题。

福州市的惠民资金网，建立了大数据分析比对系统。除提供惠民资金发放情况查询功能外，该平台初步搭建起内网大数据分析比对系统，收集各部门掌握的财政供养人员信息库、婚姻登记信息库、房产信息库、工商登记信息库、公积金信息库等信息数据，利用内网后台的大数据比对系统，将发放结果与纪委监委掌握的比对数据库进行撞库分析，快速排查异常数据背后可能的问题线索，有效提升了各级纪检监察机关发现问题的能力与水平。

大数据技术将国家与社会的反腐败力量有效地结合起来，可以实现反腐败的模式创新。约翰斯顿认为，对于腐败治理的理想模式而言，需要建立一个社会行动联合体。该联合体强调两方面因素：一是领导者的坚定决心和意志，二是公众的积极参与。公众的积极参与是需要条件的。自媒体和新媒体时代为公众政治参与提供了便利条件，而对其海量的信息进行收集、整合、分析与处理，则会使得反腐败主体拓展至民众个体，形成社会监督的功效。从以上分析可以看出，福州惠民资金网的创新实践，为我们在中国土壤上寻求权力监督的新模式提供了借鉴和启发。

"最多跑一次"："放管服"改革的浙江样本[*]

颁奖词

> 这是一场以人民为中心的改革，是一场从理念、制度到作风的全方位变革。浙江"最多跑一次"改革，使群众只需进行政服务中心"一个门"、到综合窗口"一个窗"就能把"一件事"办成。如果把全面深化改革看成一个系统工程，那么它就是撬动这个系统工程的杠杆和支点。"最多跑一次"改革体现了为民服务的根本宗旨，凸显了政府自我革新的决心和行动，彰显了建设清廉浙江、营造风清气正的政治生态的价值取向。

2016年底，浙江省率先实施"最多跑一次"改革。"最多跑一次"，是指群众和企业到政府办理一件事情，在申请材料齐全、符合法定受理条件时，从受理申请到形成办理结果全过程只需上门一次甚至无须上门即可办结。这是一项旨在为企业和居民提供"便民、高效、廉洁、规范"的政务服务的重要政府改革。这项改革提出后不久，就在全省大范围内实施，同时吸引其他一些省市前来学习参观并得到大范围扩散。

浙江省为什么要发起和实施"最多跑一次"改革？这项改革为什么能够在短时间内得以迅速实施呢？改革的主要内容是什么？都有哪些特点？取得了哪些成效？为什么能在全国得到扩散？其未来发展前景如何？笔者带着这些问题赴浙江展开了调研。

---

[*] 作者简介：何增科，北京大学中国政治学研究中心学术委员会主任、教授。

一 "最多跑一次"改革实施的背景

2016年底，时任浙江省政府主要领导经过深入调研，在省委经济工作会议上首次做出"最多跑一次"改革的部署，并在2017年省政府工作报告中将"最多跑一次"改革列为第一项重点改革项目积极加以实施。2017年4月，浙江省委专门成立"最多跑一次"改革专题组，办公室设在省编办，此后改革推进的力度更大，进展更快。

浙江省委、省政府为什么要提出和实施"最多跑一次"改革呢？研读改革发起者关于在推动"最多跑一次"改革工作方面的讲话，可以总结出这项改革发起实施的基本动因。

（一）积极响应党中央的决策部署

浙江响应党中央加快"放管服"改革的要求，践行以人民为中心的发展思想，通过改革增强人民群众获得感。浙江省委主要领导撰文指出，浙江省遵循习近平总书记"把以人民为中心的发展思想体现在经济社会发展各个环节，做到老百姓关心什么、期盼什么，改革就要抓住什么、推进什么，通过改革给人民群众带来更多获得感"的要求，于2016年12月率先提出实施"最多跑一次"改革。习近平总书记强调，要"多推有利于增强人民群众获得感的改革"。"最多跑一次"改革的根本理念和目标，就是让人民群众有更多获得感，是"践行以人民为中心的发展思想的浙江探索"。党中央、国务院要求加快"放管服"改革，浙江改革是对中央要求的积极响应。以实际行动增强人民群众实实在在的获得感，这是"最多跑一次"改革最根本的出发点和落脚点。

（二）打造浙江改革发展的新优势

浙江在推动这项改革方面有良好的基础。前几年，先后进行了行政审批制度改革，累计取消和下放了1300多项审批事项，编制"四张清单、一张网"，推进简政放权以方便群众办事。"最多跑一次"改革是对已有改革的再继续、再深化。浙江省委全面深化改革第十六次会议指出，浙江是靠改革发家的，没有改革就没有浙江的大好发展局面。当前，区域竞争就是改革的竞争，是制度环境和制度供给的竞争。浙江要努力在提供最优制度供给上"胜人一筹"，在营造最佳营商环境上"先人一拍"，在最大限度释放改革红利上"快人一步"。"最多跑一次"改革是浙江全面深化改革的"牛鼻子"，要盯着抓、反复抓，把浙江"最多跑一次"改革的金字招牌亮出来。"最多跑一次"改革已经形成示范带动效应，撬动了若干重要领域的改革，因此要用"最多跑一次"改革增创浙江体制机制新优势，开创浙江全面深化改革的新局面。

（三）顺应群众需求，解决具体问题

这些年，群众反映"办事慢、办事繁、办事难"，企业反映投资项目审批难，证照办理繁、慢，这些问题和需求牵引着"最多跑一次"改革。浙江省委主要领导尖锐地指出，这些年，群众"办事慢、办事繁、办事难"问题在浙江仍然不同程度存在，为了办成一件事情往往需要到有关部门跑多次，耗时费力，闹心费神。有的企业代表反映，以前到政府办理投资项目审批要花250多天都还办不下来。群众和企业的事儿不好办，说明"审批事项多、审批部门多、审批环节多、审批程序不合理"的情况，以及政府机关的庸政、懒政、恶政的情形，党员干部的以权谋私、权力寻租、担当不够、不作为等现象仍然不同程度地存在。这些现象的存在影响着浙江群众对各级党委和政府的满意度和支持度，损害了浙江的投资营商环境，降低了浙江的竞争力和发展后劲。"最多跑一次"改革是省委、省政府对浙江面临的发展挑战认真诊断的结果，是对群众和企业反映的问题和提出的需求的积极回应。

浙江省"最多跑一次"改革是领导驱动和问题驱动相结合的产物。改革发起者对于深化推进改革的政策偏好、以人民为中心的责任感和使命感，促使他们积极推动这项改革。站在群众需求角度，谋划将"最多跑一次"改革作为浙江全面深化改革的突破口，对上契合中央领导以人民为中心的治国理念和响应中央加快"放管服"改革的要求，对下顺应企业和群众希望找政府办事更加便捷的需求，反映了改革发起者善于发现和回应各

方迫切要求，积极争取各方支持的政治智慧和创新策略，从而保证了这项改革的持续推进和不断深化。

二 "最多跑一次"改革的内容

2017年初，浙江省政府工作报告将"最多跑一次"改革列为第一项重点改革项目，以解决群众办事难为切入点，倒逼政府改革，提升政府治理现代化水平。浙江省政府还印发了《关于加快推进"最多跑一次"改革实施方案》，就这项工作做出了全面部署。这项工作开始紧锣密鼓地展开并且进展迅速。

（一）主要做法

浙江省"最多跑一次"改革的具体做法和进展包括以下内容。

一是推进"最多跑一次"事项标准化全覆盖。全面梳理公布"最多跑一次"事项，按照主项名称、子项名称、适用依据、申请材料、办事流程、业务经办流程、办理时限和表单内容"八统一"的要求，梳理规范办事事项，整合优化权力运行业务流程。组织省级部门对同一层级多部门联办的"一件事"研究制定统一规范的办事指南。截止到2018年8月，浙江省公布的省、市、县三级"最多跑一次"事项分别占同级总事项数的100%、99.59%、99.21%，以可量化、可视化、可检验的要求，倒逼政府正确行使权力和依法提供服务。

二是推进"一窗受理、集成服务"。以"一窗受理、集成服务"作为推进"最多跑一次"改革的主抓手，将原来按部门职能分设的窗口整合为投资项目审批、商事登记、不动产交易登记、医保社保、公安服务等综合窗口，全力打造"前台综合受理、后台分类审批、综合窗口出件"的政务服务新模式，推进政务办事从"跑部门"向"跑政府"、从部门"单打独斗"向"协同作战"转变。受办分离、集成服务有效实现了部门的业务协同，打破了部门固有的利益藩篱。

"最多跑一次"政务服务大厅

三是推进"网上办、掌上办、一证办"。制定了《浙江省公共数据和电子政务管理办法》，打破部门信息垄断，实现数据共享，建设全省统一的政务服务网。全面开展办事事项数据需求梳理与数源确认，省级前100项高频事项已实现系统对接和数据共享。打通25个省级部门45个信息孤岛和214套市县系统，开放57个省级单位13500余项数据共享权限，建立完善个人综合库、法人综合库、信用信息库、电子证照库。省、市、县三级开通网上申请的比例分别达90.5%、92.5%、91.0%。

四是推进投资审批、市场准入、民生服务等重点领域改革。按照减事项、减次数、减材料、减时间的要求，逐项编制标准化办事指南，推行一系列改革举措，一般项目图审时间从2~3个月压缩到15天，实现不动产交易登记"60分钟当场领证"，推进水电气、有线电视、宽带、银行服务等事项联动办理。开展减证便民行动，需要办事群众提供的证明目录从860项减少到266项。

五是推进"最多跑一次"改革向事中事后监管延伸。建设12345统一政务咨询投诉举报平台，投诉举报事项的办理时间从21.56天缩短到4.24天。推进跨部门联合"双随机"抽查监管，落实执法监管"一次到位"机制。开发应用全省统一执法监管系统，提升智慧监管水平。加强智能监管和大数据监管，实现监管全过程"留痕"，防止权力滥用，减少腐败机会。

（二）创新亮点

一是这项改革无论从名称、内容设定还是从成效的评判上都体现了以人民为中心的理念，"用户体验"成为最终的评判标准。"最多跑一次"的改革名称通俗易懂，不同于行政审批制度改革、"四张清单一张网"等诸多改革从政府自身工作任务角度来命名，群众不懂政府要改什么、要达到什么目的。"最多跑一次"改革则是从群众到政府办事的角度来命名，同时也是对群众的一种庄严承诺。"最多跑一次"改革的内容和目标设定也是以群众找政府办事的感受为标准。"一件事最多跑一次"的具体事项不同于政府的行政权力事项，而是群众和企业要到政府办的"一件事"，这件事可能涉及多个部门、多个权力事项，这就需要围绕群众常办的事项来整合政府部门的权力事项和运转流程。改革成效如何，群众很容易检验。改革者自身也把改革成效的评判权交给了群众。

二是推行"前台综合受理、后台分类审批、综合窗口出件"的政务服务新模式，打造市、县、乡、村四级联动的政务服务体系。政府部门职能分工过细、各自为战、办公场所分散，是造成一件事跑多次的重要原因。他们以"一窗受理、集成服务"为主要抓手推进"最多跑一次"改革，使群众只需进行政服务中心"一个门"、到综合窗口"一个窗"就能把"一件事"办成。同时他们还推进"一窗受理、集成服务"改革向基层延伸，加强乡镇（街道）便民服务平台和村（社区）代办点建设，实现政务服务"就近能办、同城通办、异地可办"。

三是深入推进"互联网＋政务服务"，以数据共享推动业务协同。制定《浙江省公共数据和电子政务管理办法》，确立电子签名、电子证照等法律效力，确保网上办事于法有据。依托省、市、县、乡、村五级联动的浙江政务服务网，推进权力事项集中进驻、网上服务集中提供、政务信息集中公开、数据资源集中共享，做到"一网通办"，实现让数据多跑路、让群众少跑腿甚至不跑腿的目标。

四是"最多跑一次"改革注重地方标准建设，努力实现改革成果的制度化。浙江省把标准化作为基础工作和长效机制，先后制定了《政务办事

"最多跑一次"工作规范》《一窗受理、集成服务》《浙江政务服务网电子文件存档数据规范》《行政服务大厅现场管理工作规范》等省级地方标准。他们认真总结推广实践中的好做法，并上升为制度性成果巩固下来。"最多跑一次"改革通过将改革成果的制度化、标准化和规范化，保证了这项改革成效的巩固和成果的持续运行。

（三）成功原因

"最多跑一次"改革从2016年底提出改革的设想，到这项改革的深入推进，其间只有2年多的时间，但进展迅速。浙江省"最多跑一次"改革办公室提供的数据显示，2018年6月，浙江省统计局、省社科院对近期办过事的特定服务对象进行了CATI电话调查（样本量为1.2万个），结果显示"最多跑一次"改革"实现率"达88.8%，"满意率"达94.7%。这项改革为什么能够快速实施并取得显著进展呢？

首先，"最多跑一次"改革被列为省委、省政府第一号重点工程，各级各部门主要领导把这项工作作为重点来抓，重视程度空前。2016年底，省政府主要领导提出"最多跑一次"改革设想，将这项工作列入浙江省2017年《政府工作报告》并作为省政府第一号重点项目来抓。2017年4月，浙江省委主要领导被任命后，这项工作成为省委第一号重点项目，每次下基层都要到行政服务中心调研"最多跑一次"改革工作。同期接任省长职务的省政府主要领导继续把这项工作作为省政府的第一号重点工作来抓。省政府有一名常务副省长领导"最多跑一次"改革的日常统筹协调工作。省长每两个月听取一次汇报，常务副省长每个月召开一次例会听取汇报研究解决有关问题。各级各部门都是按照这个模式来统筹推进本地区本系统的"最多跑一次"改革工作。

其次，省政府主要领导根据管理经验，对这项全省第一号重点项目采取"挂图作战"的模式来推进工作，"最多跑一次"改革工作团队发挥不怕疲劳连续作战的精神全力以赴地推进工作，表现出超强的执行力。在省委确定工作目标和基本方向后，省长督战并要求"挂图作战"。所谓"挂图作战"就是根据"最多跑一次"改革总体任务和进度要求，将任务分解到每个地区和部门,将责任压实到每个地区和部门的负责人,明确进度要求和验收的时间节点,具体进展在图上明确标示出来。若进展落后,需要解释原因;若在规定时间内完不成任务,就要追究责任。"最多跑一次"改革办公室的牵头单位和成员单位的人员节假日不休息,加班加点工作。各地区各部门都开足马力推动这项改革。

最后,举办工作表彰会和经验交流会,表彰奖励先进典型,总结推广成功经验。各地区各部门为了在推进全省第一号重点项目工作上不落人后,得到领导的关注和表扬,相互"比学赶超",展开了一场无声的竞赛,从而进一步加快了工作进度,出现了超额完成任务的可喜现象。

三 "最多跑一次"改革的主要成效

"最多跑一次"改革是一项重要的政府治理创新,它在破解很多带有普遍性问题方面都取得了重要成效。

(一)解决行政性腐败

审批权腐败、加速费、好处费等行政性腐败是各地普遍存在的问题。审批事项多,证明材料多,办事环节多,等待时间长,迫使企业和群众为了加快办事速度而支付加速费、好处费,不给好处不办事,给了好处乱办事,权力寻租、权力设租,与审批权相联系的腐败比比皆是。浙江省"最多跑一次"改革最大限度地减少审批事项、减少证明材料、压缩办事时间、实现数据共享,让企业和群众办事到综合窗口"最多跑一次",甚至一次不用跑,实现"网上办、掌上办",并致力于实现"一证通办"。这样就减少了群众和企业与具体办理人员面对面接触的机会,减少了送礼行贿的可能性。

(二)改善了营商环境

企业办理证照多、难、繁,投资项目审批环节过多、时间过长,企业受到有关部门的刁难等,是严重影响企业营商投资意愿且具有普遍性的问题。浙江省"最多跑一次"改革针对这个问题，在商事登记制度、投资项目审批、投诉举报、监管检查等领域迈出了重要改革步伐。他们持续深化商事登记制度改革，在全省范围推行20个领域"证照联办"、28个事项"多证合一、一照一码"，推动企业"一照一码走天下"。他们还推行企业投资项目承诺制，完善投资项目在线审批监管平台，实施"区域能评、环评＋区块能耗、环境标准"和"多评合一、多审合一、多测合一"，推进涉政审批中介改革，到2017年底前实现了企业投资项目开工前审批"最多跑一次"。推进跨部门联合"双随机"抽查监管，落实执法监管"一次到位"机制，防止多头执法、重复检查和任性检查。

（三）规范了政府行为

政府审批行为不规范，随意性大，权力任性乃至滥用，也是带有普遍性的问题。浙江省"最多跑一次"改革致力于规范政府审批行为，提高政府行为法治化程度。他们实行受理和办理分离，"综合窗口"只负责受理，具体审批人员在后台办理，不与企业和群众直接打交道。他们对执法监管行为实行"全过程留痕"，防止执法权滥用。

（四）提高了行政效率

行政效率低下，企业和群众办事难、办事繁、办事慢，是全国各地带有普遍性的问题。浙江省委、省政府率先做出"最多跑一次"的庄重承诺，经过一年多的改革努力，办事难、繁、慢的局面有了很大的改观。他们从群众最渴望解决、最难办的事情上入手寻求突破，为此，积极推进不动产交易登记改革，成功实现交易备案、税款征缴、不动产登记全业务全过程"最多跑一次"并实现了不动产登记"60分钟当场领证"。他们针对企业投资项目审批制度改革这个难度最大的矛盾焦点，推行企业投资项目承诺制，完善投资项目在线审批监管平台，到2017年底前就实现了企业投资项目开工前审批"最多跑一次"。

总之，浙江省"最多跑一次"改革取得了良好的经济和社会效益。这项改革降低了各类市场主体的负担，特别是制度性交易成本，改善了投资经商环境，让企业和个人可以集中精力去发展经济。2017年，浙江全省生产总值增长7.8%，财政总收入增长10.6%，企业家信心指数连续6个季度上扬，民间投资占投资总额的比重达到58.3%，市场主体活力持续增强。"最多跑一次"改革推动了"清廉浙江"建设，改善了浙江的党风廉政建设状况。这项改革通过全面整合和优化审批流程，推动政务服务标准化、法治化，强化了群众参与、群众评价、群众监督，推动了政务公开，从而有助于铲除滋生腐败的寻租空间和建设廉洁政府。据统计，2017年浙江省党风廉政建设群众满意度达到94.8%。

四 "最多跑一次"改革的可持续性

浙江省"最多跑一次"改革具有很好的可持续性。它本身是行政审批制度改革和"四张清单一张网"改革的再继续再深化，是行政审批制度改革的3.0版。这项改革虽然开展了仅1年多的时间，但已展现了很强的生命力。从效用、制度化、社会评价、上级肯定、干部士气五个方面来看，都呈现出良好的发展势头。

一是这项改革在解决群众和企业办事难繁慢、营商环境不佳、行政效率不高、政府行为不规范等带有普遍性的问题上成效显著。问题驱动效果导向的改革只有在解决问题上效果显著才能富有生命力。这项改革完全符合该要求。

二是浙江省"最多跑一次"改革制定了一系列政务服务的地方标准，其中有的做法还被中央全面深化改革领导小组和国务院"放管服"改革相关文件所吸纳，改革成果用制度化的形式固定下来，保证了这项改革的持续运行。

三是这项改革得到了地方民众、新闻界和学术界等社会各界的好评和肯定。在桐庐县课题组与项目受益者座谈会上，有的市民谈到，原来办一个不动产登记证要带很多材料，跑许多趟，现在事先咨询，带齐材料后跑一趟，等一个小时就能拿到不动产登记证，太方便了；企业代表则谈到，来浙江桐庐投资，各个职能部门尽量为企业着想，宁可自己多跑腿也让企业少跑腿，他们的投资项目从立项到审批通过用了 42 天，明显快于其他地方。媒体和学界高度关注这项改革，并发表了一批相关的研究成果。社会各界的肯定使改革的发起者和实施者充满了荣誉感和成就感，增强了将这项改革进行到底的动力。

四是党中央和国务院对这项改革给予了高度肯定。2018 年 1 月 23 日，习近平总书记主持召开的中央全面深化改革领导小组第二次会议，审议了《浙江省"最多跑一次"改革调研报告》，对这项改革取得的积极成效给予了充分肯定。中央全面深化改革委员会第一次会议审议通过的《关于深入推进审批服务便民化的指导意见》，将浙江省"最多跑一次"改革作为第一附件下发。十三届全国人大一次会议上，"最多跑一次"被正式写入 2018 年国务院《政府工作报告》。党中央、国务院的高度肯定使这项改革获得了更大的合法性，使改革者深入推进这项改革的动力更加强劲。

五是"最多跑一次"改革的一线实施者士气高昂，干劲十足。桐庐县行政服务中心的同志反映，行政服务中心的工作受到各级领导的高度重视，他们的意见和建议能得到领导们的反馈，他们的要求能得到领导们的积极回应，同时领导要求高，大家都铆足劲儿工作；负责推动这项改革的实施者反映，尽管他们的工作很累，经常加班加点，但感到自己的工作很有意义，自己身边的亲人、同学都对"最多跑一次"改革赞誉有加，知道自己在从事这项工作都认为这是正事、好事，鼓励要好好干。

"最多跑一次"改革得到中央肯定和社会各界关注后，吸引了全国各地来浙江借鉴取经。2017 年 2 月浙江省发布"最多跑一次"改革实施方案后，陕西省西安市 3 月即提出实施"最多跑一次"改革。同年 6 月，"最多跑一次"扩散到内蒙古、河北、辽宁、江苏等地；下半年，扩散到四川、甘肃、山西、云南、陕西、青海、福建、黑龙江、山东、河南等地。截至 2018 年 8 月，全国已经有 28 个省、自治区、直辖市以不同形式采纳了此项改革，不少省份纷纷推出类似改革。如福建推行的"一趟不用跑"和"最多跑一趟"改革，江苏实行的"不见面审批"，湖北实施审批服务"马上办网上办一次办"改革，天津"一枚印章管审批"做法，广东推出"一门式一网式"政务服务新模式，安徽组织的"最多跑一次"专项行动，山东施行的"零跑腿"和"只跑一次"改革，等等。

浙江省"最多跑一次"改革为什么能在这么短的时间内在全国范围内得到大规模推广呢？根本原因在于，这项改革既契合了中央的政治理念和工作重点，又满足了群众和企业的迫切要求，合乎党心、合乎民心。浙江在"放管服"改革方面先行一步、大胆探索，具有示范效应，得到党中央、国务院的高度肯定，促进其他省份积极跟进。民间投资疲软、营商环境不佳、企业和群众办事难，是各个省份普遍面临的重大问题，不解决这些问题，经济难以发展，党群、干群关系难以得到改善。浙江省的改革，在解决这些带有普遍性问题方面成效显著，企业和群众的满意度明显提高。效用突出、群众支持，赋予这项改革很强的政治正当性，因此出现了浙江省改革在先、众多省份积极迅速跟进创新并快速扩散的良好局面。

浙江省在"最多跑一次"改革中取得显著成果，但仍有提升的空间。浙江当地的干部指出，即使实现投资项目审批"最多跑一次、最多 100 天"的目标，与国际先进水平相比仍有很大差距。根据世界银行 2018 年全球营商环境的国际排名，中国排在第 78 位，甚至落后于墨西哥和俄罗斯等新兴经济体，竞争力和吸引力都还有很大的提升空间。要增强中国营商环境的国际竞争力，要进一步实现审批服务便民化，这项改革仍需进一步深化。为促进"最多跑一次"改革的进一步深化，需要对国家部委的职权进行削减，需要对现有的全国性法律法规规章进行废改立，而这些都不是浙江省自己可以做主的事情。浙江省已经把"最多跑一次"改革实施过程中遇到的国家层面政策法律瓶颈和相应的 68 条具体的修改建议，反馈给中央全面深化改革领导小组和国务院"放管服"改革工作领导机构。我们有理由相信这项改革在国家层面的协调推进中将会取得新的突破。

龙岩市公款存储"潜规则"治理[*]

> **颁奖词**
>
> 龙岩市的探索，直面公款存储中的利益输送问题，通过短期整治与长效规制相结合的方式，有效地排查并抑制了公款存储中的腐败风险，既保证了公款存储的"底线"，将公款存储纳入单位"三重一大"的集体决策，又树立起了公款存储的"标杆"。龙岩不仅为整治公款存储乱象做出了表率，还为规范公共部门与金融部门关系、防范利益冲突和利益输送提供了有益启示。

如果说腐败是一种病毒，那么这种病毒也在不断变异、升级。随着经济社会的发展尤其是科技的快速发展，腐败分子的作案手法也随之而花样翻新，"技术含量"不断提升，隐蔽性及对抗调查的特征日趋明显。通过公款存储向公权力行使者输送利益，就是其中的典型现象。然而，"魔高一尺，道高一丈"。针对公款存储中的乱象，2015年1月福建省龙岩市着手破解公款存储中的"潜规则"，取得了良好的效果。该项目具有很强的创新性和代表性，有必要从理论上进行深入探讨。

一 龙岩市公款存储"潜规则"治理的背景

龙岩市治理公款存储"潜规则"问题，有两个主要动因：一是全国范围内普遍存在以权揽储现象，二是龙岩市原市委书记落马。

---

[*] 作者简介：王方方，北京航空航天大学公共管理学院博士研究生。

（一）以权揽储一度成为全国的普遍现象

当下，金融业的竞争越来越激烈，"揽储大战"就是其中一种典型的竞争方式。一些处于竞争劣势的中小银行为了揽储，采取一些诱人的揽储条件，如按照揽储数额及一定的比例给予"返点"，或在月末、季末、年末等时间节点给予不菲的奖金，达到一定数额还可以提升为经理、行长。于是，领导干部利用职务便利，为配偶、子女等亲属揽储，在一段时间内成为全国范围内的一种常见现象。一些领导干部、国企高管利用手中的权力将单位的存款存入配偶、子女所在的银行，收取回扣或给配偶、子女带来其他好处，而这种现象给国有资产带来的损失是不言而喻的。浙江台州市黄岩区原区委常委、常务副区长金某某2014年落马。调查发现，金某某在任职期间利用职务之便为子女谋取利益，跟自己分管的部门打招呼，要求他们把单位公款存到其子工作的银行，其子从中获取高额提成。江苏省财政厅原副厅长张某某利用其决定巨额财政资金存放在哪家银行的权力，收受银行大额回扣。尽管以权揽储与贪污受贿有所不同，但它们本质上都是以权谋私行为，是新形势下的一种新型腐败现象。公款存储的种种乱象，不仅扰乱了财经制度，而且渐成一种变相腐败，尤其少数党政干部直接和间接参与或干预公款存储，将资本和权力赤裸裸地结合，成了"官商一体"，从中谋取不正当利益，群众对此一直多有诟病。[①]

公款存储乱象

[①] 陈善光：《破除公款存储利益输送潜规则》，《中国纪检监察报》2016年10月19日。

（二）龙岩市原市委书记落马涉及公款存储"潜规则"

龙岩治理公款存储"潜规则"的直接原因是 2014 年市委书记黄某某因受贿落马。黄某某与其家人利用公款存储谋利，在龙岩市一度是公开的秘密。他的妻子此前在厦门一家商业银行任职，这家银行在龙岩原本没有设网点。黄某某担任龙岩市委书记后，该银行很快在龙岩设立分支机构，黄某某的妻子便是筹建分支机构负责人之一。黄某某妻子供职的银行公款存储占比较大。

二 龙岩市公款存储"潜规则"治理的思路

2015 年 1 月，龙岩市委印发《关于在全市党员干部中纠正不良习气树立清风正气的意见》，明确要求各级各部门对单位公款存储问题进行自查自纠。这是龙岩治理不正之风和腐败问题的统领性文件。在此基础上，龙岩市进一步出台了细化的相关制度，构筑了防止利用公款存储进行利益输送的"铜墙铁壁"，同时，也为各单位推行公款竞争性存储提供了具体可操作的依据。这个制度体系主要包括以下几个方面。

（一）以市场化方式压缩权力寻租空间

银行吸收存款的行为必须在法律的框架下进行，也必须在公开、透明的市场竞争环境中进行。龙岩市在治理公款存储"潜规则"乱象的过程中，坚持市场优先、阳光配置的原则，实施竞争性存放制度，压缩权力寻租、利益输送空间，最大限度地减少了公权力对微观经济活动的干预，让权力在"阳光"下运行。龙岩市出台了《关于防止在公款存储中发生利益冲突和利益输送的暂行办法》（以下简称《暂行办法》），探索通过向社会公开招标和拟定协议等市场化方式存储公款。2016 年 10 月，龙岩各级机关单位累计撤并银行账户 854 个、资金 5.83 亿元。共有社保资金、养老保险基金、基建专户资金等 20 亿元公款以招投标、协议等方式实现竞争性存储，有 10 亿元贷款资金以竞争性谈判方式确定贷款银行。公款存储面向社会公开招标，压缩了权力寻租空间，优化了银行的竞争环境，构建了"亲""清"新型政商关系，同时也提高了资金效益，可谓一举多得。

（二）以集体决策化解以权揽储风险

针对公款存储引发的权力寻租、利益输送等问题，龙岩市委在2015年初出台的《关于在全市党员干部中纠正不良习气树立清风正气的意见》明确规定，"单位经费、项目资金存储到哪个银行要集体讨论、形成记录，并在单位内部公示，银行给些什么好处也要在单位公开"，并公布了举报电话、信箱和网址。集体决策制度，避免了某一个领导干部独揽大权，擅自将公款存入其亲属子女或特定关系人所在的银行，体现了公共权力行使公共化、透明化的理念和原则。龙岩各级各单位均把公款存储纳入"三重一大"集体决策事项，并纳入单位廉政风险防控机制建设。以往未经集体决策或者招投标等选定公款存储机构的，均重新按照集体决策有关程序研究决定。对发现的问题坚决纠正，及时撤并有关账户。新设立的账户都严格按照要求进行集体研究，或者实行公开性、竞争性、规范性存储。公款存储集体决策制度的推行，堵住了以权揽储的腐败漏洞，织密了制度的笼子，降低了领导干部的腐败风险。据不完全统计，龙岩全市300多亿元公款存储行为得到有效规范，每年通过竞争性存储使国有资产保值增值近2亿元。

（三）以回避制度防止利益冲突

利益冲突是腐败之源，建立回避制度是防止利益冲突的有效途径。公款存储"潜规则"中最主要的问题就是利益冲突。只有建立防止利益冲突制度，才能从根本上治理公款存储乱象。正因为如此，龙岩市出台《关于防止在公款存储中发生利益冲突和利益输送的暂行办法》，对公款存储回避制度进行了详细的规定：有存储决定权的领导干部、财务人员，以及与资金管理有关人员不得将本单位公款存储在本人的配偶、子女及其配偶和其他特定关系人所在的金融机构；所在的金融机构参加本单位或管理范围内的下属单位公款竞争性存储，上述有关人员应主动报告并实行公务回

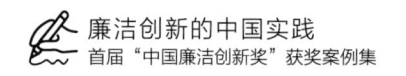

避。公款存储回避制度的制定和执行，大大减少了公款存储中的利益冲突，将以权揽储堵在了"防火墙"之外。

（四）以系统化治理提升政策效果

制度建设必须注重系统性和科学性，零散的、不合理的制度在治理腐败中的效果是微乎其微的，甚至可能刺激腐败的生长蔓延。因此，从长远和大局出发设计系统的、科学的反腐败制度，是廉洁创新活动取得成功的必要条件。龙岩公款存储"潜规则"治理，并非采取单一的措施，而是全方位、多层次、立体化地治理，因而，政策效果得到了充分的保证。

一是整治工作基本做到龙岩全市各类单位、各类资金、相关人员全覆盖。治理公款存储任务重、头绪多、政策性强，在此过程中，市县联动、同步开展，发改、财政、审计、人民银行、银监分局等部门根据各自职能，积极支持、密切配合、主动作为，形成了整治合力，保证整治工作有序有效进行。

二是探索实行"存贷并治"。龙岩在盯紧公款存储的基础上，把目光转移到行政事业、国有企业贷款上，把贷款纳入整治范围。比如，国资委建立"存贷并治"工作机制，针对个别企业在银行贷款方面"贷高（利率）不贷低""以贷转存""贷而不用""贷多用少"等问题，采用逐一排查、主任约谈等方式进行监督和整治，防范新形式的"贷款腐败"风险。

三是健全完善配套制度。根据龙岩市"两办"出台的《暂行办法》，各级各单位共制定出台相关制度40余项。2017年8月，龙岩市根据财政部制定的《关于进一步加强财政部门和预算单位资金存放管理的指导意见》精神，出台了《龙岩市市级预算单位资金存放管理办法（试行）》，进一步规范公款存储集体决议方式、竞争性方式的具体程序，斩断公款存储谋私逐利的利益链条。

三 龙岩市公款存储"潜规则"治理的做法

习近平总书记指出，"破除潜规则，根本之策是强化明规则，以正压邪，让潜规则在党内以及社会上失去土壤、失去通道、失去市场"。2015年1月，龙岩市以"苏区重任在肩、闽西理应先行"的政治自觉和历史担当，勇敢面对、率先破题，在全国率先向公款存储潜规则"亮剑"。

（一）深入调查研究，归纳公款存储"潜规则"的种类

调查研究，是开展工作的前提和基础。调研组采取实地走访、查阅资料、问卷调查等形式，深入国家控股银行、股份制商业银行以及银监会，党政机关事业单位和国有企业等。一个月的调研之后，公款存储的"黑洞"被掀开了。

公款存储乱象主要表现为以下六个方面：一是指定开户银行，单位有资金管理权的个人指定银行开户。二是指定存储银行，单位有资金管理权的个人指定银行存储。三是进行存款搬家，单位有资金管理权的个人在月末、年末等特定时段随意转存公款。四是私定存款种类，单位有资金管理权的人员以定、活期存储形式来获取活期存储银行给予的利差提成，或者选择性使用某个银行的单位存款，提高暂未被使用的银行存款稳定性，以期获得利益。五是干预单位存款，领导干部或有行政审批权的人员，利用职权或职务上的影响，以指定、授意、暗示等方式干预公款存储。六是签订阴阳协议，银行与单位有资金管理权的个人利用存款利率上浮空间、个别银行存款贴息政策、银行理财产品等业务，以双方谋利为目的，对公签订一种合同，私下签订一种谋利协议。

龙岩市通过分析研判发现，公款存储"潜规则"主要有以下三种表现形式：一是"投桃报李型"。例如，给领导干部或相关人员安排宴请、旅游，报销个人费用，现金回扣，赠送购物卡、代币券等好处，或者超常"封妻荫子"，给其亲属、特定关系人安位置、拿高薪、超常提拔、给高额回扣。二是"声东击西型"。例如，搞"存款先移、人员再调"，通过公款"大搬家"，领导干部亲属在不同银行之间频繁更换，不断提升职位；或为彼此在不同银行工作的亲属相互提供公款存储，钻回避制度的空子。三是"偷梁换柱型"。如领导干部通过公款存储，为亲友获取低息贷款、购买高附加值金融产品等提供便利；更有甚者，通过揽储中介、资金掮

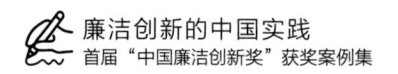

客等间接获取高额利差。

（二）严格建章立制，将权力关进制度的笼子里

建立防止利益冲突制度，已被实践证明是行之有效的重要反腐手段。龙岩市委、市政府制定出台《关于防止在公款存储中发生利益冲突和利益输送的暂行办法》，从制度设计上使公款存储利益输送潜规则失去土壤、通道和市场。一是实行集体决策、阳光存储制度。规定公款存储应纳入单位"三重一大"集体决策事项，单位经费、项目资金存储到哪个银行要集体研究、形成记录；具备条件的，进行招投标等竞争性存储。除涉及不宜公开的外，公款存储情况必须在单位内部公示，银行给什么好处也要在单位公开。二是实行公款存储回避制度。回避制度的推行极大地降低了以权揽储的腐败风险。三是实行经济责任审计制度。公款存储情况列入领导干部（领导人员）经济责任审计内容。四是领导干部公款存储情况列入全面从严治党主体责任落实情况检查和市、县党委巡察内容，形成常态化监督检查机制。

（三）强化监督问责，严厉查处领导干部利用公款存储谋利的行为

2015年1月龙岩市委出台《关于在全市党员干部中纠正不良习气树立清风正气的意见》后，未经集体决策或者招投标等选定公款存储机构的，要求重新按照集体决策有关程序研究决定，或者实行公开性、竞争性、规范性存储；新设立的账户严格按照要求进行集体研究，或者实行公开性、竞争性、规范性存储。有存储决定权的领导干部和财务人员均做出了本人在单位公款存储方面没有谋私逐利问题的书面承诺。组织力量开展监督检查，对疑似问题线索，由市纪委主要领导集体约谈单位负责人，责令其限期整改。2016年6月，市纪委集体约谈存在相关问题的15个市直单位主要负责人，责令其在规定时间内完成整改，且签字背书。严肃的监督问责，对广大党员干部形成了有效的震慑。

四 龙岩市公款存储"潜规则"治理的成效

龙岩治理公款存储"潜规则"取得了很好的成效，主要体现在四个方面。

（一）利用公款存储谋利的问题得到有效遏制

全面实行公开存储回避制度、竞争性制度，避免腐败行为的发生。构建了全方位监督机制，财政部门依托已经建成的预算单位银行账户财政监管系统，对账户的开立、变更、撤销等情况实行动态跟踪监督；审计部门将单位"公款存储"问题列入领导干部（领导人员）经济责任审计内容；人民银行、银监部门明确各银行不得设立存款单项考核指标并给予单项奖励，加大对大额频繁异动存款的监测力度，过去那种明目张胆、毫不畏惧送好处、拉存款的现象已经收敛、收手，单位公款存储行为日趋公开公正。

（二）进一步强化了领导干部防止利益冲突的意识

公款存储领域在以前没有受到必要的关注，制度缺失，监管乏力，一些领导干部对以权揽储习以为常。许多干部认为公款存在哪里是一人就能决定的事，主管干部有"自由裁量权"，愿意将公款放在哪家银行就放在哪家银行，其他人无权过问。而在治理公款存储"潜规则"之后，党员干部受到了很好的教育，增强了廉洁从政的自觉性。许多党员干部心中没有了以往对潜规则见怪不怪、习以为常的心理，更加深刻地明白了"当干部就不要想发财"和"瓜田不纳履、李下不整冠"的道理。总体上，领导干部头脑中防止利益冲突的意识得到了进一步强化。

（三）公款存储制度的"笼子"进一步扎紧扎实

龙岩各级各部门采取多种形式，边查边改，把集中整治的实践成果转化为制度成果，规范存储行为和运行程序。比如，连城县制定出台了《关于加强预算单位银行账户管理及分配的方案》，长汀县出台了《长汀县公款存储管理暂行办法》，永定区建立了《单位资金（基金）银行账户进行公开招投标暂行办法》，漳平市建立了《银行业金融机构支持地方经济发展考评奖励暂行办法》，等等。2017年8月，龙岩市出台了《龙岩市市级预算单位资金存放管理办法（试行）》，明确了公款存储竞争性方式和集体决策方式的具体操作流程。2017年12月，龙岩市国资委制定下发《龙岩市市属国有企业资金存放和项目贷款管理暂行办法》，全面规范市属国有企业资金存放和项目贷款管理。

（四）治理经验得到推广，形成示范效应

龙岩在破除公款存储"潜规则"方面积累了较为丰富的经验，为整治其他领域的"潜规则"提供了有益借鉴。同时，也产生了"星火燎原"的效应。整治工作通过新华社、中央电视台等中央和省级多家主流媒体报道后，引起方方面面的高度重视和肯定，产生了积极反响，有关经验被财政部、福建银监局采用。2016年11月，央视新闻频道"新闻直播间"栏目播出《福建龙岩：整治公款存储"潜规则"》，时长15分钟，向全国推广。此后，北京、黑龙江、广东、广西、江西等省份先后到龙岩学习借鉴龙岩市公款存储谋私逐利集中整治工作的经验和做法。2017年3月，财政部针对公款存储问题，出台了《关于进一步加强财政部门和预算单位资金存放管理的指导意见》，充分吸纳了龙岩市公款存储方面的经验，尤其是公款存储集体决策制度、竞争性存放制度和回避制度。2017年6月，中国银监会出台了《关于进一步规范银行业金融机构吸收公款存款行为的通知》，整顿规范银行业金融机构吸收公款存款行为。

五　前景展望

龙岩市以高度的政治自觉和历史担当，对治理公款存储"潜规则"进行创新，取得了明显的效果，但也面临着一些困难和挑战，主要包括两个方面：一是公款种类繁多，且账户五花八门，管理难度大；二是法律对公款存储利益输送问题还没有专门的规定，有的具体情形和性质认定比较困

难。对此，未来应从以下两方面进行改进和完善。

一方面，要定期开展清理和规范预算单位银行账户专项检查工作，实现监督全覆盖。对于预算单位已开设，但存在下列情形的，相关银行账户应清理撤销：一是未按规定报财政部门批准擅自设立的；二是新设银行账户，未严格按照有关规定采取集体决策或竞争性方式选择开户银行的；三是向银行申请的贷款已还清无须继续贷款，原开设的一般存款账户应撤销的；四是银行账户在开立一年内没有发生资金往来业务的；五是预算单位被合并或因机构改革等原因被撤销的；六是专户核算的资金项目已经完成或政策执行到期，以及同一性质或相似性质的专项资金开立多个专用存款账户，按照相关规定应进行撤并的（如需保留的，应提供相关文件依据报财政部门核准）；七是其他按有关规定需撤并账户的。

另一方面，加强党纪法规中相关规定的落实，并尽快对公款存储问题进行立法。2018年8月新修订的《中国共产党纪律处分条例》（以下简称《纪律处分条例》）第九十五条明确规定：利用职权或者职务上的影响，为配偶、子女及其配偶等亲属和其他特定关系人吸收存款、推销金融产品等提供帮助谋取利益的，应给予相应的处分。这为今后公款存储提供了重要的党纪法规依据。然而，再好的制度如果得不到有效的执行，就一定会形成"破窗效应"。任何情况下，都不能讲"放开""搞活""松绑""特殊"。今后应该加强《纪律处分条例》的执行和落实，严厉打击利用公款存储搞利益输送的行为，以破除公款存储"潜规则"。在严格执行纪律处分条例的基础上，建议对公款存储问题进行立法，以在更高的层面推动此问题的彻底治理。

宁海县将村级小微权力关进"制度笼子"[*]

颁奖词

19项公共权力事项、17项便民服务事项,这不是一张一成不变的清单,而是体现了在村级建立秩序的理念。《宁海县村级权力清单三十六条》运行以来,实现了村级小微权力内容的全覆盖,标本兼治推进了农村基层党风廉政建设和依法治理,切实把村级公权力"关进笼子",实现了监察职能向村级延伸的目标。

农村基层干部是党和政府联系群众的桥梁和纽带,其掌握的权力虽然不大,但涉及面广,且与群众切身利益息息相关。因此,预防农村基层"微腐败"、管住农村基层"微权力"已经迫在眉睫。2018年中央一号文件《中共中央国务院关于实施乡村振兴战略的意见》明确提出,推行村级小微权力清单制度,加大基层小微权力腐败惩处力度。权力清单就是要通过对权力进行规范化,解决权力乱用、错用等问题,以权力清单为契机,开启中国政治改革的新方式和新途径。而这项改革的源头就是浙江宁海县。

2014年2月,在探索基层腐败治理的实践中,宁海县首创"农村小微权力清单制度",制定和推出了《宁海县村级权力清单三十六条》(以下简称"宁海36条"),将基层小微权力制度化、法制化、规范化、程序化,用权力清单将村干部的"特权""私权"关进"制度"的笼子,创新性地

---

[*] 作者简介:闫东玲,天津大学管理与经济学部副教授、天津大学廉政研究中心执行副主任;甄奕婷,天津大学管理与经济学部硕士研究生。

推进了基层组织的廉政建设。

一 "宁海36条"改革实施背景分析

"村官巨腐""小官大贪"等发生在群众身边的不正之风和腐败问题，频频见诸报端，反映出我国基层面临一系列村治困境。农村基层党风廉政建设问题繁多，全国各地农村基层治理问题严重，根本原因就在于村干部手中的小微权力缺乏有效的制度制约，群众的知情权、决策权和监督权缺乏有力的制度保障，迫切需要"36条"这类制度来规范村级小微权力运行。

（一）"村官巨腐""小官大贪"屡屡发生

农村治理的好坏，直接关系到广大农村地区人民群众的切身利益，关系到农村的长治久安。过去，有人总认为村级没有多大的权力，"虾仔作大浪，成不了气候"，但是随着项目增加和惠农资金的增多，村级的权力进一步膨胀，村干部的腐败机会与日俱增。据不完全统计，2013年以来，全国各地公开村干部违纪违法案件171起。其中，涉案金额超过千万元的案件12起，涉案总金额高达22亿元。

（二）村干部履职和权力行使缺乏监督

有些村干部对于权力行使缺乏正确的认识，存在传统的皇权思想，一朝权在手，就来把令行。虽然对村干部权力行使已经进行了一定的制度规范，但由于缺乏自下而上的监督和老百姓的广泛参与，缺乏必要的知情权和参与的制度性渠道，无法落到实处，只成为墙上的制度。而治理过程中的特殊主义、规则意识缺乏以及人情化，使得在不少地方具体行政或公共事务的管理因人而异的现象非常普遍。政策实施的"最后一公里"被选择性执行，甚至被误用、错用、乱用，诸多政策遭遇"落地难"，"政策不入户"情形经常出现。如村干部在宅基地分配、低保名单确定等过程中，滥用职权等现象时有发生。

新任村干部难以尽快履职，由于村干部选举更替率大，选举后新履职村干部多，如何让他们尽快掌握国家政策、履行好政务职责，也是实施权力清单、简化村级行政权力审批、限制和规范村干部权力行使的一项重要考量。而来自各个职能部门的很多政策文件，不仅艰涩难懂甚至互相冲突，更不要说贯彻执行，这给具体执行政策的村干部带来巨大阻碍。如何让新当选的村干部更快更好地履职，成为亟待解决的首要问题。

（三）乡村民主选举利益之争严重

在民主选举过程中利益之争严重，县域村民选举的高参与率和高动荡性并存，这种高动荡性主要表现为村民对村干部职位的激烈竞争。这样的竞争部分地区是由于村干部之间的利益驱动。选举后村级治理面临一系列制度困境，选举并没有解决民主治理问题，反而因权力的集中和行使没有得到有效规范，造成争权、基层腐败和社会不稳定等一系列治理乱象和问题。

村级事务权力透明公开运行的必要条件是建立村级事务权力清单制度，这是从源头出发治理腐败的基础性工作。行政权力清单制度的透明化、公开化及可视化理念，为推动村级小微权力公开运行、平等参与村级事务、基层腐败治理注入了发展动力。

二 "宁海36条"改革实施的内容

（一）具体措施

2014年2月出台的"宁海36条"，涵盖村级重大事项决策、项目招投标管理等19项村级公共权力事项，村民宅基地审批、困难补助申请、村级印章使用等17项便民服务事项，运行五年来，全部实现了村级小微权力内容的全覆盖。"宁海36条"标本兼治地推进农村基层党风廉政建设和依法治理，切实把基层公权力"关进笼子"，实现了监察职能向基层的延伸。

1. 界定用权边界

通过组织上百次会议、访谈上千名群众，广泛听取意见建议，从原先散落在各部门的制度文件中梳理出《宁海县村级权力清单三十六条》。小微权力清单合理界定了村级组织和村干部的权力边界，堵住了暗箱操作的老路、谋取私利的歪路。老百姓说它就是村里的"法"，干部群众都要依"法"办事。

2. 规范决策程序

充分发挥基层党组织的领导核心作用，始终在党的领导下推进基层群众自治工作，重大决策必须经过"五议决策法"，大小村务必须按时按规公开，确保了群众的知情权、参与权、监督权，真正改变了群众"形式上有权、实质上没权"的现象。用村干部的话说：我们把权力还给了群众，群众把信任投给了我们。

3. 明晰操作流程

围绕"宁海36条"要点设置，绘制形成45张权力运行流程图，明确每项村级权力事项名称、具体实施责任主体、权力事项来源依据、权力运行操作流程、运行过程公开公示、违反规定责任追究六方面内容，使干部群众都能"看图说话""照单办事"。同时，凸显精简务实原则，除大中型工程招投标等重大事项外，大部分村级事务办理流程都控制在5个环节左右。群众办事还享有一次性告知、限期答复、按时办结等权利，有效防范了村干部推诿扯皮、故意刁难等情况，极大提高了村级办事效率。

（二）创新之处

在市场经济的冲击下，中国农村从熟人社会转化为半熟人社会，旧的乡村秩序和乡村道德正在逐步瓦解，迫切需要建设新秩序和新制度。"宁海36条"将法治精神、市场经济、道德观念有机结合，抓住了村干部这个关键少数，规范了农村小微权力运行，并通过"五议决策法"实现重大事项的决策民主化，在村内家喻户晓，干部群众人人遵守，并构建起全方位的监督体系，保障其顺利运行。

1. 厘清村干部权力边界，建立村级权力清单

2014年初，针对村务工作相关制度散落在各类文件中，干部不清楚、群众不明白的现状，宁海县纪委等部门，通过访谈上千名群众，召开上百次会议，收集和汇总村级组织和村干部权力事项 60 余项，归纳出台《宁海县村级权力清单三十六条》。该清单涵盖了村级重大事项决策等 19 项村级公共权力事项以及村民宅基地审批等 17 项便民服务事项，基本实现了村干部小微权力内容的全覆盖。根据"宁海 36 条"实施过程中存在的问题，实行清单动态调整。2018 年，新增惠农补贴清单 15 条和村务监督规范 2 项内容，取消和归并计划生育、户口迁移等权力事项 11 项，修改完善宅基地审批、低保申请等流程 28 项，确保制度贴近农村实际、跟上时代步伐。

2. 绘制权力运行流程图，规范小微权力使用

围绕 36 项需要重点规范的村级权力事项，按照工作步骤设置操作环节，绘制下发具体权力行使的流程图 45 张，明确每项村级权力事项的名称、具体实施的责任主体、权力事项的来由依据、权力运行的操作流程、运行过程的公开公示、违反规定的责任追究六个方面内容，确保村级权力运行"一切工作有程序，一切程序有控制，一切控制有规范，一切规范有依据"。

3. 用"五议决策法"实现村务民主治理

"五议决策法"（即村党组织提议、两委会商议、党员会议审议、村民代表会议决议、两委会实施决议）规定，凡村内建设规划、经济和社会发展规划、年度计划，本村公益事业的兴办和筹资筹劳方案及建设承包方案，村集体经济所得收益的使用方案，土地承包经营方案，村集体经济项目的立项承包方案，宅基地的使用方案，征地补偿费的使用分配方案等涉及村集体和村民利益的重大事项都必须走民主程序。

4. 全面宣传推广，实现家喻户晓

通过传统媒体和微信公众号等不间断地推出专题报道，并编排小品、马灯调、快板等进行巡演；在交通主干道沿线及群众聚集区域设立宣传广告牌、横幅和墙体漫画。结合全县"走村不漏户、群众考干部"活动，开展乡镇联村干部专题培训和"比武"测验。印发口袋读本、漫画图册、"微故事"集各 20 余万册，制作微电影、动漫、公益片 10 余部，引导全县 427 个村（社）通过村民代表会议将"宁海 36 条"纳入村民自治章程。

村民正在翻阅"宁海36条"宣传画册

5. 建立三级联动监督问责体系

在党委、政府监督层面，制定出台《宁海县农村干部违反廉洁履行职责若干规定责任追究办法（试行）》，详细界定村干部违反规定的56项具体行为和责任追究的标准。在村监会监督层面，制作"村务监督明白卡"和"村务监督对账单"，同时试点推行"乡贤议事会""村务评说会"等制度。在群众监督层面，让群众实时参与民主决策、民主监督、民主管理各个环节，畅通信访渠道，随时举报违规事项。

三 "宁海36条"改革的主要成效

"宁海36条"自实施以来，得到广大群众的支持拥护，基层呈现干部用权不断规范、监督更加有序、群众办事更加便捷、信访数量大幅下降、干群关系愈加融洽、发展态势越发强劲的良好态势。此做法得到中央有关部门的充分肯定，经验做法相继被中央办公厅专报送中央领导、中央深改办内部刊发，入选中组部文件供全国学习，获得民政部"2015年度中国社区治理十大创新成果"，小微权力清单制度被写入2018年中央一号文件，引起媒体高度关注，影响已经遍及全国。

（一）基层干部用权规范高效

过去对于村里的事怎么办，村干部到底有多大权力，并没有一部法规统一做出规定，村级权力运行处于一种无序和选择性执行的状态，导致村干部以权谋私，严重侵害群众利益。而"36条"为小微权力运行建起了"红绿灯"、"斑马线"和"交通规则"，村干部办事不能"闯红灯""违规越线"，必须按照"交通规则"规范操作。例如在低保政策的落实上，过去由于政策不透明，低保名额牢牢掌握在村干部手中，现在有了"36条"，有效避免了暗箱操作。对于村监会成员来说，过去由于缺乏明确的监督程序和有效的监督载体，村监会作用没有充分发挥，现在按照"36条"进行清单式村务监督，变之前的事后监督为事前、事中、事后全程监督，使村务监督更具操作性和针对性，即便是文化程度不高的村监会成员也能"看图说话"，"照单监督"，全面提高了村监会的履职能力。四年多来，全县655个村级重点项目全部依法操作，节约资金2600余万元，纠正不规范行为500余件次，挽回集体经济损失1200万元。

（二）群众办事监督更加便捷

过去公共政策没有打通"最后一公里"，群众不熟悉村务政策法规，村务运行不公开透明，村干部推诿扯皮影响办事效率的情况时有发生。现在群众可以对照"36条"直观明了地知晓办事步骤、责任单位、时间期限等内容，并享有一次性告知、限时答复、按时办结等权利，只需按照规定一次性提供相关资料，其他均由村干部跑腿办理。村民"e点通"和微信公众号等平台还实现多数便民服务"最多跑一次"甚至"一次都不跑"。此外，宁海"阳光村务网"和数字电视等公开平台，让群众通过网络、手机、电视等方式就可查询到村级事务办理情况，避免了过去由于缺乏行之有效、常态运行的民主管理监督平台等原因而无法有效实施监督的情况。

（三）农村政治生态得到优化

过去村干部与老百姓之间、村干部与村干部之间利益争夺，互不信任，直接造成了农村政治生态的恶化,村级项目推进缓慢,群众上访举报不断。而"36条"要求全面公开账目运行、租金分配、项目承包等核心问题,坚持众人的事情由众人商量,每个权力主体都享有表达权和决策权,真正实现"让群众明白,还干部清白",为农村经济社会的发展营造了风清气正的制度环境。2014年以来,在"36条"的保驾护航下,全县美丽乡村建设等520多个村级重点项目基本实现规范有序推进。据统计,全县反映村干部廉洁自律问题的初信初访量2014年同比下降84%,2015年同比下降17%,2016年同比下降12%,2017年同比下降9.1%,呈逐年下降趋势。

"36条"从最初具体问题的做法创新,逐步变为如今的制度创新和理念创新,已具有稳定性和持续性,并且在推行过程中,深受广大干部群众的认可,已成为必不可少的"村内法"。可以说,宁海的探索有效打破了乡村建设的治理困境,为中国特色社会主义乡村治理提供了行而有效的操作范本。

四 "宁海36条"创新制度的完善

"宁海36条"在取得显著成绩的同时,不但面临上级政策的不断更新,也在推行中受到来自村内的诸多因素影响,如部分村干部习惯于凭经验办事,对制度刚性认知不足,又如农村"熟人社会"的氛围对法治制度的执行有削弱作用。在经过一年多充分调研、征集意见、会商、论证的基础上,宁海县立足新时代,深化改革,推出了新版小微权力清单"36条",并创新推出"停职教育"和不合格农村党员干部、村民代表退出等多项制度,保障制度的与时俱进和有效执行。由此"宁海36条"进入了升级版时代。

(一)"老版"的问题

1. 政策的动态变化增加权力规范的调整需求

在与相关部门对接中发现,目前在"36条"里有5个事项中的10个流程因政策变化而需更新调整,另外,户籍制度改革的县级规定还未出台,相应的流程有待调整。及时将新政策梳理成为权力规范,再将新规范传达至村一级,疏导村干部对政策变动的疑惑等工作需同步跟进。如农村分户

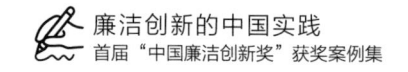

政策中，公安部门要求先有房屋证明才能分户，给村民实际生活带来不便。

2. 少数村干部对制度执行的积极性不高

村干部的身份往往具有特殊性，他们既是村里人，又是国家行政代理人，从而扮演着两种完全不同的角色。部分村干部认为小微权力清单限制了村干部的权力，同时也减少了村干部的原有额外收入，但是却增加了村干部的工作量。还有些村干部习惯于按经验办事，对制度刚性认知不足，个别出现打制度擦边球现象，如有的村把10万元以上的工程拆分成好几个，以规避招投标。

3. "熟人社会"对法治制度的执行有削弱作用

农村是熟人社会、人情社会，熟人社会运行的基本是道德规范，村里人按亲疏、内外、生熟程度区别对待与之交往的不同对象，对法律实践的认识往往是通过自己在社会生活中的亲身感受得到的感性认识，带有片面性，对法律的认识能力也难免带有感情色彩。制度在农村如何刚性执行、强化执行成为难点。如个别村民代表对人不对事，按照亲疏关系来表态，而没有遵照公平公正原则；又如有村干部反映："现在村干部很难当，老百姓有吃有喝不靠你，筹资筹劳不依你，有了问题来找你，解决不好要告你。"

（二）"新版"的修订

1. 根据上级政策变动不断更新权力清单

"36条"并不是一成不变的清单，而是一种村内建立秩序的理念，权力清单以上级有要求的坚决落实、群众不方便的坚决精简、法无授权的坚决取消为原则，实行动态调整。截至目前，在最初的版本基础上，新增惠农补贴清单15条和村务监督规范2项内容，取消和归并计划生育、户口迁移等权力事项11项，修改完善宅基地审批、低保申请等流程28项，确保制度贴近农村实际、跟上时代步伐。

2. 重点加强对村干部的警示教育

研究制定《保障村级组织正常工作秩序的实施意见》《宁海县不称职村社干部"停职教育"暂行办法》《宁海县村民代表退出实施细则（试行）》等配套制度，推行村干部权力清单上岗培训和承诺制度，试行不称职村干部"停职教育"和不合格农村党员干部、村民代表退出制度,进一步提升村级事务人员能力,建立以绩效为导向的村干部报酬制度,实现"责、权、事、人"高效配比。

3. 完善薪酬保障

健全完善村干部薪酬保障正常增长机制,探索实施农村干部"五险一金"廉政风险干预机制,制定出台《关于调整村干部基本报酬待遇的意见》《农村干部违反廉洁履行职责若干规定责任追究办法(试行)》,优先给"36条"执行到位的村安排工程项目和村庄建设资金,强化绩效考核,拉大报酬差距,激发干事创业热情。

4. 强化制度的刚性执行

一方面,突出自治、法治、德治相结合,把村级小微权力清单制度纳入村民自治章程和村规民约,使清单制度成为干部群众的自觉遵循;另一方面,对现有基层治理法律、法规加以细化和补充,形成与村民自治基层治理相适应的制度化规范体系,为权力清单运行提供有力的法制保障。如针对村级工程招投标制度运行短板,探索制定分包转包分类认定及追责办法,为村级工程有序推进提供良好法治环境。

5. 突出事前、事中、事后全过程监管

健全村两委会、村监会、村(社)群众监督"一条链",织密农村巡查、农村干部"五险一金"廉政风险干预、村级重大事项报备、村集体资产资源承包合同备案、农村法律导师等多项保障机制组成的"一张网",既扩大制度覆盖面,又强化制度执行力,实现事前、事中、事后全过程监管。

五 基层腐败治理的几点思考

"锄一害而众苗成,刑一恶而万民悦。"着力解决发生在基层和群众身边不正之风和腐败问题的关键是"要加强对权力运行的制约和监督,把权力关进制度的笼子里,形成不敢腐的惩戒机制、不能腐的防范机制、不易腐的保障机制"。"宁海36条"真正把权力还给基层群众,由群众监督,让村干部的小微权力"入笼",消解了权力寻租的制度空间,清除了腐败

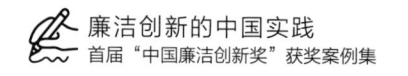

的制度性土壤，为破解基层反腐难题指明了方向。

（一）用法律制度规范权力运行

村级事务权力清单制度创新，是基层农村党风廉政建设的积极探索。由于村级事务权力清单制度是以破解基层不正之风和腐败问题为导向，以加强基层群众监督为旨向，这就决定了它对外部法治环境的依赖性。清单制度作为法治政府建设的重要抓手，运用法律来规范权力的行使，从而规避腐败现象的发生。依靠法律对权力进行规范，以法律的秩序性保障权力秩序，这是"宁海36条"为基层反腐工作提供的重要启示。

（二）创新基层腐败治理的内容形式

目前基层反腐虽已取得显著成绩，但存在的最大误区和陷阱是，许多地方仍用传统方式瞄准大家习以为常的腐败内容。反腐者往往忽略如今的腐败与传统腐败大为不同，其免疫力、反侦查力以及变通力都在不断增强。如按照传统思路，基层干部权小位低，他们即使腐败也是"小打小闹"，殊不知硕鼠猛于"虎"，挖出的"小官"竟有那么多"巨贪"。按照传统反腐方式的严打、定期巡视、运动式推进已无法应对目前的新局势。应以动态、灵活甚至不断创新的方式进行基层精准反腐，这里包括明察与暗访、换位思考、守常与突袭、顺藤摸瓜、逆向思维等，都可运用到新的基层精准反腐中。

（三）培育农村基层党员参与的内生因素

要巩固保持农村基层组织所取得的反腐成效，一方面要抓农村基层党组织建设，充分发挥党组织的政治领导力、思想引领力、群众组织力和社会号召力，不断为落实党的目标任务、实施党的方针政策、推进管理创新提供根本组织保障；另一方面要强化农村社会管理的力量保证，切实发挥党员、青年骨干的带头作用。农村党员、青年骨干是贯彻党在农村的各项方针政策的核心力量，要自觉成为党的方针政策在农村的传播者、执行者和维护者，要敢为人先，积极主动响应上级的号召。

（四）借力大学生"村官"改善基层政治生态

随着国家政策的不断推动和大学生思想政治教育的逐渐增强，在大学生中培育了大批的廉洁大使，他们在毕业后选择投身于新农村建设事业。经过层层筛选，能够担任"村官"的这些大学生知识水平较强、政治素养较高，有望成为改善农村基层腐败现象的主力军。要实现从大学生"村官"群体借力，首先要完善基层权力运行机制，提高大学生"村官"发言权和存在感，通过规章制度的完善和上层监督，确保大学生"村官"能够在当地做实事、出实效。其次要加强对大学生"村官"的培训，弥补他们的经验欠缺、对当地风土人情不熟悉等劣势，切实提升他们的工作能力，从而使大学生"村官"在改善基层政治生态方面发挥作用。

武义县首创村务监督委员会机制 *

颁奖词

　　武义县在后陈村率先创建了全国首个村务监督机构，创新了村务监督的载体，填补了村级监督组织的空白，实现了对村务决策和管理的事前、事中、事后全过程监督。该项目实施以来成效显著，减少了各种问题和矛盾，改变了村级财务混乱的状况，民主诉求渠道得到拓展。2010年，全国人大修订《中华人民共和国村民委员会组织法》，明确规定"村应当建立村务监督委员会"。

　　村务监督是村级民主的有机组成部分，村务监督委员会是具体的监督机构，是代表村民对村务决策、执行、公开实施民主监督的具体组织形式。当前，村务监督委员会与村民委员会、村民议事会形成了现代农村基层治理的新架构，其职责主要是对村委会履职尽责的情况进行监督。2017年12月，中共中央办公厅、国务院办公厅印发《关于建立健全村务监督委员会的指导意见》，对村务监督委员会的人员组成、职责权限、监督内容、工作方式等方面提出具体的指导意见，开启了深化村务监督工作的新局面。在这一顶层设计的背后，是各地持续多年实践探索的结果。其中，浙江省武义县后陈村的探索，迈出了开启村务监督新篇章的第一步。

---

* 作者简介：张译文，北京科技大学廉政研究中心硕士研究生；潘春玲，中国农业大学马克思主义学院讲师；宋伟，北京科技大学廉政研究中心主任、副教授。

一 村务监督制度创新的必然：破解村级民主监督困境

为了更好地保障村民的权益，我国实行村民自治这一基本社会政治制度，即广大农民群众直接行使民主权利，依法办理自己的事情，实行自我管理、自我教育、自我服务。村民自治的核心内容是"四个民主"，包括民主选举、民主决策、民主管理、民主监督。这一项制度为解决农村基层内部矛盾、协调党群干群关系发挥了积极的作用。近年来，随着农村经济的发展，村干部手中掌握的权力越来越大，通过权力所能获取的资源越来越多，村干部违纪违法的案件日益增多，已经成为影响农村党群关系和社会稳定的严重问题。特别是地处城郊结合部的一些村庄，随着城市化、工业化的不断推进，问题尤为凸显。要解决村干部滥用权力的问题，关键是要把村干部的权力管住，防止权力的滥用。而要做到这一点，就必须加强民主监督，使村民能够及时、准确地了解村干部的权力运行状况，并全面了解村务工作情况。这是农村发展形势对村务民主监督提出的新要求和新挑战，迫切需要加强对村务民主监督的运用，并提高运用实效。

村级民主监督是村民自治的重要内容，也是村党组织领导的充满活力的村民自治机制的重要保障。在村民自治中，民主监督起着整合、纠错和保护的作用，主要体现在三个方面：村务公开；村民会议和村民代表会议；村民评议村干部和村务工作。但在具体实践中，民主监督并没有得到真正地贯彻落实，没有发挥其应有的作用，从而没有能够有效地防止村干部滥用权力的问题。究其原因，体现在村务民主监督存在制度困境：一是村务公开缺乏制度保障。具体表现为有关制度规定过于原则化，操作性不强，农村基层在落实过程中存在较大难度。同时，很多地方村务公开制度的实施主体是村干部，村民参与不多，导致村务公开往往重表面、轻实效，流于形式。在实施过程中缺乏相应的制度规范，没有形成比较统一的标准，也导致落实难度较大。二是村民难以通过村民会议或村民代表会议对村干部进行监督。由于相关制度条文的规定比较模糊，相关制度设计存在权责错位的问题，村民会议或村民代表会议的决策与监督的职能并没有真正落到实处。三是在村级组织系统中缺少常设的村务监督机构。根据《中华人民共和国村民委员会组织法》的相关规定，村党组织发挥领导核心作用，村民会议和村民代表会议是村民自治的权力中心和决策机构，村委会是村级重大决策、村务管理的执行机构。在村务的实际运作中，村务决策权、执行权和监督权往往容易混在一起。在这种情况下，村干部往往把决策过程简化，没有经过民主决策的程序就进行决策，容易导致决策失误，产生"暗箱操作"。这与缺乏一个常设的村务监督机构有关。[①] 这些局限性，导致在农村经济社会发生深刻变化的形势下，有的地方出现了民主监督流于形式、村干部用钱用权行为不够规范甚至引发贪污腐败等损害农民利益的问题。

可以说，当前村级民主监督没有能够有效地发挥其应有的作用，使得村干部在权力运行过程中，有更多的机会以权谋私，进而不断激化干群之间的矛盾，村民对村干部的信任度也越来越低。要解决这一问题，一个重要举措就是推动村级民主监督制度创新。

二 村务监督制度创新探索：后陈模式

为了解决农村经济发展过程中存在的治理问题，武义县委决定在后陈村大胆探索村务监督委员会制度。

（一）建立背景

后陈村处于城乡结合部，目前共有户籍人口360户959人，外来人口600余人。其中，中共党员42人，村民代表30人。该村是个远近闻名的产粮村和富裕村。2000年以来，随着城镇化建设的发展，后陈村集体经济实现了跨越式提升，特别是被纳入武义县经济开发区范围后，因工业园区建设、土地开发等项目的实施，村集体资金短时期内急剧增多，村集体土地征用款高达1900多万元。村集体财产的迅速增长，一方面增强了村民与村集体的利益关联性，引起了村民对村级事务的高度关注；另一方面村

[①] 胡序杭：《论村务民主监督的制度创新——以浙江武义县"后陈经验"为例》，《探索》2006年第5期。

民对村务、财务公开与民主管理的诉求越来越高。

在这种形势下，村干部手中掌握的权力资源越来越多，一些深层次的矛盾和问题也逐渐显现出来，突出表现在村务管理尤其是财务管理上。然而，后陈村村务监督相对滞后的问题也日益凸显。长期以来，由于村务账目不清，村干部违法违纪案件频发，且屡查屡犯。2001~2003年，纪委加大对村干部违法违纪问题的查处力度，仅白洋街道就有5个村支书和村主任因经济问题被查处，4个被开除党籍、1个判刑。其中，后陈村的两任村支书落马。[①] 在这样的背景下，后陈村村民对村务公开与民主管理制度创新的要求也越来越迫切。

（二）发展历程

针对村干部滥用权力、干群关系紧张等问题，武义县经过调研，认识到由于村级民主政治建设的制度设计缺乏有效的监督机制，村干部的权力没有在阳光下运行，容易以权谋私、违纪违法。而要解决这一问题，需要通过加强制度化、规范化、程序化建设，赋予村民对村务工作充分的知情权、决策权、参与权和监督权，让村干部的权力运行置于村民的监督之下，从而更好地规范村干部权力的运用。武义县选择在问题较多、矛盾复杂、干群关系紧张的后陈村进行试点。

2003年11月，为了更好地开展试点工作、解决后陈村存在的严重治理问题，时任武义县白洋街道工办副主任胡文法临危受命，兼任后陈村党支部书记。2004年1月，胡文法针对后陈村财务混乱的重点问题，尝试建立了一个村民财务村务监督小组，人员除分管纪检的支部委员和出纳外，由全体村民从非村"两委"直系亲属的村民中选举党员代表一名、村民代表两名共同组成，监督小组每月对村"两委"的财务支出进行审核公示。由此，村级财务混乱的状况逐步好转，村民意见逐渐平息。[②] 2004年6月18日，后陈村全体村民选举产生了我国历史上第一个基层村务监督委员会——后陈村村务监督委员会，并草拟出《后陈村村务管理制度》和《后陈村村务监

[①] 谢云挺、高楠等：《"村务监督委员会"十年回访》，《瞭望》2015年第6期。
[②] 《村务晒在阳光下："后陈经验"十年探索纪实》，浙江在线，2014年3月26日。

督制度》两个讨论稿。村民代表会议讨论并通过了《后陈村村务管理制度》和《后陈村村务监督制度》。村民监督委员会（以下简称"村监委"）有权列席村务会议，受理群众举报，对财务开支凭证进行稽核，对村委会违反制度的行为提出修正意见，并可要求村委会召开村民代表会议进行裁决。村监委成立之后，监督效果立竿见影。据统计，村监委运行3个月左右，后陈村就增收、节支30多万元。村务监督委员会制度也逐渐得到后陈村以及武义县其他村的认可。

三 武义县建设村务监督委员会的做法及成效

后陈村通过建立村民监督委员会，加强对村"两委"的监督和规范，在很大程度上解决了村干部滥用职权、不作为或乱作为的问题。试点工作取得了显著成效，也为整个武义县的村务监督制度探索奠定了坚实基础。

（一）主要做法

党的十八大以来，武义县不断深化"后陈经验"，以"党建+社会治理"的理念，围绕"清廉村居"建设的核心任务，探索构建村务监督标准综合体框架，形成以村务工作和村务监督为重点、自治法治德治相结合的乡村治理标准体系，打造全国基层社会治理"标杆标准"。

1. 以村务监督标准化进一步规范村务监督委员会履职

为了提高各村村务监督工作的规范性、有效性，武义县积极开展制度标准化建设，推进"五议两公开"等民主决策机制，确定村级小微权力清单，制定村务公开"8个规范"、村务监督24项内容清单等标准化制度。同时，实施村规民约规范化工程，全县所有村（社区）都完成村规民约修订工作。全县所有村监委全部达到监督有制度、办公有场所、对外有牌子、监审有公章、工作有记录、履职有报酬的"六有"标准。村监委履职已从对财务管理的监督扩展到村务监督知情权、质询权、审查权和建议权"四个权"的全面落实。2018年7月，武义县出台《关于推进村务监督委员会规范化建设的实施意见》，率先在全国推进规范化建设，提出20条老百姓看得懂、干部做得到、实践好操作的标准化制度，使村务监督委员会制度与时俱进，为推动我国新时代乡村治理提供新鲜样本。①

村监委深入田间地头督查农村土地确权工作

2. 以公开和透明为原则建立村务监督平台

武义县积极将后陈村建立村务监督平台的做法推广至其他村，提高了村务监督的效率。后陈村村务监督平台的具体做法：在开辟村务公开专栏、张贴公开目录和公开内容，召开党员和村民代表会议的基础上，积极探索，打造村务监督平台。一是建立"三务"公开电子信息平台，实现"账在手中"。村级财务经村务监督委员会审核后，将统一上传到家家户户的华数电视互动点播频道。村民只要摁下手中的遥控器，打开数字电视，每张发票的信息都能看得清清楚楚。目前，武义县所有行政村实现"三务"情况与远程教育站点联通，让"三务"公开更为透明规范。仅 2017 年上半年，后陈村上传公开的票据便有 500 多张。这大大提高了村民对村务的了解和熟悉程度，激发了村民参与村务的热情与动力。二是创办《后陈月报》，实现"事在眼前"。2017 年 9 月，后陈村创办村报《后陈月报》，每期 4 个版面，彩色印刷，内容涉及村里的大小事务，还会对上月财务收支

---

① 《武义县出台村务监督规范化建设"20 条""后陈经验"为乡村治理提供新鲜样本》，金华新闻网，2018 年 7 月 16 日。

情况进行详细刊登，甚至对一些问题情况进行曝光。每期报纸出刊后，由村里的党员送到各自的联系户家中，第一时间让村民了解上个月村里的大小事务。这样的形式，更加方便村民们及时了解村务情况，解决了一些村民不会特意去看"三务"公开栏而导致监督作用发挥不够充分的问题。

3. 推行"双述职""两反馈"机制

针对部分村民不去看、看不懂公开栏财务报表问题，在村监委定期向村党支部述职的基础上，武义县增设每月15日向党员大会述职、每季度向村民代表大会述职等"双述职"议程。在述职内容上，重点盯牢"村级重大事务决策、村务公开、'三资'问题、工程建设项目和村干部勤政廉政"等五项内容，做到"月有报告、季有分析"。会后，由党员向村民反馈，按照网格划分，以入户走访、发放简报等形式，向联系户传达村务情况。例如，后陈村创办的《后陈月报》能够将村务工作内容快速地传递到每一个村民，使村民们及时了解村务状况，有利于监督的开展。这一做法也为武义县其他村提供了参考。这项制度在全县范围执行以来，村级"三务"公开透明度进一步提高，涉及村务、财务的信访件明显下降。针对"两反馈"过程中收集到的意见建议，武义县要求以党员或党小组为单位，对群众的合理诉求进行分类，形成简要文字报告，发挥党员的桥梁作用，力促村务公开件件厘清。2017年以来，武义县各村通过党员大会决议共解决村务问题2000余件。

4. 完善村务监督委员会制度与管理机制

随着村务监督委员会制度的实施和深入发展，一些问题也不断显露。在武义县白洋街道下辖的一个村，就出现过前后两任村监委主任职务犯罪的案件，暴露出农村民主监督在执行过程中存在乱监督、不监督的不良倾向，反映了村务监督委员会制度执行力建设的重要性和迫切性。为此，武义县制定出台了《村务监督委员会履职细则》和《关于进一步加强村务监督委员会建设的若干意见》等规定，通过对制度的进一步细化来明确监督权限和监督程序，规范监督程序操作，着力解决村务监督委员会"不愿管""不好管""不善管"等问题。为了倒逼村监委主任履职担责，还出台了《村务监督委员会主任考核办法》，明确了村监委主任考核标准，按5个等次划定工作报酬。

（二）取得的成效

武义县在"后陈经验"基础上，通过将村务监督委员会制度创新进一步推广和完善，把关系到村民切身利益的大事交给他们去监督，使村民对村干部的信任感进一步增强，密切了党群干群关系，有效防止村干部权力异化，在促进农村基层治理方面取得了较大成效。

1. 大幅减少了村务管理中的问题

村务监督委员会成立以后，村"两委"与群众的沟通反馈渠道得到拓宽，使得大部分矛盾被化解在萌芽状态，并从制度和机制上实现了村干部"不能腐""不敢腐"，村干部违法违纪现象大大减少，威信得到提高。村务监督委员会成为沟通村"两委"与村民之间的桥梁和纽带，有利于村务管理的良好运作和村庄秩序的重建。

2. 有效改变了村级财务混乱的状况

武义县通过建立村务监督委员会制度以及村务公开、民主理财等一系列财务管理配套制度，使集体资产的运作有章可循，有制可依，有效防止个别村干部以权谋私，侵吞集体财产，杜绝了集体资产流失的现象，取得了良好的经济效益和社会效益。据统计，2013年以来，后陈村集体资产从1000万元增长至近5000万元；村级分红由500元/人逐年递增到2200元/人；村级合作医疗和人身意外保险全额由村集体承担；60岁以上老人村级分红另有增加，重阳节有慰问金，每年有2000元左右旅游费。其中，后陈村连续多年实现村干部行使公权力"零违纪"、村务"零上访"、工程"零投诉"、不合规支出"零入账"。

3. 干群关系明显好转

过去，因为基层监督缺位乏力，有的地方民主选举后，民主决策、民主管理和民主监督成为"形式"，村民自治往往成为"村官"自治。现在，村务监督委员会制度一方面畅通了民意表达的渠道，每一个村民都获得了涉及自身利益的村务管理工作的话语权，他们的需求和意见可以直接通过村务监督委员会反映给村"两委"干部，再反馈到本人；另一方面，这项制度创新推动了村干部的领导方法向民主的、法治的、服务的方式转变，增强了村"两委"及村干部的合法性，消除了村民对村务活动的各种猜疑，增进了村干部与群众之间的沟通，融洽了干群关系，使得村级管理组织具有了更好的合法性基础。

4. 村级民主管理与法治水平提高

村务监督委员会制度的形成与发展离不开村务管理和村务监督的制度化基础。在实践创新中，村务监督委员会制度构建了一个闭合的、自我化解矛盾的村务管理系统，使得村级公权力的行使在执行有效、监督有力的环境里运行。一方面，以村民代表、党员和乡贤为主体的村非精英群体的公共参与能力得到了提高；另一方面，在制度的规范和约束下，村民逐渐养成了"依法办事""依规理事""民主议事"的习惯。

"后陈经验"取得了重要成效，也得到了国家层面的认可。2010年10月，全国人大修订《中华人民共和国村民委员会组织法》，做出"村应当建立村务监督委员会"的规定。2017年12月，中共中央办公厅、国务院出台《关于建立健全村务监督委员会的指导意见》，保障了村务监督委员会的执行。村务监督委员会制度创新不断深化、升级，从武义县走向全国。

四 武义县创建村务监督委员会的启示及思考

村务监督委员会制度的建立，为村级党组织、村民自治组织、村民三者之间的良性互动搭建了沟通平台，提供了农村自我发现问题、内部化解矛盾的纠错机制，提升了村民自我管理、自我监督能力，是新形势下农村治理体系和治理能力现代化的有益探索。

（一）经验启示

武义县后陈村通过村务监督委员会制度的改革和创新为推动村级民主监督工作提供了重要的经验启示。

1. 构建村级权力约束机制

没有得到有效监督的权力，容易产生腐败。长期以来，农村基层权力的运作缺乏有效的监督，村干部的权力运行没有得到充分地公开，村民的知情权、参与权也在很大程度上受到限制。因此，要强化农村基层民主管理，必须加强对村干部权力的监督；要加强对村干部权力的监督，必须构建一个有效的村级权力约束机制，使村干部的权力能够在合理合法的框架内正常使用。后陈村村务监督委员会制度的提出及成效的取得，进一步证明了构建村级权力约束机制的重要意义。村务监督委员会完善了村党支部领导下的村民自治权力结构，确保决策权、执行权、监督权既相互制约又相互协调。村务监督委员会的设立则改变了村民自治的权力配置和治理体系：一是明确了村务监督委员会由村民会议选举产生，与村民会议建立了代理关系，突破了村级理财监督小组权力来源的局限。二是村务监督委员会实现了村级监督权力的独立行使，与管理权相分离。村委会执行村民会议的决策，村监委对村务管理有监督权和建议权，但无决策权。三是在《后陈村村务监督制度》的保障下，村务监督委员会的选举、履职和罢免等机制均由村民会议或村民代表会议决定，摆脱了原来与村委会权力相继的存续关系。

2. 推动村级民主管理制度的体系化建设

实行村民自治以来，由于各项制度没有形成制度体系，影响了民主管理工作的开展和村务监督作用的发挥。武义县后陈村通过村务监督委员会制度创新，推动了民主管理、民主监督等各项制度的整体发展。后陈村村务监督委员会制度创新使得村级监督权完整落地，一方面，设立了一个独立的行使村务监督权的机构即村务监督委员会，使得监督权与村"两委"分离，村级民主监督获得了明确的组织保障；另一方面，完善了以《后陈村村务管理制度》和《后陈村村务监督制度》为代表的村级管理制度，使得村级民主管理逐渐实现制度化、体系化，从而推动了村级民主管理制度的体系化进程。在建立"一个机构两项制度"的基础上，武义县积极推广"后陈经验"：针对村干部不接受监督或村监委不监督、乱监督的现象，提出了八项处理办法和救济措施。这使得各项制度元素整合成一个功能互补、能自主运行的闭合系统。比如，当村务管理出现问题时，村监委启用纠错程序；向村"两委"提出建议，如被采纳，纠错程序自动完结；如意见不一致，村监委可提请村民委员会召开村民代表会议裁决，由于双方意见都可能被村民代表会议否决而影响自身的威信，这样既会促使村"两委"认真对待村监委的建议，也可预防村监委滥用监督权。在村民委员会拒绝召开村民代表会议的情况下，村监委可直接向县乡村务公开的指导机构寻求行政救济。另外，村监委成员罢免等制度的存在还可防止村监委与村"两委"同体化现象。这样村级民主管理的组织、管理、监督和救济制度相互衔接，形成了完整的制度系统。

3. 促进监督机制的创新，实现全过程监督

要规范村干部权力的运用，需要在事前、事中、事后都给予充分的监督，而不能仅关注其中某一个环节。在以往对村干部权力的监督中，更多的是关注事后监督，如村财务监督小组的监督只是单纯地对村级财务实施事后监督，而没有形成全过程监督，使得村干部以权谋私的问题依然没有得到有效的解决。后陈村村务监督委员会制度的实践经验，为实现监督机制创新、推动全过程监督提供了经验。为了确保监督的有效性和独立性，村务监督委员会成员遵循回避原则，除一名村党支部委员可兼任村务监督委员会主任外，其他村"两委"成员及其直系亲属不得担任村务监督委员会成员，由村民代表直接选举产生，得票多者即为主任，能够确保较好地实现监督和制约。村务监督委员会及其授权人全程参与村务决策管理过程，尤其对重大的财务活动和项目工程进行全程监督。实施事前决策监督，村监委会委员列席村务管理的决策过程，确保决策过程合规范、合民意；事中跟踪监督，参与村务特别是财务决策执行的全过程；事后检查监督，在审核村财务时，村监委成员不仅要查看已有账目，而且还要查看账目形成前的相关的票据，形成了事前、事中、事后监督机制。

4. 运用信息技术提升村务监督的效能

随着信息技术的发展，"互联网+"成为提高办事效能的重要载体。后陈村在开展村务监督工作中，根据时代发展的变化，运用信息技术手段，构建村务监督平台，扩大了村务监督的覆盖面，提高了村民监督村务工作的便捷性，在很大程度上提高了村务监督的效能。这一探索也为全国村务监督工作的开展提供了宝贵的实践参考。当前，运用信息技术开展网络监督具有成本低廉、运行高效、传播便捷的巨大优势，农村基层党组织可以充分利用信息技术推进基层党务、村务公开和政务公开，运用信息技术加大村务监督工作的宣传与治理。例如，通过使用微博、微信等新媒体平台，让村民更快速地接收、查阅村务信息，同时通过设立相应的渠道自觉接受群众的监督和举报，并及时处理举报，尽快做出合理的反馈。

（二）进一步思考

武义县的探索创新，促进了农村良好政治生态的构建，推动了农村的和谐发展。这一制度也逐渐在全国范围内推广开来，但村务监督委员会制度在推行过程当中，由于诸多方面的因素，如重视程度不高、认识不到位等，也面临着进一步深化、提升实效的困境，影响了村务监督委员会制度效能的充分发挥。在新的时代条件下，村务监督委员会制度应从多个方面进一步深化发展，以更好地监督村干部的权力运行，真正实现通过村民自治来实现乡村振兴。

1. 加强对村务监督的重视，避免村务监督委员会虚置化

村务监督是强化农村基层管理、推动村民自治有效发展的重要举措。党中央一直以来都非常重视村务监督工作的开展。但是，长期以来，村"两委"处于自我监督状态，主动接受村务监督委员会监督的意识不强，存在村干部认识不到位、配合不积极，甚至规避村务监督委员会开展监督的情况。同时，有些村干部认为村务监督委员会工作的开展会影响到村干部工作的积极性。而对于部分村务监督委员会的工作人员来说，本身也存在认识不到位、对职责界定不清等问题。这在某种程度上造成了村务监督委员会的虚置化，影响了村务监督工作的开展。因此，有必要提高各方对村务监督工作的重视程度。

在推行村务监督委员会制度过程中，各级乡镇领导干部首先要转变认识观念，充分认识加强村务监督委员会建设的重要性和紧迫性，将村务监督委员会建设纳入村级组织建设的工作重点。同时，严格要求和督促村党总支积极支持配合村监委开展工作，采取多种形式在群众中宣传介绍村务监督委员会的职能职责，提高村民对村务监督委员会的了解和信任，进而调动村民参与村务监督的积极性，促进村务监督委员会主动担当、积极履职，最大限度地发挥村级监督职能。在农村基层，村"两委"干部也要充分认识村务监督委员会的积极作用，主动接受监督，并支持村务监督委员会的工作。对于村务监督委员会本身来说，要进一步细化各项职责，主动作为，结合本村的实际情况来开展监督工作，并协调好与乡镇、村"两委"、村民之间的关系。

2. 整合监督力量，减少非制度化因素对村务监督委员会制度运作的影响

农村是一个熟人社会，其特有的宗族关系链、人际圈和派系势力等非制度化因素容易影响到村务监督委员会的正常有效运作。一旦村务监督委员会在自身的选人用人、与村"两委"的关系处理问题上受非制度文化因素的影响，一方面会降低村务监督工作的有效性，另一方面也会使村民对村务监督委员会的认可度和信任度降低，从而影响到整个农村基层民主管理工作的有效开展。因此，要防止农村非制度化因素给村务监督委员会带来的消极影响。而要减少非制度化因素的消极影响，有必要整合农村基层监督力量，形成监督合力，充分发挥村级民主监督的制度优势。

因此，村务监督委员会在实际运行中要进一步理顺与原有监督组织、原有制度的关系，不能把自己孤立于其他组织、制度之外，而是要联合一起，实现监督协同发展。同时，要充分发挥相关监督监察部门的指导作用。村务监督委员会是村务民主监督管理的一个机构，在监督方式方法上有一定的局限性，因此可以发挥各地纪检监察机关的作用，对村务监督委员会的工作进行培训和指导，同时也应发挥监察职能，对村务工作进行专项指导，与村务监督委员会共同开展好农村基层监督工作。在这一过程中，完善村民监督机制，如畅通监督渠道，使村民有更多的机会了解村务工作的开展状况。

3. 健全村务监督委员会选人用人制度

从全国情况看，村务监督委员会成员普遍存在政治素质不高、学历较低、年龄偏大等问题。比如江西省大余县，村务监督委员会人员中党员比例只有17.2%，初中以上学历的只有25%，而懂财会、工程知识的人员更是不到10%。成员素质参差不齐导致村务监督委员会监督不力，严重弱化了村务监督委员会的监督能力。

制度的实施关键在人。因此，必须要高度重视村务监督委员会选人用人工作，加强监督检查，认真执行亲属回避制度，综合考虑年龄结构、文化水平、相关经历和个人意愿等标准，通过自我举荐、村民提名和组织推荐等方式，坚持公开、公平、公正的方式推选出村民认可、素质高、敢担当的村务监督委员会成员。要加强履职能力培训，由于村务监督工作对于大多数村民来说是一个新领域，受民主意识和能力素质的局限，不懂监督、不会监督的情况屡见不鲜，上级指导部门要开展岗前培训和履职职能培训，对村务监督委员会成员进行党的方针政策、法律规范、村级事务、村民自治和财务管理等方面的培训指导，提高监督水平和履职能力。同时，还要针对不同村庄的特点开展专项培训，如农经、水利、工程建设和审计等，使村务监督委员会成员不但敢于监督，而且善于监督。

4. 充分调动村民的参与监督积极性

党在历史的任何时期都注重发挥人民监督和舆论监督的积极作用，不断推动党内监督和社会监督、舆论监督有机结合、协调发展。而民众参与监督，将会在很大程度上提高监督实效。当前，村务监督委员会制度已在全国铺开，然而，部分村民对参与村务监督工作的积极性不高，使得村务监督委员会没有较好地发挥作用。究其原因，一方面是由于村干部管理模式下的惯性思维，使得村民认为村务监督是少数人的事情，是干部的事情；另一方是因为村民没有认识到村务监督委员会在村务决策中的参与作用、村务决策之后的宣传解释作用，以及村干部和村民之间的沟通协调作用。因此，必须进一步强化群众监督，使其与农村基层党的自我监督同向发力。

在村务监督实践创新中，武义县后陈村的一个重要经验就是将加强基层党建与发展自治相结合。通过开展"双述职""两反馈"机制，将村务监督事项和村务监督委员会履职情况进行公开、公示，一方面畅通村民监督的渠道，另一方面也调动群众参与村务和监督的积极性。结合当前一些地方村务监督委员会在调动村民参与监督方面还存在的不足，可以采取多种举措来引导村民参与到监督工作中，发挥村民的监督作用。可以说，加强对村务监督委员会制度的宣传引导，让群众知晓村务监督委员会在村级

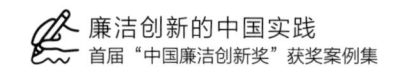

民主自治中的重要作用，有利于提高群众参与村务监督的积极性和信心。村务监督委员会要在群众和村干部间架起"连心桥"，通过下情上传与上情下达，畅通村民反映问题的渠道；要担当起村级管理决策的"智囊团"，通过一定范围的走访、调查等方式开展常规监督或根据特定村务组织质询听证等活动，当好村"两委"的参谋助手，积极向村"两委"提出合理化建议；要发挥"润滑剂"作用，充分发挥联系群众的优势，主动宣传各级党委、政府在农村的路线方针政策，及时配合村干部做好有关事项的解释说明工作，及时消除群众的疑虑和误解，化解农村的各种矛盾和问题，促进农村社会的和谐稳定。

四川省党风廉政建设社会评价机制创新[*]

颁奖词

四川省党风廉政建设社会评价项目，通过科学合理的抽样、简洁清晰的指标、严格扎实的应用，将社会监督和群众满意度纳入评价体系之中。此举提高了各级党委对党风廉政建设的重视度，促进了地方政治生态的改善，体现了省纪委以人民为中心进行积极创新的精神。

党的十九大报告指出，人民群众最痛恨腐败现象，腐败是我们党面临的最大威胁。面对新的反腐败形势，有必要加强反腐败体制机制建设，通过更加科学有效的手段推动党风廉政建设向纵深发展，进一步使反腐败的红利为全社会所共享。其中，有两个问题经常困扰着各级地方党委、政府：一是如何让人民群众能够高效有序地参与到党风廉政建设中来，发挥社会监督与群众监督的作用，提高人民群众的获得感；二是如何将全面从严治党的压力切实向基层传导，让各级党委、政府充分重视党风廉政建设工作。

对此，四川省纪委积极创新，使用民调数据来评价党风廉政建设工作。通过设置硬指标来考核工作，实现了党风廉政建设的压力传导，提高了地方党委、政府对党风廉政建设的重视程度，也提高了人民群众对党风廉政建设的参与度和满意度。

---

[*] 作者简介：范舒瑞，清华大学廉政与治理研究中心博士研究生。

一 四川省党风廉政建设社会评价的背景

作为一项制度创新，四川省党风廉政建设社会评价是对理论与实践的回应。一方面，切实发挥社会监督与群众监督的作用，推动全面从严治党压力向基层传导，是各级地方党委、政府开展党风廉政建设普遍需要思考的问题；另一方面，四川省党风廉政建设发展不均衡，个别地方对相关工作不够重视。这就需要以一项有力的制度创新作为抓手，寻求工作的突破。四川省党风廉政建设社会评价由此应运而生。

（一）理论背景

1. 社会监督与群众监督

社会监督与群众监督，是完善中国特色社会主义监督体系的必要一环，也是党外监督的重要形式之一。党的十九大报告指出，要加强对权力运行的制约和监督，让人民监督权力，让权力在阳光下运行，把权力关进制度的笼子；构建党统一指挥、全面覆盖、权威高效的监督体系，把党内监督同国家机关监督、民主监督、司法监督、群众监督、舆论监督贯通起来，增强监督合力。我们党历来重视发挥社会监督与群众监督的积极作用，不断推动社会监督、群众监督与其他形式的监督相结合，形成协调有序的全方位多角度监督格局。早在2005年，中央颁布的《关于建立健全教育、制度、监督并重的惩治和预防腐败体系实施纲要》中就明确指出："建立测评机制，搞好科学分析，使反腐败工作更有预见性。"2010年11月，中共中央、国务院颁布的《关于实行党风廉政建设责任制的规定》明确要求："建立党风廉政建设社会评价机制，动员和组织群众有序参与，广泛接受监督。"其中，第四条还明确指出："实行党风廉政建设责任制，要依靠群众的支持和参与。"2016年10月，十八届六中全会审议通过了《中国共产党党内监督条例》，其中第三十九条规定："各级党组织和党的领导干部应当认真对待、自觉接受社会监督，利用互联网技术和信息化手段，推动党务公开、拓宽监督渠道，虚心接受群众批评。"这为充分发挥社会监督与群众监督作用、深入推进全面从严治党提供了有力的制度保障。

学界对于社会监督与群众监督的作用也给予了很高的评价。张丽青认为，健全人民群众监督机制是防止腐败的根本途径。任铁缨认为，社会监督属于自下而上的外部监督，是民主的体现之一，同时也关系到政党执政合法性的重要问题。吴海红认为，社会监督使权力处于各种社会群体及社会公众的监督之下，有助于保障国家权力更多地满足社会的需要，同时有助于防范权力者之间形成某种利益同盟，联手攫取社会利益。齐卫平、张雪梅认为，加强群众监督，不仅有利于深化开展反腐败建设，同时也是坚持党的群众路线的要求，是发扬社会主义民主的需要。总的来说，学界普遍认为社会监督与群众监督是权力监督中的重要环节，对于提高反腐败绩效、改善党和政府的治理水平、发展社会主义民主有着重要的意义。

从实际情况来说，我国比较常见的社会监督与民主监督形式包括：政府主动进行的政府信息公开和信访举报等，以及自下而上的媒体监督和网络监督等。这些形式的监督长期以来为纪检监察机关提供了大量的线索与信息，极大地促进了反腐败斗争的开展。然而总体来说，我国社会监督与群众监督的发展，还存在一些不充分、不均衡的问题，不仅范围有限，而且积极性不高，效果也欠佳。一方面，现有比较常见的社会监督与民主监督形式中，还存在制度保障不足、法律法规不完善的问题，阻碍了人民群众的参与；另一方面，作为社会监督与群众监督的主体，人民群众往往只能针对已经发生的腐败事件进行监督，还难以真正对权力的运行进行监督。这就需要党委、政府进一步进行信息公开，消除监督主体与监督客体之间信息的不对称性；同时也需要有相应的制度配合，使得监督对于权力运行能够产生实质性的影响，而不只是停留在纸面上和形式上。

2. 从严治党压力传导与考评机制

全面从严治党是党的十八大以来中央做出的重大战略部署，是"四个全面"战略布局的重要组成部分，也是全面建成小康社会、全面深化改革、全面依法治国顺利推进的根本保证。推动落实全面从严治党的关键在于压实"两个责任"。从中央部委、国家机关部门党组（党委）到基层党支部，都要肩负起主体责任，党委书记要把抓好党风廉政建设当作分内之事、必须担当的责任；各级纪委要担负起监督责任，敢于瞪眼黑脸，敢于执纪问责。

有权必有责，有责要担当，失责必追究。不论是落实党委的主体责任还是纪委的监督责任，都要强化对责任的追究。不讲责任，不追究责任，再好的制度也会成为纸老虎、稻草人。这也是向基层压实"两个责任"、有效传导全面从严治党压力的关键所在。而要追究责任，就必须要有相应的评价机制或考核机制，以此作为衡量责任落实状况的方法，对于没有落实好相关责任的，要给予追究，倒逼责任的落实。可以说，在新形势下，如何通过科学有效的评价来考核一个地区党风廉政建设责任的落实情况，已成为现在推动全面从严治党向基层延伸的关键所在。

对于党风廉政建设考核评估体系的建设，国内不少学者都曾有过研究。金吉提出，廉政建设社会评价系统的指标体系，应分为政治结构、公职人员素质、官民关系和社会环境四个方面。杜治洲认为，地方政府廉政建设评价体系应该包括反腐倡廉制度建设及其执行力、网络就绪度、媒体曝光腐败的自由度、信访举报数量、公众对腐败的切身感受等指标。倪星以政府部门活动的输入、过程、输出和结果四个步骤，构建的指标体系包括围绕反腐倡廉人员投入、财务投入、廉政宣传、廉政教育、政府行政效能、政务公开状况、腐败举报投诉、违法违纪情况、公众对腐败状况的总体印象等方面内容。过勇、宋伟提出了一个测量廉政建设水平的新框架，从廉洁状况、反腐败绩效、廉政风险三个维度构建了评价指标体系。其中，廉洁状况是对已经发生的腐败感知及其变化的评价，属于过去时评价；反腐败绩效是对当前反腐败工作有效性的评价，属于进行时评价；廉政风险是未来发生腐败可能性的评价，属于将来时评价。总的来说，指标体系一般以从政府内部工作着手或是从社会评价的角度着手，来评价一个地区的党风廉政建设情况，数据往往由主观数据和客观数据结合而来，调研主体以政府内部工作人员为主，或政府内部工作人员与社会人民群众相结合。

（二）现实背景

我国各级党政机关在日常行政过程中，常常是面临多重目标的，这些目标包括推动经济发展、改善社会民生、维持社会稳定、配合党中央战略实施等。一方面，地方党委、政府需要对上级党委、政府的要求与战略做出反应；另一方面由于地方党委、政府对辖区内的发展具有全面的责任，因此其目标函数可能与中央或上级党委、政府不同。这样的情况经常会导致不同地方党委政府所偏向的领域不同，单个地方党委、政府对于不同领域的侧重也有所不同。

2011年，四川省纪委经过充分调研分析，发现省内各地对党风廉政建设的重视程度和落实情况不均衡，有的没有达到中央、省委提出的有关要求，个别地方对党风廉政建设工作研究部署得多，但具体落实得少；党风廉政建设工作与群众的关系不够紧密，造成很多群众无法体会到反腐倡廉带来的获得感。不仅如此，有的地方党委、政府对于党风廉政建设的重要性还没有充分认识，常常出现重经济发展、轻党风廉政建设的现象，个别领导甚至将发展经济与廉政建设对立起来，认为搞党风廉政建设会耽误经济发展，最终导致出现政治生态问题，经济恶化也就在所难免。即便有一些地方重视党风廉政建设，但苦于没有合适的制度抓手，不能有效实现压力的逐级传导，陷入了自说自话的怪圈。

面对这样的状况，四川省纪委希望能够设计一套机制，在党风廉政建设责任和考核中引入社会评价。一方面，用数据来评价工作，通过客观的社会评价倒逼地方党委、政府优化自身工作，让各地党委、政府特别是主要领导像重视经济发展一样重视党风廉政建设工作，实现全面从严治党向基层延伸；另一方面，也让群众参与监督，让党委、政府重视解决群众的利益诉求，提高社会公众对党风廉政建设成果的感知度。四川省创新性地将社会监督、群众监督和党风廉政建设考核相结合，并丰富了社会监督的内涵，确保了党风廉政建设责任制考核的客观性、准确性，推动了全面从严治党的压力传导。

二　四川省创新的历程及主要内容

四川省党风廉政建设社会评价，是指通过科学的指标设计和电话调研方法，让省内的人民群众对自己所在县（市、区）的党风廉政建设情况进行评估，形成具有较高可信度和参考意义的评估结果，并以此为依据推动各级地方党委、政府改进自身工作，提高辖区内的党风廉政建设水平。

（一）创新历程

2011年，中央纪委确定四川省为党风廉政建设群众满意度调查试点省份，鼓励建立一套有效的评价体系，客观评估全省党风廉政建设状况。2011年底，四川省推出党风廉政建设社会评价指标体系，并开展了第一次党风廉政建设社会评价民意调查。2012年，在总结第一次民调经验基础上，四川省委、省纪委先后印发相关文件，建立了覆盖全省21个市（州）所有县（市、区）的党风廉政建设社会评价工作机制。2013年5月，四川省委十届三次全会明确要求全面深化党风廉政建设社会评价工作。2016年，四川省委印发《关于进一步推动县（市、区）党委落实党风廉政建设主体责任的意见》，对社会评价结果运用做出补充规定。截至2018年，四川省已开展13次党风廉政建设社会评价，共拨通电话340万个，完成有效样本52万个，有16万名受访群众反映有关问题或提出意见建议。

四川省统计局民调中心开展社会评价民意调查

经过几年的探索，四川省党风廉政建设社会评价已经形成了一套较为成熟稳定的运行机制。这一项制度成为四川省推动全面从严治党向基层延伸，推动落实"两个责任"的重要制度抓手。目前，党风廉政建设社会评价得到了四川省各级党委、政府高度重视和关注，其所代表的重视党风廉政建设、重视建设成果为人民群众所共享的理念已深植于各级党委、政府的执政理念中。

(二)创新内容

四川省党风廉政建设社会评价体系,由指标体系、民意调查机制和结果运用机制构成。指标体系旨在通过不同的指标内容,全面准确地刻画一个地区的党风廉政建设情况,是社会评价的基础;人民群众通过民意调查机制,参与到党风廉政建设社会评价中来,并依据指标体系对党风廉政建设情况进行评估;社会评价的结果将反馈给各级党委、政府,并依据结果运用机制的各项要求发挥作用。

1. 指标体系

正如学界指出的那样,目前我国各地所采取的党风廉政建设评价体系还没有一个统一的标准,各地指标体系各具特色、各不相同。指标体系是四川省党风廉政建设社会评价的基础,其能否全面准确地反映出党风廉政建设的各个方面,同时是否与四川本地的工作实际以及社会评价的相关特点相结合,从根本上影响了党风廉政建设社会评价的科学性和有效性。因此,四川省在制定指标体系上,也进行了充分的研究和思考,并在实际操作中适时进行调整。2011年,四川省设置了第一版党风廉政建设社会评价指标体系,包括重视度、遏制度、廉洁度、信心度4个一级指标,以及与一级指标相对应的15个二级指标。2017年,为缩短单次电话访问时间,保证社会评价的效率与质量,四川省对15个二级指标进行了整合,最终形成了4个一级指标、12个二级指标的指标体系。同时,调研频次也从之前的一年两次调整为一年一次。

自2017年至今四川省党风廉政建设社会评价指标体系

一级指标	分值	二级指标	分值
重视度	25	党委、政府落实主体责任,重视反腐倡廉工作	10
		党委、政府重视反腐倡廉方面的诉求	10
		党委、政府严格教育、管理、监督党员干部	5

续表

一级指标	分值	二级指标	分值
遏制度	25	预防腐败举措	5
		查处违纪违法案件力度	10
		整治侵害群众利益的不正之风和腐败问题成效	10
廉洁度	25	领导干部廉洁自律状况	10
		解决违规选用干部问题，转变选任干部风气的情况	5
		落实中央八项规定精神，推进作风转变的成效	10
信心度	25	减少和消除腐败的信心	5
		纪委落实监督责任的情况	10
		党风廉政建设和反腐工作成效	10

2. 民意调查机制

科学开展民意调查，是党风廉政建设社会评价工作的关键。四川省党风廉政建设社会评价由四川省纪委牵头组织，委托四川省社情民意调查中心具体实施。省社情民意调查中心遵循统计学抽样原理，根据全省每个县（市、区）的常住人口数确定相应的样本量，目前平均每个县的有效样本量已经达到360个。借助计算机辅助电话访问系统，通过各市（州）所辖县（市、区）范围内的手机号码来构建抽样框，从各地所有年龄在18~70岁的城乡常住居民中随机抽样进行访问。被抽到访问的群众需要对当地党委、政府的党风廉政建设情况进行评价，分别针对12个指标进行打分，0分为最低分，10分为最高分。

为保证电话访问的效果，四川省制定了严格的监督检查机制。前期，通过系统测试、调查试访等加强质量控制；中期，通过面试访问员、加强基础培训和项目培训、签订保密协议以及对访问员的管理和访问实施全程录音、及时指导和考勤等方式强化过程控制；后期，通过复核员回放调查访问录音，对问卷内容进行审核，对于不符合要求或有疑问的问卷采用重新补充和再访问等方式以保证最终质量；问卷审核结束后，按所有问卷30%的比例随机进行复核。四川省党风廉政建设社会评价严格恪守

《GB/T 26316-2010市场、民意和社会调查服务要求》和《统计法》等国家规范和法律法规要求，确保每一份电话问卷都是经过认真访问得到，保证了调查结果的真实可靠。

调研结果通过各指标权重加权处理。各县（市、区）的党风廉政建设社会评价指数为下辖样本的所有4个一级指标得分之和的平均，即12个二级指标得分之和的平均；各市（州）的党风廉政建设社会评价指数为所辖县（市、区）所有有效样本的得分之和的平均。结果计算全部由省社情民意调查中心通过信息系统直接计算完成，最后分数将第一时间报告四川省纪委主要领导，反馈给各级党委、政府主要领导。

3. 结果运用机制

对评价的结果进行运用，是党风廉政建设社会评价的重中之重。2012年，四川省纪委、省委组织部、省监察厅、省人力资源和社会保障厅联合印发《关于加强党风廉政建设社会评价结果运用的实施意见》提出，各地区社会评价结果印送当地党委、政府主要领导；各地区社会评价结果向省委组织部、省人力资源和社会保障厅通报，作为干部考核任用及评先评优的参考；各地区社会评价结果纳入党风廉政建设责任制考核；省纪委对社会评价结果排名靠后的地区，提出改进建议并责令整改，对连续两年排名靠后的县（市、区）党委主要负责同志进行诫勉。近年来，四川省根据党风廉政建设社会评价结果，先后取消了7个市（州）、21个县（区）党政领导班子及有关人员的评先评优资格，诫勉1人；2017年3月，省纪委集中约谈13名评价靠后的县（市、区）党委主要领导；2018年，省纪委再次约谈11名县（市、区）党委主要领导，督促其认真履行党风廉政建设主体责任。通过严格运用社会评价结果，各市（州）、县（市、区）党委书记主动担责、切实履责，逐级压实了主体责任。

三 四川省党风廉政建设社会评价的科学性分析

四川省党风廉政建设社会评价结果，对各级党委、政府来说，是一个重要的考评内容，同时其将被严格运用于改进地方党风廉政建设工作中去。在这样的背景下，评价的科学性和准确性就显得至关重要，可从抽样

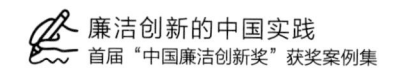

的科学性、指标体系的科学性以及评价结果的科学性三个层面进行分析。2017年，四川省纪委委托四川大学公共管理学院，对党风廉政建设社会评价体系的科学性进行了研究，这为本文以下的分析提供了参考。

（一）抽样的科学性

抽样的科学性是一切社会调研的基础。四川省党风廉政建设社会评价采用的是一种概率抽样的方法，即令每一个可能被抽到的样本被抽出的概率相同。一般来说，概率抽样所获得的样本相较其他抽样方式会具有更好的代表性。而代表性的好坏程度，受到样本大小、样本框和抽样程序的影响。

在样本大小方面，四川省依据随机抽样的误差计算原则，确定全省样本量为42782个（2018年为67050个），再依据国际上惯用的方法，对各县（市、区）的人口规模做平方根运算，按该比例来分配样本量。这样可减少大人口地区的样本量，增加小人口地区的样本量，避免因部分地区样本量过少而带来的误差增大。在样本结构方面，四川省进一步控制了城乡样本的比例以及各个年龄段的样本比例，从样本结构上尽可能控制了选择性偏误。

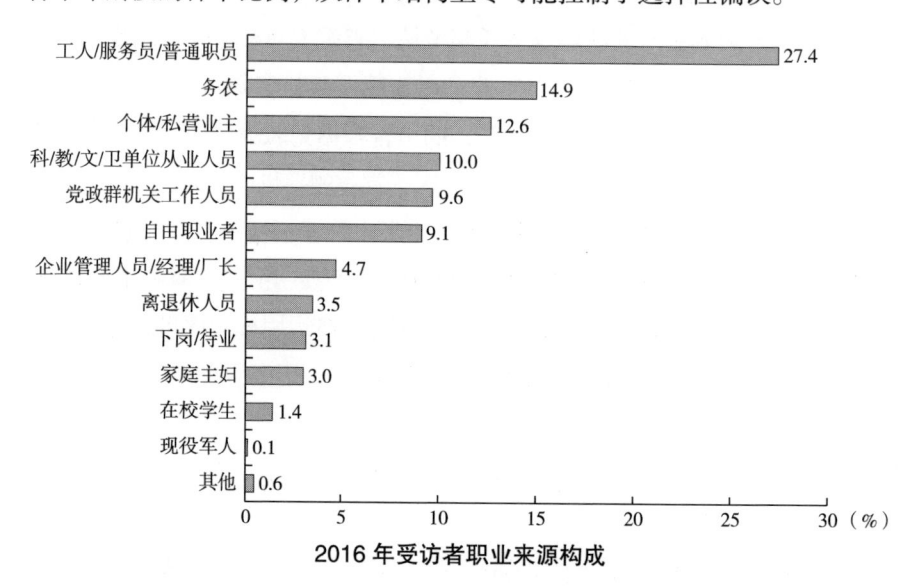

职业	比例(%)
工人/服务员/普通职员	27.4
务农	14.9
个体/私营业主	12.6
科/教/文/卫单位从业人员	10.0
党政群机关工作人员	9.6
自由职业者	9.1
企业管理人员/经理/厂长	4.7
离退休人员	3.5
下岗/待业	3.1
家庭主妇	3.0
在校学生	1.4
现役军人	0.1
其他	0.6

2016年受访者职业来源构成

在抽样框和抽样方式方面，目前抽样框设置为四川省辖区内18~70岁的居民，抽样方式为电话随机拨号法。由于随机拨号会产生大量错号、空号以及无人接听现象，为避免无回答带来的偏误，四川省在无回答样本中采取了二次抽样的措施。电话随机拨号法可能带来的选择性偏误在于，部分贫困人口尚未能使用手机和座机电话，那么在抽样过程中就可能将这部分人口排除在抽样框之外。不过鉴于现在手机普及度较高，这项误差在可接受的范围内。

（二）指标体系的科学性

指标体系的科学性分析，可以从信度和效度两个方面着手。通过对四川省党风廉政建设社会评价 2011~2016 年县、市级评价结果进行充分论证，显示出四川省党风廉政建设评价体系具有良好的信度和效度，反映出该评价体系的指标设计及统计方法可信、有效。其中信度检验采用的是目前最常用的信度测量系数 Cronbach's α，结果为 0.8，评价结果为信度良好。效度检验采取了内容效度和建构效度两种方法。在内容效度方面，县级数据 2015 年、2016 年 Pearson 系数最低值是 0.741，通过各年数据相关性分析，指标体系内容效度良好；在建构效度方面，县级数据的相关性系数都趋近 0.7，且十分接近，即说明所有二级指标的相关性较为接近，比较具备建构效度。

（三）评价结果的科学性

从数据总体上来说，全省各市（州）的党风廉政建设社会评价得分呈逐渐上升趋势，且差距逐步缩小。

如下图所示，虽然整体上得分呈现上升趋势，但是个别市州的得分却在个别年份呈现了大幅波动，如 2011~2013 年的攀枝花市、2012~2013 年的雅安市等。但经过分析可以发现，这些评分的大幅波动往往有现实的刺激因素。例如，2012 年，攀枝花发生"8·29 肖家湾煤矿瓦斯爆炸事故"，死伤众多，造成恶劣的社会影响，并且事故调查使得之前煤矿管理领域的诸多违法违规、徇私舞弊现象曝光，引发了社会群众的不满。2013 年，雅安市委原书记徐某某因严重违纪问题被查处，群众对雅安市党风廉政建设和反腐败工作状况的不满情绪在这一年集中爆发。可以说评分值的变化较为真实地反映了该时期人民群众对于当地党风廉政建设情况的认识与感知。

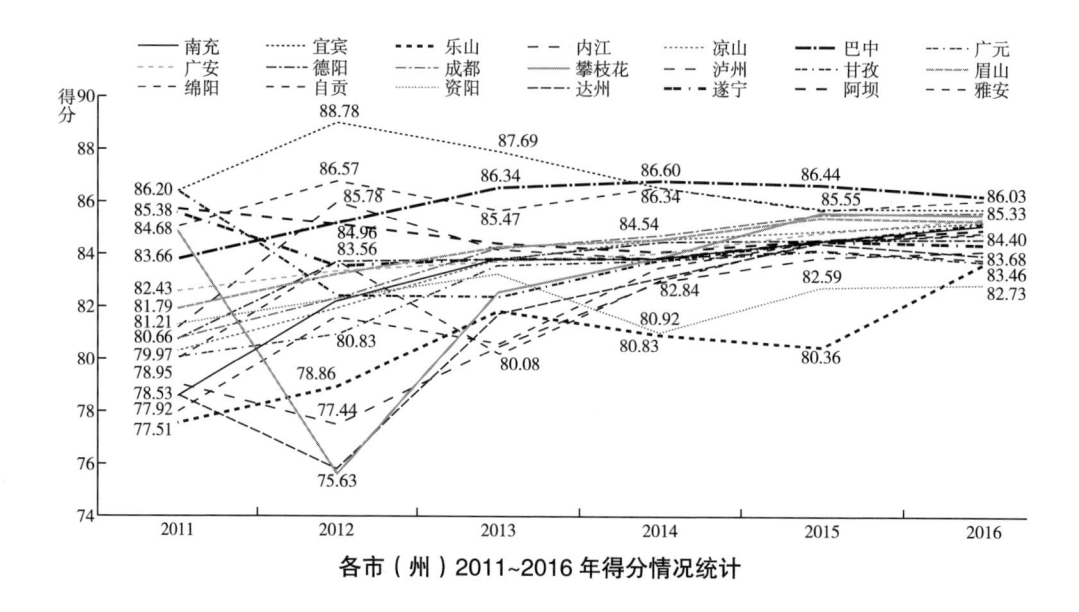

各市（州）2011~2016年得分情况统计

四　四川省创新的成效与不足

四川省党风廉政建设社会评价项目是一套覆盖四川省所有市县的评价体系，自2011年以来，共实施13次社会调查，完成有效样本52万个，有16万名受访群众反映了有关问题或意见建议，取得了良好的社会效应和广泛的社会认可。这一做法很好地回应了实际工作中的具体问题，回应了全面从严治党过程中对社会监督以及党风廉政建设考核上的理论要求。目前，一方面，四川省党风廉政建设社会评价对各级党委、政府日常工作起到了重要的指引性作用，评价结果也成为地方党委、政府工作的重要考核指标。党风廉政建设社会评价，不仅能客观反映地方廉政治理的状况，而且具有事前预警的功能，改变单纯的追责监督为预防监督，达到了对"潜在腐败"事前预警的效果。通过严格的结果运用，党风廉政建设社会评价帮助四川省切实压实了各级党委、政府的主体责任，巩固发展了政治生态。另一方面，社会评价已成为各级党委、政府抓党风廉政建设的重要载体，各级党委、政府把群众满意度作为工作目标，根据调查结果认真反思不足，加强社会回应，改善自身薄弱环节，不仅在党风廉政建设方面更加重视务实，在其他与群众打交道的环节与领域也都注重加强自身工作，注重解决群众的实际诉求，社会评价得到了全社会群众的广泛认可，12340社情民意调查电话家喻户晓，四川省全省党风廉政建设群众满意度从2011年的81.71逐步提升至2018年的86.02，突出展现了四川省党风廉政建设取得的成效，开创了社会监督与党内监督协同治理的廉政治理新格局。

总体来说，党风廉政建设社会评价在四川省加强反腐倡廉工作、改善政治生态过程中发挥了较大的作用，取得了良好的效果，具有很强的现实意义和理论意义。但仍有一些制度设计与执行方面的问题，有待在日后工作中进一步提升。

五 四川省创新的启示

作为一项制度创新，四川省党风廉政建设社会评价取得了良好的实际效果，获得了各方面的高度关注，也带给我们很多启示。

（一）以评促治，评价推动治理能力提升

对于各种考评机制的作用和意义，一般用"以评促建"来形容。而在党风廉政建设领域，更多学者则认为，考评应该发挥"以评促治"的作用，即通过考评来推动地方党委、政府在党风廉政建设方面的工作效果，也进一步推动地方社会治理能力的综合提升。王希鹏、胡杨提出，腐败治理日前渐渐发展为一种对公共性的道德追求，成为一种旨在制约腐败现象、维护国家治理有效性、实现国家治理体系与治理能力现代化的政治行为。何增科指出，反腐倡廉和廉政建设的目标应当是实现廉能政治，即建设一个廉而有为、廉而有能的政权，这也是国家治理现代化的内在要求。陈朋指出，廉能政治要求政府从自我本位向公众本位转变，无论环境和格局如何变化，都应该回应公众需求，做好公共服务供给，同时用问责的方式保障权力规范运行。

从这个角度来看，四川省党风廉政建设社会评价采用社会调查与考评机制相结合的方式，开拓了社会监督与群众监督的范畴，为政府建设廉能政治提供了制度保障。通过社会评价的倒逼，四川省各级党委、政府着力

改善自身工作，在党风廉政建设、公共服务和社会治理方面都感受到了压力与动力，不仅促进了全面从严治党向基层延伸，也推动了四川省治理能力现代化改革。可以说，四川省构建了一个从党风廉政建设社会评价到区域社会治理优化，再到地方政府构建廉能政治与建设政治生态的模式。

（二）将人民群众纳入监督体系

四川省实施党风廉政建设社会评价的初衷，除了让市（州）、县（市、区）党委、政府重视党风廉政建设工作外，更重要的是要解决关系群众切身利益的突出问题，让反腐倡廉的红利为社会所共享。党的十八大以来，从党中央到各级党委、政府更加重视落实"以人民为中心"的发展理念。推动党风廉政建设的根本目的，是保护群众利益。此外，来自社会与群众的监督，更是建设中国特色社会主义监督体系中不可缺少的一环，是提高权力监督效果的重要方法。由此看来，将人民群众纳入监督体系，让人民群众更多地参与监督、了解监督，既是加强党风廉政建设的目标，也是一种有效的方法。四川省党风廉政建设社会评价就是对这一理念的深刻理解和应用。

（三）制度生命力不断彰显

四川省开展党风廉政建设社会评价项目后，先后三次在全国性会议上交流发言，两次得到《人民日报》的关注和报道。之后，浙江省和贵州省也先后开展了全省范围内的党风廉政建设满意度调查，可以视作一种政策扩散。有的研究指出，政策扩散的形式常常包含纵向和横向两种，其中纵向机制主要由上级政府推动，横向机制包括模仿、学习和竞争。正是四川省取得的实效及其易于复制的特质，使得其能够被其他省份所借鉴学习。这充分彰显了这项制度创新的生命力。四川省实践探索经验的对外辐射，也将有效推动我国各地党风廉政建设及社会监督、群众监督的发展。

苏州市农村集体"三资"监管改革[*]

> **颁奖词**
>
> 推动农村集体"三资"监管改革,是深化源头治理、遏制农村基层贪腐、促进农村基层廉政建设的需要;更是提升基层民主监督,维护群众合法权益,密切党群干群关系的保障。苏州的创新实践,有力贯彻落实乡村振兴战略,是集成创新和创新集成的有机统一,体现了上级部门要求和基层干部追求的有机统一,推动了全面从严治党向纵深发展、向基层延伸。

2017年,江苏省苏州市开始推行农村集体"三资"监管改革。所谓农村集体"三资",是指集体资金、集体资产和集体资源,其中集体资金包括村集体所有的货币资金,集体资产包括房屋、建筑、机器设备等固定资产,以及水利、交通、文化、教育等公益设施和其他资产,集体资源主要包括集体所有的土地、林地、草地、滩涂、水面等自然资源。中央早在2009年就下发文件明确要求强化农村集体"三资"监督管理,其中一个重要原因就是集体"三资"是村基层政权腐败的高发区,村干部腐败最常见的类型就是使用各种手段骗取、侵占、贪污集体资金、资产和资源。为响应中央自上而下的命令和号召,同时也源于自下而上的内在监管需求,苏州市出台了一系列办法来加强农村集体"三资"监管。

---

[*] 作者简介:李辉,复旦大学国际关系与公共事务学院副教授、廉政与反腐败研究中心主任。

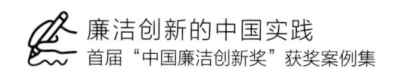

一　改革背景：政治原因与经济原因

农村基层政权腐败，一直是困扰我国廉政建设的一个难题。2011年出台的《农村基层干部廉洁履行职责若干规定（试行）》，明确了乡镇领导班子、基层站所负责人与村党组织领导班子成员和村民委员会成员的廉洁履职规定。2018年3月新修订的《中华人民共和国监察法》第十五条明确规定，"基层群众性自治组织中从事管理的人员"属于监察机关的监察对象。但是，农村基层政权腐败的形势依然严峻。我们常常看到一些村干部"小官巨贪"的报道，有的贪污金额高达上亿元，掏空了整个村的集体资产。

这些腐败案件都与村集体资产有着密切关联。据统计，2013年至2016年，苏州市共立案审查乡科级以下干部4542件，其中涉及在农村工作的乡科级以下干部1466件，占比32.3%。因此，要从根本上解决农村基层政权腐败问题，就要从"三资"监管上寻找突破口，这可以被看作苏州市推动改革的政治原因："对农村集体'三资'进行监管和防控，是深化源头治理、遏制农村基层贪腐、促进农村基层党风廉政建设的现实需要。"苏州市纪委干部感慨地说："1840亿（元），管好了是对农民的贡献，管不好就是犯罪啊。"

在实地调研中我们还发现，"三资"监管改革的背后还有非常重要的经济原因。苏州市经济发展的模式可以说是典型的"苏南模式"，乡镇企业特别发达，农村集体经济资产较大。据统计，苏州市农村集体净资产约占其所在省总量的1/3。以2017年为例，苏州市95个镇（街道）、1278个行政村（含涉农社区）农村集体总资产达1840亿元，农村集体净资产总额1066亿元，101个村净资产超亿元，306个村净资产超5000万元。所以，搞好农村集体"三资"监管的另外一个重要原因，在于维护"苏南模式"的可持续发展，回应党中央提出的"乡村振兴战略"的相关要求。在访谈中，苏州市农办工作人员谈道：

> 加强"三资"监管的一个重要原因就是集体资产的保值增值，举一个例子，W区有一个门面，3800多平方米，原来乡镇领导自己指定

租客，一年只要20来万（元）的租金，合同一签就是10多年，现在我们都要求全部线上交易，起拍价按照市场价格来定是90万元，最终通过竞价成交价102万元。

二 改革内容："1+5+1"监管模式

2017年，苏州市开始在全市范围内推广一个被称为"1+5+1"的监管模式，主要内容包括：①一个基础：新标准清产核资；②五个全面：村级财务第三方代理、村务公开"e阳光行动"、村级资金非现金结算、农村产权交易线上交易，以及"政经分开"试点改革；③一个平台：全市统一的农村"三资"监管信息平台。所以，实际上苏州市2017年开始的改革是一套"组合拳"，其中囊括了七项措施。除了一个基础和一个平台之外，"五个全面"中的五项措施，都是苏州市在其下辖的区县单位长期试点积累的结果。

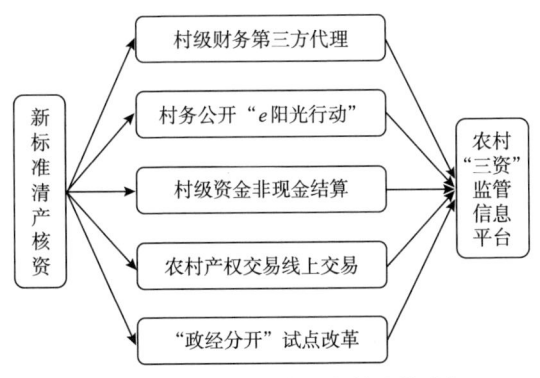

苏州市农村集体"三资"监管改革路径

（一）新标准清产核资

这项改革的基础是一项被称为"清产核资"的举措，这项措施的本质是将苏州市范围内所有的村集体资产信息进行电子化。在调研中，几乎所有相关人士都在强调清产核资的重要性。实际上苏州市从20世纪90年代乡镇企业产权制度改革时就全面开展镇村两级的集体资产清产核资，2007年又开始了第二轮的集体资产清查摸底，这一次清查持续到 2015 年才完成。但是 2017 年中央对农村集体产权制度改革提出了新的标准，这导致苏州市又把 2015 年之前的工作全部返工，所以他们称之为"新标准清产核资"。为此，2017 年 5 月，苏州市制定实施了《关于全面开展农村集体资产清产核资工作的意见》和《工作规程》，形成了"统一、专业、完整、规范"的清产核资模式。

这个新模式相较以往有几个方面的不同：一是把所有的集体资产统一编码、统一工作规程、统一清查表式、统一工作步骤、统一账务处理、统一数据平台。二是引入第三方会计审计事务所开展审计，出具审计评估报告。三是引入地理测绘机构对不动产进行精确的实地测绘，形成农村集体资产地理信息图。四是建设高标准清产核资信息化管理平台，特别是率先启用农业部新标准升级软件模块，实现数据审核全程网络留痕、基础数据导入自动校验、公示表格自动生成打印、汇交农业部表格自动生成。最终将所有项目的"资产+地图+合同"三项信息电子化和可视化，苏州市称之为"农村集体资产地理信息'一张图'"。在调研中，我们可以在 W 区交易中心的显示屏上看到全区范围内每一项集体资产的详细信息。

除资产状况之外，苏州市将资产经营合同情况也列入了清查范围，通过与市农村产权交易中心对接，对即将到期合同所对应的资产进行实时监督，推动集体资产交易"应进必进"，实现清产核资成果的同步应用。全市各相关部门紧密配合、协同推进，市纪委强化专项督查和巡察，截至2018 年 7 月，全市农村产权交易成交 24908 笔，其中线上交易 24758 笔，可以说全部通过线上交易完成，合同总金额 37.82 亿元。

（二）村级财务第三方代理

村级财务"第三方代理"指的是以政府购买服务的方式，聘请专业的会计师事务所管理村级财务，这是在苏州市下辖的太仓市最先试点的。参与试点的干部告诉笔者：

第三方代理不是现在开始的,在好几年前就开始了,当时村财务是由镇代理的,放在镇财政所、镇经管站等,但问题是,虽然镇政府招来的人文化水平比较高,但是对农村的情况不熟悉,只是起一个记账员的作用,监督不了村级财务。太仓市发现了这一问题,从2013年全面推行第三方代理。

在推行中,充分尊重村民民主决议,保持集体资产所有权、使用权、审批权、监督权和收益分配权"五不变",依托政务专网,实现网上做账、动态管理和实时监督,形成出纳驻村、会计驻镇、中介代理财务、在线管理"三资"的新型监督模式,确保记账服务安全、规范、优质。截至2017年底,苏州市实行村级财务"第三方代理"100%全覆盖。可以说,村级财务第三方代理在一定程度上解决了村干部和村会计合谋的问题,在中国农村,一些地区村干部和村会计是一个家族的,整个村级财务就掌握在他们手里面,村民根本不知道村级财务状况,上级实时监管的难度和工作量太大,这是导致村级腐败的重要原因。

(三)村务公开"e阳光行动"

村务公开"e阳光行动",这个措施的核心就是每一个村都建立了一个微信公众号,村里每户家庭有一个账户用以进入公众号。按照江苏省农委《关于全面开展农村集体"三资"管理"阳光行动"试点的通知》的部署,以"互联网+"为手段,建设手机、电脑、有线电视等多种方式公开终端,以民主、公开为途径,以公开推送、公开交易、公开操作为主要内容,更好地落实农民的集体经济组织成员权利。公众号的主要功能就是村务公开,在对村民的走访中发现这种形式特别受欢迎:

原来村民对干部的不信任实际上源于不透明不公开,原来村务公开,一张红纸头随便一贴,现在都是微信平台推送,这个公开力度完全不同。现在通过微信把所有的事情放在手机上,方便得很,原来没事我不来(村委会)看的,现在手机上随便就可以看。

在访谈中我们还发现,在农村劳动力大量外流的背景下,相对于传统的"贴纸头"的方式,这种线上村务公开的形式,对于外出务工的村民来说更加方便,如访谈中一位村民谈道:

> 我平时工作不在村里,周末正好回来探望老人。我现在加入到(微信)平台,可以第一时间了解村里的变化,Z镇的招聘广告都能及时推送,这让我感觉很好,不用通过村里亲戚朋友转达了。

更为重要的是,我们发现"e阳光行动"中的微信平台与区一级产权交易中心的系统是互相联通的,因为每一个村的公众号都会推送清产核资的公示信息、产权交易方案的公示信息,以及交易结果的公示信息。在访谈中我们发现,有些普通的村民也会关心本村重要集体资产的交易情况,如某村民谈道:

> 第一笔(线上)交易成功就是我们村的,我们的饭店进行招租,合同到期之后,如果没有平台,村民会感觉原来的承租方有优先权,租金定多少也没有一个标准,原来就是村干部们商量决定的,现在进入市场交易,扩大了招租范围,租金上涨了15%。

(四)村级资金非现金结算

这项改革的实质是加强农村的现金监管。这是财务监管的重要内容,也是反腐败的重要措施。具体来说包括以下几个方面:一是全面减少农村财务中现金支出。村务活动除因救灾、救急、救助和走访慰问等特殊情况外,资金往来结算必须全部通过银行转账或使用"村务卡",逐步实现村级资金的非现金化结算。

二是严格收支"两条线"。村集体资产资源发包或出租收入、财政补贴资金、向农户收缴资金、社会捐赠资金、借入和代收资金等,必须由会计人员在规定时限内转到指定账户,实行先交后用。外部支付给村集体的财政补助收入、补偿款、专项资金、往来资金等,必须通过银行转账结算,严禁现金支付或与个人结算。村级费用支出及资金付款,严禁由村干部代领代发，统一由银行转账或打卡至收款人银行结算账户或农户个人账户。对于村干部先行垫支的小额办公费用和突发性村务支出，可直接支付至村干部的个人公务卡。

三是规范非现金结算流程。村级集体组织的资金支付确定一个银行为基本结算账户。对于村级各类开支采用限额管理和分级审批的方式，根据当地实际情况，设置不同的审批权限和资金额度。在确保村集体经济组织资金所有权、使用权不变的前提下，按照资金额度，由镇村两级财务主管及分管领导逐级审批审核，严禁先支付后审批现象的发生。持卡人在从事公务活动刷卡消费时，要取得发票、明细单等报销凭证和本人签名的公务卡消费交易凭条，按现行财务管理制度的有关规定，办理报销手续，每笔报销信息通过手机短信提醒持卡人和特定非持卡监督人。

四是实现村级支出全程留痕可溯。开发村级资金网上支付系统，将开支审批制度嵌入系统，实现审核审批实时在线，支付影像随时可查。严格按照监管和审计等部门查询要求，依托网络支付系统对村级资金收支的各个环节和流程进行留痕。

（五）农村产权交易线上交易

这项改革的核心理念是要实现集体资产产权交易的"透明化"。为此，苏州市制定了《苏州市农村产权流转交易管理暂行办法》，在市公共资源交易中心内建设农村产权交易中心，由专业公司负责运营，交易平台与农经部门资产管理系统对接，对农村产权交易提供免费服务，对非农村集体产权交易实施优惠费率服务，做到以合同管理为中心、从交易立项、"线上交易"到资料归档等14个步骤全程网上运行，确保了资产资源流转交易环节公开透明，形成了农村产权"一个平台管交易"的苏州特色。截至2017年，"线上交易"由2016年的205笔增加到6719笔，交易金额7.54亿元。

如下图所示，整个监管系统包含三个子系统：农办监管系统、村集体资产管理系统和线上交易系统。在传统的交易模式下，村集体资产的交易主要在村和乡镇一级的管理系统内部循环，虽然也有立项申请、拟订方案和民主表决的程序，但实际上大宗的交易由镇领导拍板，数额比较小的村干部和村委会成员就可以自己决定了，这给了腐败滋生的土壤和环境。农办监管系统想要发挥作用，但是面对规模庞大的村集体资产，农办一个部门根本监管不过来。

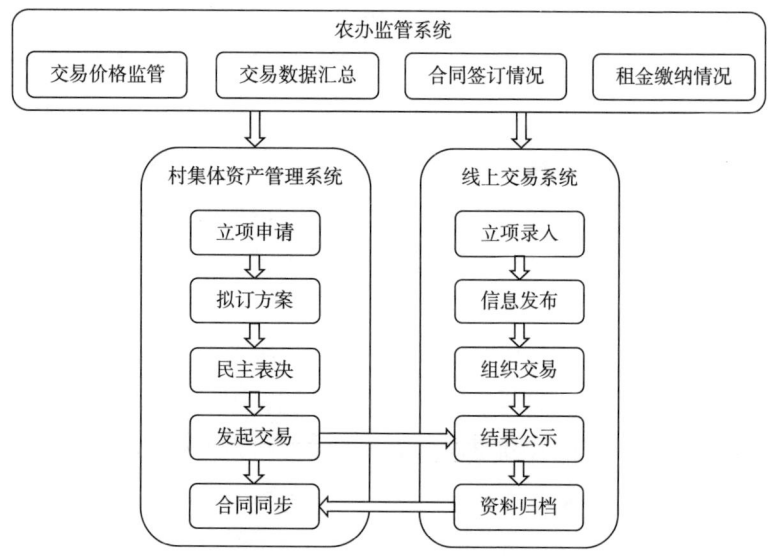

```
农办监管系统
├─ 交易价格监管
├─ 交易数据汇总
├─ 合同签订情况
└─ 租金缴纳情况

村集体资产管理系统          线上交易系统
├─ 立项申请                ├─ 立项录入
├─ 拟订方案                ├─ 信息发布
├─ 民主表决                ├─ 组织交易
├─ 发起交易 ─────────────→ ├─ 结果公示
└─ 合同同步 ←───────────── └─ 资料归档
```

苏州市集体资产产权线上交易监管流程

新监管系统的核心，就在于在农办监管系统和村集体资产管理系统之间，增加了一个"线上交易系统"。有了这个系统之后，所有集体资产的产权交易都要通过这个系统来完成。一旦村集体决定发起交易，那么后续的交易过程就要在网上完成，交易的标底要在网上公示七天，其间有兴趣参与竞标的人都可以在网上浏览相关信息。农办还会对标底的方案做一定的约束，比如在W区，最多的产权交易就是厂房的租赁，农办会参考市场价给不同的不动产以相对合理的中标底价，同时为了防止恶性抬价，还会设置中标价的上限。参与竞标者要在规定时间上线，竞价过程全部在网上公开完成，最大限度地减少人为干预。而这一切都是以清产核资所建立的信息库为基础的，线上交易系统实现了集体资产交易过程的透明化和公开化，方便监管，减少了私下交易，从而有效预防了村干部利用职权向投标者寻租。

（六）"政经分开"试点改革

"政经分开"目前在苏州市仍然处于试点过程中，其主要是借鉴高新区枫桥街道的试点改革经验，清理村级党组织、村委会、集体经济组织的权责关系，以"一登记五分开"为重点，以便民富民为宗旨，完善农村基本公共服务项目清单，合理安排社会管理和公共服务承担比例，减少村级集体组织负担，支持发展集体经济、保障成员长远利益。早在2006年枫桥街道就开始了具体实践，其做法主要包括以下几点内容。

一是总的原则和基础，明确了政治组织和经济组织的权责关系。主要是厘清村党组织、村委会和集体经济组织之间的权责关系，前两个是政治组织，后一个是经济组织。基层自治组织和集体经济组织在组织机构、人员选举、财务核算、议事决策、资产管理五个方面分开，在党组织的统一领导下分别独立工作。政治组织上进一步明确党务、落实政务、创新服务、强化监督；经济组织要回归集体资产经营管理本位，独立建账、独立运营、发展壮大集体经济、实现资产保值增值、保障成员长远利益。

二是组织机构分开，基层自治组织和集体经济组织要根据本机构工作职能和实际工作需要，参考现有工作人员意愿，通过鼓励支持创业、留在集体经济组织、分流到基层自治组织等多种灵活方式，对村干部村级用工人员进行妥善分流安置。

三是资产管理分开，通过清产核资，建立经营性资产和非经营性资产清单台账，依照规定程序办理资产移交手续，经股权固化核定的经营性资产统一划归集体经济组织经营，非经营性资产在明细产权前提下由基层自治组织统一管理。

四是财务核算分开，基层自治组织和集体经济组织要按照不同财务规范建立财务制度，实行分账管理，独立核算。基层自治组织设现金收支账，对行政管理费用和公益性事业开支进行核算，实行村务公开。集体经济组织按照《农村合作经济组织财务会计制度》或公司财务管理要求，对经营活动中发生的资产、负债及所有者权益进行独立核算，实行财务公开。

五是完善农村基本公共服务项目清单。根据基本公共服务标准化要求，按照行政管理类、社会公益类、村民福利类，逐项合理划分承担主体，制定符合当地实际的农村基本公共服务运行支出标准，作为年度财政预算编制的参考依据。

六是合理安排社会管理和公共服务承担比例。根据当地基本公共服务运行支出标准，结合实际情况，合理确定各级财政和集体经济组织承担村级社会管理和公共服务开支比例，根据经济发展情况逐步优化调整集体经济组织承担份额。

（七）统一的"三资"监管信息平台

当然，对于苏州市来说，改革的最终目标是要建立一个统一的"三资"监管信息平台，这个平台将以苏州市电子政务信息网络为依托，打通各地区之间的横向信息壁垒，贯通市、县（区）、镇（街道）和村四级纵向信息壁垒，在平台上统一实现对于资产、资源、资金、合同、财务、项目等方面的管理业务。可以说经过长期的制度积累，苏州市已经具备实现这一平台的基础，如果这一平台的建设能够实现，将极大提升对农村"三资"的监管能力，改善农村基层政权的腐败现状。

调研中，工作人员谈道：

> 实际上推进基层管理的现代化模式，与以往的管理形态有了本质区别。为什么是创新？不是单纯地把几个板块的做法简单集合，把他们的做法加以推广，而是在他们的做法基础上加以规范，形成了一整套制度，在交易平台上怎么显示留痕，交易过程怎么监督，加以研究整合总结，这个体系在苏州还是比较有效的。

这个平台有以下四个特点：一是统一平台系统。这个平台将以苏州市电子政务网为依托，建立起苏州市、县（市、区）、镇（街道）、村四级网络互通的信息化体系，统一数据、标准、用户、权限、维护、安全、应用等方面的标准。系统业务用户将覆盖全市10个市（区）、94个镇（街道）和1277个村，打破信息孤岛和信息壁垒。

二是全业务。平台管理功能业务模块包括清产核资、资产（资源）管理、合同管理、财务管理、资金管理、项目管理；监督功能包括统计分析、预警监管两大模块；公开功能具体通过"e阳光行动"实现村级财务、农户权益等信息公开。以清产核资为基础，实现资产（资源）管理和合同管理的数据同步，以财务管理为核心，实现所有9大模块之间数据共享、协作联动。

三是大融合。平台将实现与市纪委农村集体"三资"管理专项治理全面融合。引入第三方会计事务所，通过财务管理模块实现专业记账、对村级资金支付进行第三方监督；通过与市产权交易平台对接，全面实现线上交易，联动资产、合同与产生交易的情况，对"应进必进"进行实时监督；通过与银行对接，绑定村基本账户和村务卡信息，进行村银联动监管，全面实现非现金结算；编写共享代码融入各地"e阳光"平台，实现村务公开、农户权益、补助（收益）资金等信息直接推送。

四是全留痕。从操作规范、审判流程上实现全流程监管，业务操作人员全部采取实名制，以用户手机号为登录账号，同时采集该用户身份证信息进行验证，确保监管对象落实到任。集体资产新建、变更、核销手续是否规范，村级资金收支审批手续是否齐全，工程项目招标程序是否规范，资金拨付是否到位等，都能在平台中实时查看和追溯。

三 改革成效：打通反腐败"最后一公里"

（一）提高了上级政府对农村"三资"的监管能力

农村基层政权廉政建设经常被称为反腐败的"最后一公里"，要打通这最后一公里，解决基层政权的权力监督问题，从理论上来说就是要解决层级之间纵向的信息不对称的问题。这种信息不对称不仅仅指的是上级政府与村基层政权之间，也包括村民与村委会之间。

从委托-代理理论来看，官僚机构的腐败主要来自科层制层级之间的信息不对称。在这个理论模型中，上级管理部门被看作委托人，处于管理效率的需要，将一定的权力下放给代理人，代理人手中的公共权力是委托人赋予的，主要用以代表委托人为客户服务。但是在服务的过程中，代理人可能滥用手中的公权力谋取私利，这时候腐败就发生了。如果委托人能够及时发现并制止代理人滥用公权力，那么腐败就被有效遏制了，但是现实情况是，由于委托人和代理人之间的信息不对称，腐败很少会得到及时查处。所以，上级管理部门的监管能力，很大程度上取决于层级之间信息共享的程度，信息越公开透明，上级部门的监管能力就越强，下级利用公权力谋取私利的机会就越少。

（二）提升了村民对政府的信任程度，改善了干群关系

虽然从传统的制度设计上来说，村集体资产的交易要经过一个民主讨论的过程，也就是村民代表大会的审核和表决，但是实际上我们从调研中发现，大部分村民是被排除在决策之外的，村民代表大会审核的制度不能解决信息不对称的问题，村民对村干部的不信任大多源于此。

互联网信息技术的应用在很大程度上降低了上级政府、村干部和村民三者之间纵向的层级信息不对称，提高了村干部行为的透明度，降低了监管成本。用一位普通村民代表的话来总结这次改革："旁观者看得清，当权者说得清，上级领导分得清。"其中旁观者指村民，当权者指村干部，上级领导指乡镇以上监管者。

（三）实现了村集体资产的保值增值

苏州市集体"三资"改革通过加强监管，不但没有阻碍村集体经济发展的活力，反而增强了可持续发展能力，实现了村集体资产的保值增值。苏州市通过加强"三资"监管，为村集体经济的发展扫清了障碍。关于这一点，项目受益人的感触最深：

> 我讲讲怎样管理资源，其实主要是土地。土地拆迁以后换了社保，土地流转到了合作社，不管你土地多大多小，都要到城厢镇的交易中心去交易，待交易的时候，立项申请，发布信息，第四步邀请监督机构组织交易，最后签订合同。2018年有10多起交易，最大的好处就是老百姓能理解这是公平交易，不是几个人自己核定的，整个租金也上去了，原来600多块（元）一亩，现在2000多块（元）一亩。

四 规范农村"三资"监管的启示

苏州市农村监管信息平台的建设，利用互联网和信息技术在一定程度上解决了制度层级间的信息不对称问题，为上级监督部门和普通村民老百姓监督村级集体资金和资产处置提供了更加有力的渠道。从全国层面和顶层设计的角度来看，给我们以下几点启示。

（一）在"不能腐"的制度建设上利用互联网和信息技术，实现更低成本的监督

苏州的"三资"监管模式核心特点，就是利用互联网和信息技术来解决信息不对称的问题，但在监督过程中必须考虑监督成本的问题。苏州目前的监督模式，政府在财政支出上是比较大的，比如每个村的微信公众号，大约需要10万元来运营，第三方财务监督，每年也需要大约10万元来聘请专业审计机构来执行，每个区的线上产权交易平台运营的成本就更加高昂了。对于苏州市来说，由于其农村集体资产体量巨大，农村集体总资产达1840亿元，农村集体净资产总额1066亿元，101个村净资产超亿元，306个村净资产超5000万元。因此目前的监督成本相对于其经济体量来说成本并不高，但是如果考虑到全国的情况，尤其是中西部地区农村集体资产体量非常小，这样的模式在经济上就不合算了，政府的财政支出恐怕也无法支撑这种监督模式。

所以在利用互联网和信息技术进行监管的时候要考虑监督成本的问题，用更低成本的方式进行最大效用的监督显得比较重要。比如每个村的微信公众号，可以考虑在县级层面或者市一级层面建立一个统一的微信公众号，把每个村的公众号嵌入进去，这样就不需要每个村单独运营一个公众号。

（二）在"不敢腐"上从村干部管理入手强化村级政权监督

在《监察法》修订之后，村干部已经明确划归到国家监督对象范围内，从监督对象的角度加强管理也名正言顺、有法有据了。因此许多管理国家

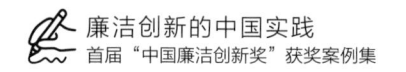

干部的手段和方式可以有选择地适用到村干部管理上，比如在当选村干部之后的任职审计，任期届满之后的离任审计。村干部当选之后需要对自己的财产状况如实申报，对利益冲突的状况如实申报。上级对村级政权开展有计划的巡察，定期抽查村干部在执行国家政策过程中的履职状况等。

（三）在"不想腐"上强化村干部和村民廉政教育和正面激励

村级政权的廉政建设中，还存在一个普遍的问题，就是村干部和村民的受教育程度不高，一些村干部廉政意识和法律意识较弱。因此除加强制度建设和打击腐败行为案件之外，要有计划地对基层政权工作人员进行党纪和国法的廉政教育，输入廉政和法治意识，强化责任和担当意识。另外，对于村民也要更加有系统地宣传国家的法律法规和政策指令，让村民了解自己的权利和义务，在利益受到侵犯时知道用法律的武器维护自己的权利，同时也知道与村干部同流合污是违法犯罪行为。

此外，村干部在执行国家政策的过程中可以适当给予经济上的补偿和奖励。合理适当的经济补偿和奖励也是实现"不想腐"的重要手段。

规范"一家两制"管理：义乌市探索与启示[*]

颁奖词

> 利益冲突是腐败之源，在市场经济繁荣发展的同时，"一家两制"问题开始浮出水面。义乌市坚持问题导向，针对全市党员和公职人员提出负面清单，建立信息申报、公开制度，扎紧权力运行的制度之笼。这一基层破冰之举，既实现了对廉政风险的明察秋毫和预先防控，又实现了对党员干部合法利益的依法保护，对建立"亲""清"新型政商关系具有较强启示意义。

"一家两制"是廉政风险防控的"灰色地带"，容易发生利益冲突、利益输送，破坏市场交易规则，导致权力和利益交织，存在巨大的廉洁风险。所谓"一家两制"，是指党员及国家公职人员近亲属经商办企业、从事自由职业或在个私企业、外资企业任职等现象。从党的十八大以来查处的案件看，"夫妻店""父子档""兄弟坊""连襟会"等现象频频可见，这些党员和公职人员利用影响力与商业利益暗通款曲，严重污染了当地政治生态，破坏了市场经济环境。从制度和实践层面加强对"一家两制"的规范管理，是推动全面从严治党向纵深发展必须打赢的一场"硬仗"。

2016年4月，浙江省义乌市纪委将权力监督的触角延伸到"一家两制"这个"灰色地带"，颁布实施了《关于规范党员及国家公职人员"一家两制"管理的暂行办法》，探索以刚性制度压缩亦官亦商、权力寻租、利益

---

[*] 作者简介：过勇，清华大学公共管理学院教授、廉政与治理研究中心主任；贺海峰，清华大学廉政与治理研究中心博士后。

输送等违纪空间，为一体推进不敢腐、不能腐、不想腐，推动全面从严治党取得更大战略性成果，巩固发展反腐败斗争压倒性胜利积累了宝贵经验。

一 "一家两制"存在的廉洁风险分析

改革开放40余年来，我国经济社会发展取得了瞩目成就。但与此同时，由于处于急剧的转型时期，腐败现象不仅呈现高发态势，也越来越多地呈现出新形式和新特点。早在1993年，党中央就首次提出，反腐败斗争形势是严峻的，要坚决制止腐败现象蔓延的势头。党的十八大之后，党中央审时度势，在"依然严峻"的基础上，增加了"复杂"二字，体现出党对反腐败形势的清醒认识和不断深化。而极具隐蔽性的"一家两制"现象，也体现出我国腐败的新趋势和新变化，即从贪污挪用到行贿受贿，再到利益冲突。

（一）利益冲突触发了"一家两制"式腐败

2014年11月，"一家两制"一词首次出现在官方表述中。中央巡视组在向浙江省反馈问题时指出："一些领导干部插手土地出让、工程建设、房地产开发问题反映集中，领导干部'一家两制'、利益输送出现新的表现形式，手段隐蔽。"[1] 无独有偶。2014年上半年，广东省广州市共立案查处96宗要案，其中31件涉及领导干部利用职权影响力为亲属"曲线敛财"，占全市要案总数的33.3%。[2] "一家两制"式腐败现象，已引起中央和地方高度关注。

从法律的视角来看，只要没有产生违法行为，"一家两制"原本无可厚非。但在市场经济的大背景下，"一家两制"制度下很容易衍生违法行为。历史经验表明，特定时期的改革过程，也是新旧体制并存、交锋的过程，往往为特定形式腐败的滋生蔓延提供了大量可乘之机。OECD专家贝托克

---

[1] 《中央第五巡视组向浙江省反馈巡视情况》，《浙江日报》2014年11月4日。
[2] 《"曲线敛财"成为腐败的常见手段》，《南方日报》2014年7月22日。

认为:"利益冲突本身并不是腐败,但人们应认识到,对于公职人员的私人利益与公共职责之间的冲突,如果不能得到妥善处理的话,就会导致腐败。"也就是说,利益冲突相当于一个触发机制,正是通过利益冲突,腐败才得以实现的。当然,这里的"利益冲突",不同于一般意义上的利益冲突。"一家两制"现象正是如此,其所暗藏的利益冲突、利益输送,之所以会有损于政府的廉洁,要害是这种行为削弱了社会公众(公共委托人)对公职人员(公共代理人)的信任。

利益冲突理论最早源自西方国家。第二次世界大战期间,美国代理司法部长查尔斯·法希致信战争部长,对容许一名军官与他拥有股份的公司保持联系提出质疑。法希认为,美国政府、军官身份和公司股东身份三者存在"利益冲突"。尤其是"水门事件"之后,美国政府日益重视公职人员伦理问题,制定了若干个防止利益冲突的法律法规。此后,加拿大政府制定了《公务员利益冲突与离职后行为法》,联合国、德国、波兰、澳大利亚等也纷纷效仿。2010年,中共中央印发《党员领导干部廉洁从政若干准则》,其中多次提到"公共利益发生冲突",由此引发国内对"利益冲突"现象的更多关注。

(二)"一家两制"利益输送链条十分隐蔽

从已查处的案件看,"一家两制"与领导干部腐败的关联度很高。"一家两制"式腐败之所以屡禁不绝,是由多方面深层次原因导致的。例如,"一人当官,全家发财"的观念,在社会上仍有一定市场;某些重要领域和关键岗位,权力仍然过分集中;房地产、土地、金融等行业,仍有相当大的暴利空间等。但从根本上来说,还在于相较于其他腐败形式,"一家两制"式腐败更为隐蔽。

"一家两制"式腐败具有极大的隐蔽性,主要体现在利益输送的链条十分隐蔽。领导干部通过向特定部门(特定关系人)打招呼,或直接通过亲属及其所在企业进行违规的商业操作;而关联企业则给予其亲属职位、工资、股份、贿金、实物财产等,对领导干部及其亲属进行俘获、行贿。对于这些事实上的违规行为,法律条文并未予以清晰界定,约束机制和条款不够细化，监督的界限和标准都比较模糊。而公职人员大都藏匿于后台，在"一家两制"的隐身衣下，进行貌似合法合规的利益输送。例如，某些身居要职的领导干部，其亲属经商办企业；而有求于他们的人，就主动到其亲属那里"消费"，变相进行利益输送。一旦被相关部门调查，他们往往以毫不知情为由，逃避法律的追责和惩处。在整个过程中，其隐蔽性很难进行查实。

从具体类型看，有学者根据利益输送的手法和途径，将"一家两制"式腐败划分为官商权钱利益互补型、借壳捞钱型、利益集团交换型和国际化作案型；也有学者根据利益输送的领域，将其划分为职务类、财务类、妨碍公务类、营利性活动类和就业类；还有学者根据违规经商的运作关系，将其划分为瞒天过海型、依附衍生型和狼狈为奸型。这些认识上的分歧，恰恰说明"一家两制"利益输送的方式和手段在不断翻新，不仅难以穷尽，而且防不胜防。

"一家两制"腐败极具隐蔽性

（三）规范对"一家两制"的管理迫在眉睫

从政治危害上来讲，"一家两制"式新型腐败发现难、牵涉广、影响大，突出表现为权力的越位、扩张、随意滥用等，严重破坏了党风政风民风。首先，它在很大程度上已成为政治生态的一股逆流，削弱了党纪党规的威严和效力，堵塞了优秀干部的公平晋升通道。其次，领导干部利用权力更便捷地获取非法利益，严重破坏了市场竞争法则，导致市场竞争的不公平。最后，损害了国家、集体和群众利益，加速社会两极分化，导致国民心态失衡。凡此种种情形，不但降低了政府的权威和公信力，而且严重侵蚀了党的执政根基。

无论"一家两制"式腐败花样如何翻新，这些不正常的利益输送本质上都属于腐败行为。一方面，很多腐败之祸的起因，"不在颛臾，而在萧墙之内也"。领导干部在家风问题上的病变、失守，往往致其走向"家族式腐败""家族式崩溃"。另一方面，需要加大对权力的监督和制约力度。习近平总书记指出："组织纪律松弛已经成为党的一大隐患。组织观念、组织程序、组织纪律都要严起来。不严起来，就是一盘散沙。"[①] 党的十八大以来，党中央着力推进全面从严治党，修订颁布《中国共产党党内监督条例》，并强调"监督是权力正确运行的根本保证，是加强和规范党内政治生活的重要举措"。综上可见，对"一家两制"进行规范管理，既是对党员和国家公职人员的关心爱护，也是对权力展开全方位监督的关键一环。

二 规范"一家两制"管理面临新的挑战

事实上，早在20世纪90年代，社会上就流传着"一家两制"的说法。这种说法认为，"一家两制"就是指夫妻二人中，一人在行政机关或事业单位工作，另一人在民营企业从事管理工作。此后，这一内涵逐渐由夫妻双方扩大到包括子女在内的其他家族成员。尤其是在沿海发达地区，伴随着市场经济的蓬勃发展，家庭成员一方在"体制内"单位供职，另一方在"体制外"经商办企业的现象越来越普遍。这就为不正当利益输送提供了一个平台和渠道，极有可能造成公共资源或公共利益的损耗乃至大量流失。

（一）原有的制度在实践中面临新的挑战

中央纪委监察部廉政理论研究中心的一份调研报告显示，1979~2011年，共有58次中央纪委全会、110余项法律法规涉及防止干部亲属官商利

---

① 《习近平关于党风廉政建设和反腐败斗争论述摘编》，中央文献出版社、中国方正出版社，2015，第38页。

益关联的内容。其中，1985年出台的《关于禁止领导干部的子女、配偶经商的决定》、2001年出台的《关于省、地两级党委、政府主要领导干部配偶、子女经商办企业的具体规定(试行)》、2010年出台的《中国共产党党员领导干部廉洁从政若干准则》等文件，专门规定干部亲属、子女经商办企业问题。这些制度目的是要拆掉干部家里的"定时炸弹"，避免干部在贪腐不归路上越陷越深、越走越远。

从制度的演进可以清晰地看出，改革开放之初采取的措施是"完全禁止"干部家属经商办企业，而这有悖于市场化改革、市场化就业的大趋势。20世纪末、21世纪初，浙江等地相继探索建立完善的人才流动机制，试图打破所有制、身份、地域等制度性障碍。此时，措施被明确为"五个不准"，即不准从事包括房地产、广告、律师事务所、娱乐业以及与公共利益发生冲突的经商活动；后来又进一步演变为《中国共产党党员领导干部廉洁从政若干准则》第五条的部分内容。然而，由于利益输送的隐蔽性，这种"头疼医头"的制度和办法，在执行中未能根治"一家两制"背后暗流的弊端，原有的制度在实践中面临着新的挑战。

（二）十八大以来多地相继展开"一家两制"管理创新

党的十八大以来，随着党风廉政建设和反腐败斗争不断深入，以领导干部亲属经商办企业为特征的"一家两制"问题，引起了党中央和全社会的高度关注。习近平总书记深刻指出："鱼和熊掌不可兼得，当官就不要发财，发财就不要当官，这是两股道上跑的车。"2014年中央首轮巡视发现，14个省区市和部门单位中有7个存在干部亲属子女违规经商办企业现象，个别地方问题突出。第二轮巡视反馈同样指出了干部亲属利用职权经商牟利的问题。虽然从中央到地方都在强调领导干部亲属不得经商办企业，但现实问题是哪些干部属于领导干部的行列、哪些领导干部亲属不得经商办企业、哪些行为属于经商办企业、哪些经商办企业行为需要规范以及涉嫌违纪违法的问题怎么处理等，这些问题影响了"一家两制"问题的规范，而在制度层面却没有一个明确的标准答案。

2015年2月，中央全面深化改革领导小组第十次会议审议通过《上海市开展进一步规范领导干部配偶、子女及其配偶经商办企业管理工作的意见》；同年5月，上海市率先对规范"一家两制"开展探索，在一年内共甄别出165名市管干部需要规范。在此基础上，2016年4月，北京市、广东省、重庆市、新疆维吾尔自治区也同步开展了"一家两制"管理工作，通过扎紧制度篱笆，规范"一家两制"、严防"官商一体"，倒逼领导干部不踩红线不越线。

以上几个地区，在"一家两制"管理方面的突破口是抓住"关键少数"，体现了对重要干部进行重点管理。领导干部级别越高、位置越重要、权力越大，管理规定越严：对省部级领导干部要求严于正局职领导干部，对正局职领导干部要求严于副局职领导干部，对公权力比较集中的市公检法领导班子成员要求严于其他单位领导干部。这些地区的基本做法如下：首先是清理，让领导干部主动"亮家底"。所有被列入规范范围的干部，都要填写《市管领导干部配偶、子女及其配偶经商办企业情况表》，进行专项申报。其次是清退。对清理出的问题，实行一方退出机制。最后是清查。按照每年20%的比例进行抽查，重点检查漏报、瞒报行为。对不报告、假报告、不纠正的以及以委托代持、隐名投资的干部，依纪依法严肃处理。为防止"名退实不退"，重庆等地还实行了职位限入和提拔限制。

（三）"一家两制"在义乌市尤为典型

作为改革和发展的先进地区，浙江必然是矛盾先有、问题先发，"一家两制"问题不仅同样存在，而且在某些领域更为典型和突出。2014年，中央巡视组对浙江省进行巡视后，重点指出"一些领导干部'一家两制'、利益输送出现新的表现形式"等问题。

义乌市作为世界知名的"小商品之都"，市场经济活跃，商业氛围浓厚，"一家两制"现象在党员、国家公职人员中较为普遍。2015年，浙江省委巡视组向义乌市反馈的问题线索中，超过70%的与"一家两制"有关。2016年市级班子换届，义乌市拟提拔人员廉政考察最突出的问题，就是关于"一家两制"的问题，其造成家庭财产等无法清晰说明。统计数据显示，2015年，义乌市管干部特定关系人仅在银行业从业人数就达166名，占全市市管干部的 21.5%；保守估计，涉"一家两制"的市管干部比例超50%。由此可见，"一家两制"现象在义乌市尤为典型和突出，成为廉政风险防控的重点难点问题，需要特别关注治理。

根据目前发现的问题，义乌市"一家两制"中的利益输送，主要存在四种形式：一是党员和国家公职人员近亲属违反规定参股投资其管理对象，或从事大额买卖、租赁、承包等交易行为。例如，某正科级干部以妻子名义参股管理服务对象在云南的公司。二是党员、国家公职人员近亲属利用其职务影响进行金融、保险、中介等业务。例如，某街道党工委副书记的妻子在其管辖范围内从事村级工程保险业务。三是党员、国家公职人员利用职权和职务上的影响，其本人或近亲属以显失公平的交易行为进行利益输送。例如，市场监管、税务等部门干部利用职务便利以亲属名义低价获取市场摊位，并通过炒卖摊位从中牟利。四是农村干部在集体资金、资产、资源管理、处置等过程中，为本人或近亲属谋取不正当利益。例如，某村党支部书记郭某利用职权把村集体资金存放到其亲属所在银行，为其亲属牟取高额业务提成。凡此种种情形，很容易引发腐败问题，损害党委、政府的形象和公信力。

三　规范"一家两制"管理：义乌探索

当前，无论是中央层面还是省、市层面，都制定了一些防止利益冲突的规章制度，但不少地方在管理"一家两制"实践中，仍存在不成体系或滞后于现实等不足，难以有效解决执纪实践中遇到的新情况、新问题。义乌市在规范"一家两制"管理方面进行了积极探索，取得了相应成效。义乌市规范"一家两制"管理，最鲜明的特点在于找准了制度建设的"短板"，扎紧了权力运行的"制度之笼"。

（一）义乌市规范"一家两制"管理的主要举措

为了有效预防腐败问题，义乌市将剑锋直指"一家两制"，将权力监督的触角延伸到这个"灰色地带"，在实践中积极探索，形成了一套行之有效的做法。

1. 监管对象覆盖到所有党员和国家公职人员

凡是掌握一定公权力的人员均存在廉政风险，都可能发生利益冲突和利益输送。例如，公安、税务、银行等部门和单位公职人员的特定关系人，开娱乐场所、美容店等情况。又如，义乌全市目前村集体存款超过1000万元的行政村有110个，超亿元的有7个，最多的村达2.1亿元，农村干部以"一家两制"遮掩利益输送的风险现实而又巨大。可见，涉及"一家两制"管理的范围非常广泛。

为此，义乌市委将"一家两制"的监管对象框定为党员和国家公职人员。其中，既涵盖了手握决策权、审批权等重要权力的党员领导干部，也包括有一定管理、执法等权限的普通干部。特别是结合这几年频频出现"小官大贪、村官大贪"违纪案件，义乌市委将手握集体资金、资产、资源管理处置权等公权力的农村党员干部也纳入监管范围。

上海、北京等地的做法，其重点是从严治官、以上率下，抓住领导干部这个"关键少数"，奉行对重要干部进行重点管理的原则，体现为领导干部级别越高、位置越重要、权力越大，管理规定越严。而义乌市则在抓"关键少数"的同时，着眼于基层实际，将监督对象进一步延伸到全体党员和国家公职人员，实现了在适用对象上针对问题导向的统一和突破。这就确保权力监督不留死角、不留盲区，最大限度地实现了对公权力的管理和监督。同时，这也与国家监察体制改革中实现对所有行使公权力的公职人员监察全覆盖的要求相契合。

2. 列明负面清单，进一步明晰权力和利益边界

"一家两制"违纪问题往往发生在关系较密切的近亲属之间，具有很强的隐蔽性，事后查证难度较大。因此，在规范"一家两制"管理的制度设计中，针对可能发生利益冲突、利益输送问题的，必须从严设置禁止性行为。

义乌市对党员及国家公职人员正确行使职责，不得违背职务廉洁性和市场公平性的要求进行归纳总结、具体细化，列明"十八个不准"的负面清单。2016年4月，制定实施了《关于规范党员及国家公职人员"一家两制"

管理的暂行办法》(以下简称《暂行办法》),探索以刚性制度压缩亦官亦商、权力寻租、利益输送等违纪空间。《暂行办法》列明了为本人及近亲属谋取不正当利益的七种行为,包括"违规干预、插手市场交易,违规指定、授意购买、使用特定产品或服务";"违规获取特许经营许可,违规进行宣传广告";"以明显低于市场价获取土地、房产、资源等,或以明显高于市场价出售土地、房产、资源等获取不正当利益";等等。《暂行办法》还列明了存在利益输送的十一种行为,包括利用职权或职务上的影响,"为本人配偶、子女及其配偶等亲属的经营活动谋取利益";"在公共资源配置、公共资产管理、公共资金使用等方面,为近亲属谋取不正当利益";"在专项资金补助、政府奖励、税收征缴等方面,为近亲属谋取不正当利益";等等。可以说,负面清单列明的每一种行为,都极具现实针对性,让党员和国家公职人员清晰地知晓哪些经营活动行为不可为,面对可能的利益冲突时该如何为。

除了《暂行办法》,义乌市委还同步下发了《关于规范党员及国家公职人员民间借贷行为的办法(试行)》及《关于规范党员及国家公职人员房产买卖、租赁行为的办法(试行)》。这"三个办法"主要强调以现实经济利益关系的发生而非血缘关系作为监督的重点,以强化事项报告作为加强监督的重要手段。例如,《关于规范党员及国家公职人员房产买卖、租赁行为的办法(试行)》明确规定,除了以个人或夫妻共有名义,或以子女、父母等名义买卖房产外,还将党员及国家公职人员出资、借资给他人等与个人经济利益相关的商品房买卖也列为规范的范围,对官商结成利益盟友的乱象进行重点治理。这就为党员及公职人员划定了权力和利益边界"红线",进一步压缩了其规避监督、变相乱为的空间。

3.通过设置政策过渡期提高制度执行性

纪律是党的生命,是从严治党的重器、定标执戒的尺子。在实际执行过程中,必须坚持纪在法前、纪严于法,使纪律真正成为带电的高压线。义乌市制定规范"一家两制"管理办法的主要理念,就是要求党员及国家公职人员对可能被视为存在利益冲突的问题,或无可避免地会令公众怀疑存在利益冲突的问题,必须对照《中国共产党廉洁自律准则》的高线,以最严的标准和要求，严格执行各项法律、规章和纪律规定。例如，《暂行办法》将可能产生利益冲突的内容，作为领导干部个人有关事项每年核查的重要内容。对新提拔任用的，廉政风险高的，因个人原因辞去领导职务的，群众举报反映较多的，涉及职务犯罪的，配偶或其他家属在国（境）外定居的予以重点核查，必要时开展专项检查。同时，坚持有违必查，从严监督执纪问责，对于教而不改、顶风违纪的，依纪依规予以严肃处理。在这一过程中，管理部门和监督对象对策略方法的把握非常关键。为了让管理部门和监督对象更好地适应相关政策，把握政策精神，义乌市采取了相应的举措。例如，《暂行办法》从下文到生效实施，设置了3个月过渡期，充分考虑到了长期以来客观存在管党治党"松软散"以及党员和国家公职人员对原有一些防止"利益冲突、利益输送"法纪条规认识模糊等问题；通过精细化的宣传教育，给广大党员及国家公职人员留有学习领悟并按照规定要求自觉对问题进行整改纠正的时间。这些举措取得了一定成效。统计数据显示，在3个月过渡期内，全市各类被监督对象退出不当收益400多万元。这样既体现出教育在先、预警在前，也减少了后续改革的阻力。

4. 实现同步强化党内监督和社会监督

义乌市在规范管理"一家两制"过程中，高度重视强化党内监督。义乌市充分发挥党风廉政建设责任制、个人有关事项报告、干部述廉等各项党内监督制度的综合作用，建立分级管理的制度执行责任体系，确保主体责任落实纵向到底。一是实行个人有关事项报告核查，包括近亲属的投资情况等，按规定予以报告。对可能产生利益冲突的内容作为领导干部个人有关事项每年核查的重要内容。二是实行即时报告制度，以强化事项报告作为加强监督的着力点，个人有关事项、近亲属投资经营情况、家庭受益等出现重大变化等，要求在30日内报告。三是推行利益回避制度，党员及国家公职人员对可能发生利益冲突的事项，应回避甚至调换岗位。四是推行定期轮岗制，对重要部门负责人、重点岗位人员实行定期轮岗交流。

在注重强化党内监督的同时，义乌市还注重强化社会监督，推行了举报奖励制和信息公开制度。党员及公职人员报告的其近亲属经商办企业的公司名称、经营地址、经营范围、经营规模、收益情况、缴税情况等，以及有从事金融保险服务、中介服务、法律服务等经营活动的情况在单位内部进行公示，接受干部群众监督。通过公职人员"一家两制"情况在一定范围内公开，并在新闻媒体上宣传《暂行办法》，鼓励任何单位和个人对发现公职人员特别是领导干部通过"一家两制"违规违纪、违背市场公平原则的情况进行举报。

（二）义乌市规范"一家两制"管理取得的成效

《暂行办法》自2016年7月实施以来，义乌市各级党员、国家公职人员主动填报"一家两制"情况已成常态，管理对象已延伸至农村基层党员干部。义乌市在规范"一家两制"管理方面取得的主要成效体现三个方面。

1. 进一步夯实了廉政风险防控的基础

《暂行办法》下发后，全市88家机关单位和14个镇街已完成"一家两制"的情况报告，并且实行了对"一家两制"利益回避和行为限制等管理措施。公安、水务、商城集团等单位还结合岗位特点进一步细化了落实举措。在全市开展的"一家两制"情况自查自纠中，各镇街、部门共核查15615人，发现涉"一家两制"人员3788人，其中市管干部183人，普通党员干部1365人，农村党员干部2240人。通过前期细致地核查，摸清了全市党员、国家公职人员"一家两制"底数，为选人用人、干部监督管理和廉政风险防控等提供了重要的参考依据。

2. 严肃查处了一批"一家两制"违纪问题

《暂行办法》实施以来，全市共收到反映党员、国家公职人员涉"一家两制"问题的信访举报共21件；查处"一家两制"违纪案件11起，党纪处分11人；累计有8名市管领导干部因"一家两制"情况申报不清不实被党纪立案或取消提拔资格，在全市党员干部中形成了有力震慑。如某村党支部书记郭某将该村旧村改造贷款业务交由其外甥女吴某（某银行职员）办理，吴某从中提成共计18万余元，后郭某被党纪处分。

3. 党员和公职人员遵守"一家两制"新规渐成自觉

规范"一家两制"管理，阻断利益输送渠道，将公权力关进制度的笼子，切实体现了"严管就是厚爱"。在"亲""清"政商关系价值取向为核心的廉政宣传教育下，许多党员干部特别是领导干部，对"一家两制"新规的认识进一步深化，对依纪依法开展经营理财的观念、行动自觉进一步增强。在党风廉政建设"两个责任"履责述评工作中，全市770余名市管干部均主动填报"一家两制"情况并进行公示。其中，某局分管副局长因其妻子从事的档案经营业务在其管辖范围内，主动申请调整工作岗位。这些点点滴滴向善向好的新气象，充分彰显了"一家两制"新规在全面从严治党义乌实践中应有的制度力量。

四　规范"一家两制"管理的启示

义乌市从基层具体实际出发，将规范"一家两制"管理作为从严治权治吏"先手棋"，重建了公共伦理、重塑了公仆形象、净化了政治生态，对全面从严治党具有重要的启示意义。更进一步来说，从源头上规范"一家两制"管理，预防并治理利益输送问题，必须在完善监督体系、强化制度建设的同时，从利益输送的结构要素中寻找突破口。

（一）从制度设计着手构筑利益输送"防火墙"

党员和国家公职人员"一家两制"的要害问题，在于有意无意地模糊了公家与私家、公权与私利的边界。"一家两制"处于纪律的模糊地带，一旦发生利益冲突、利益输送，就很难明晰界定是否合法合规。因此，必须从制度根源着手进行明确规范，建立利益冲突和利益输送的"防火墙"。事实上，从全球范围看，许多廉洁程度较高的国家和地区都将防控利益输送和利益冲突纳入制度轨道。例如，中国香港的《问责制官员守则》，明确规定了政府官员如何防控利益冲突；浙江省的《党员领导干部防止利益冲突暂行办法》，也试图通过体制性改革阻断公职人员以权谋私的渠道。

当前，国内不少地方对规范"一家两制"也进行了制度上的探索，但因现行法律法规并未对规范"一家两制"进行专门规定，导致各地设计制度时宽严不一、依据不足、权威不够。以义乌市为例，目前仍有部分单位对《暂行办法》精神理解不深不透，对"一家两制"情况申报要求把握不准，导致申报内容不够完整。同时，有的公职人员思想认识存在误区，认为申报内容涉及个人隐私，存在抵触心理。因此，应加强规范"一家两制"的顶层制度设计，准确清晰界定法纪边界，推动全面从严治党向纵深发展。

此外，还应着力强化党员和公职人员权力运行制约体系。"一家两制"式腐败现象生动地揭示，一个呼风唤雨、狐假虎威的亲属背后，必定有一个掌握实权的"老虎"或"苍蝇"。因此，一要从制度上给权力划定边界，通过厘清并实施"权力清单"，规范职权行使的范围、程序；二要确保权力在阳光下运行，推动党务公开、政务公开常态化，特别是"三重一大"项目和民生工程，主动接受群众监督和媒体监督；三要构建权责对等的问责机制，有针对性地加大对党员和公职人员、涉案亲属的惩罚力度，确保权力运行有法可依、违法必惩。

（二）以家庭事项报告作为强化监管的着力点

针对"一家两制"中普遍存在的利益输送问题，以往中央和地方也有不少相关禁止性的制度，但之所以进展有限、收效不大，一个重要原因是对党员、国家公职人员的"家底"没有摸清，也就少有约束力。我国领导干部个人有关事项报告在一定程度上其实是家庭重大事项的如实报告，关注家庭情况是这项制度的特色，同时也是倒逼解决"一家两制"利益输送问题的重要抓手。党的十八届三中全会明确提出，要认真执行个人有关事项制度，并开展抽查核实工作。当前，现有个人有关事项制度规定，报告的主体包括"县处级以上领导干部和国有企事业单位领导班子成员"，而个人需要申报的事项多达14项，比如婚姻变化情况、配偶子女从业情况，以及房产、投资等情况。

与其他地区更多关注党员领导干部相比，义乌市一个突出特色是将监管对象覆盖到所有党员和国家公职人员，而抓手就是个人有关事项报告制度。义乌市拓宽了报告范围,将民间借贷、房产继承、赠予(获赠)等也列为报告内容和重点核查内容;明确了以经济利益关系发生而非法律权证办理作为必须报告的情况,压缩党员和公职人员规避监督的空间。当然,这项工作在推进中也遇到一定的困惑和阻力。例如,党员和公职人员个人事项的申报范围,尚未对全体党员实现全涵盖。特别是因农村党员数量众多、涉及面广,暂未要求农村普通党员申报"一家两制"情况。

在未来的"一家两制"管理工作中,可以考虑从几方面完善配套政策:一是运用大数据的方法分析和识别腐败风险,从而提高监督工作的针对性。[1] 加强社会信用体系、企业信用体系、个人信用体系建设及其大数据的归集和共享,为掌握党员和公职人员群体家庭财产变化和企业信息提供技术支撑。二是对党员和公职人员家属有经商办企业的,在合适范围内公开其业务范围、经营年报,存在利益冲突的必须主动接受问询。三是在党员和公职人员个人年收入基础上,逐步新增家庭总收入及年收入项目的申报。四是严格执行相关法律法规,加大对行贿人员的打击力度。五是将包括国税、国土、海关、外汇、金融、电力等在内的基层垂直部门,一并纳入党员和公职人员"一家两制"规范管理的范围。

(三)在从严管理的同时进一步强化正向激励

从严管理干部的主要作用在于守住底线,使管理对象循规蹈矩不逾矩。而正向激励可以激发管理对象内在的激情,使其积极投入工作。在运用负向激励的过程中,要做好思想政治工作,化解消极因素,特别是要防止陷入因负向激励引起怠政懒政,同时又用更严厉的负向激励来治理怠政懒政的恶性循环。因此,在党员和国家公职人员管理中,应当以正向激励为主、负向激励为辅。[2]

在规范"一家两制"管理的探索中,义乌市的一个重要经验是实事求是、法纪情兼顾,鼓励保护合法经营。当前,县市基层的党员、公职人

---

[1] 过勇、杨小葵:《基于大数据的领导干部廉政监督机制研究》,《国家行政学院学报》2016年第6期。
[2] 郝玉明:《公务员管理与激励:理论、制度及实践》,中国人事出版社,2016,第10页。

员待遇收入不高的情况客观存在。党员、国家公职人员除履行公职责任外，还要承担家庭等其他社会责任，完全禁止其近亲属从事经营活动的做法不符合客观实际。因此，规范"一家两制"管理，应建立"亲""清"新型政商关系，坚持实事求是、法纪情兼顾，既考虑党员和公职人员近亲属合法经营理财的现实合理性，又坚决限制国家集体权力涉足个人利益活动。要严格区分合法经营理财和"以权谋私、利益输送"，尊重党员和公职人员合法权益，鼓励与倡导近亲属严格遵纪守法、诚实经营的"一家两制"。

此外，对不同层级的党员和国家公职人员，在未来的"一家两制"管理中可以考虑实行分级要求、分级管理。对领导干部这个"关键少数"，可以借鉴上海经验，注重权力和限制对等相适，采取"一方退出"等特殊手段和措施，以最高的标准、最严的要求，严格限制约束其近亲属的经营活动。而对于基层的一般党员、国家公职人员，在确保公权力正确行使的前提下，则应当充分考虑个人权益，为正当合法的家庭生产经营留有空间。

反贿赂管理体系的"深圳标准"[*]

颁奖词

反贿赂管理体系"深圳标准",是国内首个反贿赂领域地方标准,为企业等组织有效发现、预防和管控贿赂风险,积极应对反贿赂贸易要求提供了管理框架和指南。该标准是借鉴国际先进理念、运用标准化手段深化反腐败斗争的先行探索,是深化标本兼治、推动预防腐败工作向社会领域延伸的重要突破口。

2017年6月12日,由广东深圳市纪委委托深圳市标准技术研究院制定的"反贿赂管理体系深圳标准"(以下简称"深圳标准")正式发布,旨在为企业等组织及时预防、发现和处置贿赂风险提供可复制的解决方案,为相关企业等组织完善内部反腐体系提供指引。"深圳标准"是深圳借鉴国际先进理念而制定的国内首个反贿赂管理体系标准。根据"深圳标准",企业反腐败反贿赂将不仅针对自身,同时对于其上下游如供应商、客户等供应链链条也都负有提出反贿赂要求的责任和义务;在预防发现控制贿赂行为时,还需要全程留痕,以便证明整个过程已实施管控。当然,"深圳标准"并非强制性标准,想参与的企业可选取某项业务(如采购、销售等贿赂风险较高的业务)自行导入,或者由第三方机构协助导入。实施之后,企业可根据自身需求选择是否认证,认证流程与质量管理体系等认证流程类似。实施并通过认证的企业,相当于有了一张"廉洁名片"。[①]

---

[*] 作者简介:李松锋,中国政法大学法学院副教授。
[①] 《"反贿赂管理体系深圳标准"发布》,《中国纪检监察报》2017年6月23日。

一 "深圳标准"的出台背景

党的十八大以来,中国在反腐败方面采取的有力措施和取得的显著成效有目共睹,有效降低了腐败存量,赢得了社会各界较为普遍的认可。但另一方面,由于中国还处在经济转轨的特殊历史发展阶段,改革攻坚的任务仍然繁重,一些体制性的矛盾仍然没有得到解决,使得腐败空间依然存在,腐败风险依然较高。

(一)中国特色反腐倡廉体系逐步完善的新要求

党的十八大以来,反腐败强度显著提高,腐败程度明显降低,反腐败斗争的压倒性态势已经形成,其中党政机关的反腐行动成效显著。2017年1月,习近平总书记在十八届中央纪委七次全会上强调指出,"经过全党共同努力,反腐败斗争压倒性态势已经形成,不敢腐的目标初步实现,不能腐的制度日益完善,不想腐的堤坝正在构筑"。从党的十八大以来的实践进展来看,惩治腐败的力度始终未减,党内监督得到了有效强化,廉洁教育得到了广泛开展,预防腐败工作也有所提升,中国特色的反腐倡廉体系逐步形成。然而,如何实现从治标到治本的重心转移,从行贿受贿两端严密防控贿赂风险,一体推进不敢腐、不能腐、不想腐,将会是接下来完善中国特色反腐倡廉体系所面临的新挑战和新任务。

(二)反贿赂管理体系国际标准的示范作用

从当前的反腐败形势来看,对来自商业组织的行贿方的监管还存在较大难度。根据透明国际2011年的《行贿指数报告》,对30个国家不同领域的3016名企业主管人员的调查发现,私营部门的贿赂行为频繁发生,且危害严重。为了应对这一挑战,有效管控贿赂,近年来,各国际组织、国家机构、企业团体等纷纷制定国际公约、专门法律法规或企业行为规范,如《联合国反腐败公约》、美国的《反海外腐败法》等。其中英国的《反贿赂法案》设立了商业组织未能预防贿赂罪,如果商业组织疏于构建贿赂预防机制导致贿赂行为发生,将承担相应的刑事责任。同时,国际上还尝试将标准化引入反贿赂管理领域。早在2011年,英国制定《反贿赂管理体系规范》BS10500,率先将标准化手段引入反贿赂管理领域,为商业组织预防和发现贿赂提供全面管理框架,取得了良好效果。在英国的倡议下,国际标准化组织于2013年成立反贿赂项目委员会,着手研制反贿赂管理体系国际标准,中国为参与成员国。在中央纪委国际合作局的牵头组织下,深圳全程参与国际标准研制,结合实际提出了许多建设性的意见和建议。2016年10月,《反贿赂管理体系要求及使用指南》正式发布。尽管《反贿赂管理体系要求及使用指南》在很大程度上是采用由英、美司法部发布的相关文件和规定,但受到了全球公司的高度重视。有些国家甚至直接按照该标准建立了本国政府的反贿赂管理制度,诸如新加坡和秘鲁等。可以预见,随着反贿赂国际合作的深入开展,标准化必将成为国际社会反贿赂的制高点,也将成为企业等组织走向国际市场的新要求。

(三)打造廉洁企业的现实需要

2017年5月,习近平在出席"一带一路"国际合作高峰论坛时,向世界发出了要让"一带一路"成为廉洁之路的倡议。党的十九大报告也指出,要培育具有全球竞争力的世界一流企业。然而,商业贿赂现象普遍存在,不仅损害了企业的廉洁性,还会产生连带效应,诸如商业贿赂导致效率损失,扭曲劳动力和相关资源的配置,导致金融机构在企业信贷中的理性选择,继而影响金融资源分配的均衡性等。但是,由于商业贿赂案件存在隐蔽性强、取证难、证据证明标准高、违法所得计算难等特点,因此其成为最难查办的腐败案件类型之一,通过刑事追诉治理商业贿赂日益显出其局限性。加上具有商业性的特点,受到的关注度也远远低于公职人员贿赂案件。这是一个世界性难题。譬如,美国的商业贿赂犯罪曾是起诉率最低的一项罪名,使得一些州不得不通过强迫作证、自愿披露、行业习惯等方式帮助检察官收集相关证据。即便是商业贿赂案件起诉率很高的韩国,也借助对举报者的鼓励措施,通过对举报者减轻或免除处罚的手段,鼓励企业内部人员出面揭发贿赂行为。①中国的商业贿赂问题依然严峻，在一定程度上削弱了中国企业的竞争力。据世界银行统计，2010年至2016年世界银行《采购指南》项下资助项目被制裁公司达900家，中国企业占相当比重。有调查显示，69%的中国海外经营企业遭受过反商业贿赂执法或处罚。随着我国在国际贸易领域的高歌猛进，加上国际贸易竞争日趋加剧，国际上企业的规范化监管审查将会愈加严格，对涉外企业的商业贿赂行为执法处罚力度将会进一步增加。利益输送、海外行贿、"灰色"代理等行为，不但使企业面临罚款风险，也严重损害企业声誉，从长远来看，也将削弱企业的国际竞争力。因此，打造廉洁企业逐渐成为我国企业建设方面的重要内容。

"深圳标准"的制定和发布，顺应了时代的需要，符合国际发展趋势，契合当前我国反腐败的中心工作，结合了中国尤其是深圳市科技、经济发展的现实需求，既展现了深圳市有关部门廉政治理的魄力和定力，又彰显出深圳市一贯领先具有的制度创新的动力和活力。

二 "深圳标准"的主要内容

"深圳标准"的制定，是深圳充分利用近年参与制定反贿赂管理体系国际标准的契机，立足深圳市的实际需要，在一批知名企业进行试点的基础上加以完善而成，属于国际标准与地方实际有效结合的重大成果。"深圳标准"既与国际接轨，又有本地特色，具有很强的针对性和可操作性，促使企业反贿赂从外在要求变为内在需求。②同时，"深圳标准"是国内首个反贿赂领域的地方标准，是深圳在反贿赂管理体系标准化领域的先行先试，从一定程度上填补了国内预防贿赂方面的制度空白，将为反贿赂管理体系在全国范围内的推广应用探索经验。这个标准蕴含了丰富的制度创新元素，值得理论界和实务界关注。

---

① 徐文文：《全球视野下商业贿赂刑法规制问题再探讨》，《法学》2016年第4期。
② 《反腐治贿的有力延伸》，《深圳特区报》2017年6月19日。

（一）将贿赂的定义扩大为"任何价值的不当好处"

"深圳标准"将"贿赂"的定义扩大为"任何价值的不当好处",不仅包括金钱、礼物、招待等,还包括信息的分享、义务或责任的免除等。根据"深圳标准"3.1节的术语界定,"贿赂"是指无论在何地直接或间接地提供、承诺、给予、接受或索取任何价值的不当好处(可以是金钱的或非金钱的),以引诱或奖励个人利用职务之便的作为或不作为的行为。而可视为"好处"的形式包括以下几种:一是财物,包括任何馈赠、贷款、费用、报酬或佣金,其形式为金钱、任何有价证券或任何种类的其他财产或财产性利益;二是任何职位、受雇工作或不当合约利益;三是将任何贷款、义务或其他法律责任全部或部分予以支付、免却、解除或了结;四是行使或不行使任何权利、权力或职责;五是其他财产性或非财产性利益。由此可见,"深圳标准"将各种显性和隐形的贿赂形式纳入监控范围,极大地扩展了预防和管控的范围,也意味着组织要持续不断地开展贿赂风险识别并予以有效控制。

（二）通过供应链的作用带动并强化整个社会的反贿赂意识与行动

"深圳标准"不仅对企业自身的反腐败反贿赂提出了明确的要求,还对其上下游,如供应商、客户等供应链链条也都负有提出反贿赂要求的责任和义务。为此,"深圳标准"建立并实施八大管控措施,具体包括:一是对低贿赂风险以上的特定项目、交易或活动,计划建立或维持业务关系的商业伙伴,特定岗位的员工开展尽职调查。二是实施充分的财务控制措施,包括同一人不能同时拥有提出和批准付款的权利、付款审批实行梯度授权制度、付款审批至少有两人签名、采取有效的现金控制办法、对重大财务实施定期管理评审等。三是在采购、运营、销售、业务、人力资源、法律和监管活动等非财务方面加强控制,包括分包商和供应商资格预审、执行公开透明的招投标制度、至少有两人评估投标和批准签订合同、对高贿赂风险的交易实施严格管控、保护投标和其他价格敏感信息的机密性、向员工提供合适的工具和模板等。四是确定并实施礼物、招待、赞助费、捐赠和类似利益的标准及规定，对上述利益进行系统全面的识别，进行严格管控和审批。五是确保管辖内的组织如下属公司、子公司等符合反贿赂管理体系要求，对低贿赂风险以上的商业伙伴，提出实施反贿赂控制措施、进行反贿赂承诺等要求。六是建立汇报程序，允许直接、通过第三方、越级以及匿名汇报，并确保举报人身份信息不被泄露并禁止报复行为。七是建立并实施贿赂调查和处置程序。八是对特定交易、项目、活动或商业伙伴展开风险评估后，发现现有措施无法管理贿赂风险时，及时采取应对措施，甚至暂停、终止或撤销交易、项目、活动或业务关系。

（三）完整的贿赂风险评估程序

"深圳标准"要求组织建立科学、系统的贿赂风险评估程序，以识别、分析、评价和处置风险，并定期评审风险评估程序及评估结果的适宜性和有效性。风险评估程序具体包括确定评估范围、评估频率、风险优先级划分的标准、风险处置策略和管控措施、形成文件并留档保存。风险识别是认知和记录贿赂风险的过程，组织在识别其活动过程中的贿赂风险时，应检查可适用的法律法规及规范性文件的要求，经营活动及业务获得的方式；组织机构及岗位职责，新增项目、交易、活动或供应商，商业伙伴的透明程度，利益相关方，以往案例，行业或商业惯例等。识别出的风险需要尽可能具体明确，应包含涉及人员、诱因、发生时间、地点等。针对识别出的风险，组织还要进行分析，确定风险高低。风险分析时，可以考虑风险的性质、发生的可能性以及影响程度。继而划分识别风险的等级，并针对不同等级的风险，制定适用的风险管控措施。同时，还要根据组织环境、法律法规的变化，定期对风险管控措施进行评审和修改。

（四）反贿赂措施的绩效评估

"深圳标准"要求组织在适当阶段采取适宜的方法对反贿赂措施的有效性进行监视和测量，并对监视和测量的结果进行分析和评价。首先，组织应按计划间隔开展内部审核，以证实反贿赂管理体系是否符合组织自身对反贿赂管理体系的要求及"深圳标准"的要求，还要审核反贿赂管理体系是否得到有效的实施和维护。ISO 19011提供了关于管理体系审核的指南，组织内部审核时可以参考适用，也可以依据组织的规模、结构、成熟度和所在区域等决定。其次，组织管理层还需要定期对反贿赂管理体系进行评审，以检查以往管理评审提出措施的落实情况；与反贿赂管理体系相关的内外部因素变化情况；反贿赂管理的绩效信息（包括不符合及改进措施、监视和测量结果、审核结果）；持续改进反贿赂管理体系的可能性及措施。组织可邀请外部专家对其反贿赂管理体系的建立和实施效果进行评审，且应当保留评审记录。组织应结合评审结果，不断提高反贿赂管理体系的适宜性、充分性和有效性。

此外，"深圳标准"要求组织在预防、发现和控制贿赂行为时保留和存储文件信息，并确保得到有效保护、使用和处理，做到全过程留痕，以证明其实施了合理的管控措施。总而言之，"深圳标准"明确了企业等组织建立和实施反贿赂管理体系的整个流程，包括了解组织背景、明确管理职责、开展风险评估、体系规划和实施、提供资源支持、绩效评估和持续改进等，为企业等组织有效发现、管控和预防贿赂风险，积极应对反贿赂贸易要求提供了全面管理框架和指南。

三 "深圳标准"的意义

"深圳标准"发布后，实务界和理论界都给予了很高的评价和期待。国际标准化组织执行秘书长尼古拉斯·弗勒里称，"深圳标准"是"反贿赂管理体系国际标准在某一地区本土转化与实施的典范"。[1]具体而言，"深圳标准"的出台至少具有以下几重意义。

（一）净化企业廉洁环境，提升市场竞争优势

"深圳标准"是国内首个反贿赂管理地方标准，为企业等各类组织有

---

[1]《从行贿受贿两端严防腐败》，《南方日报》2017年7月4日。

效发现、预防和管控贿赂风险，积极应对反贿赂贸易要求提供了全面管理框架和指南。虽然"深圳标准"与国际先进理念接轨，其关键指标和要求与国际标准保持一致，但又根据中国企业的实际需要进行了本地化创新，具有较强的针对性和可操作性。从具体规定来看，"深圳标准"不仅要求企业对自身反腐败反贿赂工作负有责任和义务，同时对其上下游如供应商、客户也都负有提出反贿赂要求的责任和义务，从而通过整个管理链条、供应链链条来带动和强化社会的反贿赂意识和行动。企业通过建立和实施"深圳标准"，有助于实现内部的规范化管理，有效预防和处置内外部的贿赂风险。

腐败风险不仅是国有企业家面临的风险类型，也是民营企业家面临的风险之一。当前，此类风险有增大的态势。根据《2014—2015中国反商业贿赂调研报告》，相对于外企来说，目前民企和国企面临着更高的商业贿赂风险。这既与国企所处行业有关（有更高比例的国企需要和政府部门打交道），也与国企现行的反商业贿赂管理制度有关。[①]《2015年中国企业家刑事风险报告》显示，"在2014年12月1日至2015年11月30日统计年度，共搜集到企业家犯罪案件793例，涉及犯罪企业家921人。其中，国有企业家170人，占比18.46%；民营企业家751人，占比81.54%。"[②] 更可怕的是，一名企业家的倒下，可能意味着一个企业的倒闭，甚至影响一个行业的健康发展。

"深圳标准"尽管属于非强制性标准，企业可自主选择导入，或者由第三方机构协助导入，并自主选择是否认证。但是，实施并通过认证的企业，相当于有了一张"廉洁名片"，贴上了"廉洁状况良好，内部管理有序"的标签，有助于提升企业品牌形象，帮助企业抢占国际社会反贿赂管理的制高点。另外，随着反腐败斗争的不断深入，越来越多的企业家认识到反腐败对于净化政治生态、经济生态、理顺市场秩序的重要意义。在2015年，已经有多个国内知名企业联合发起成立了中国企业反舞弊联盟，推动廉洁从业在企业间和全社会获得普遍认同，以建设廉洁商业

[①] 李茜：《国内企业面临更高商业贿赂风险》，《上海金融报》2015年1月20日。
[②] 贾阳：《"亲""清"政商关系为民企健康发展助力》，《检察日报》2016年4月19日。

环境、净化经济生态。在第三届世界浙商大会上，阿里巴巴董事局主席、浙商总会首任会长马云倡议："我希望，浙商永远不参与任何行贿，如果我们的会员参与行贿，就清除出去……我们拼的是真本事，拼的是睡地板，拼的是勤奋，拼的是不断改变自己，拥抱变化。"目前，中兴、中集集团、比亚迪等企业已经对"深圳标准"先行先试。以中兴通讯为例，作为深圳电子通信行业的佼佼者，中兴通讯早在2003年就开始进行反腐败和反贿赂管理体系建设，专门设立了反贿赂管理部门负责全球反贿赂管理体系的建设和运作管理，先后发布《中兴通讯商业行为准则》等多项合规政策和合规程序，对任何形式的腐败贿赂行为持"零容忍"的态度，赢得了国际同行好评。仅2018年以来，中兴通讯就开展超过1200场反贿赂合规专项培训，在线培训及合规考试5万多人，覆盖了管理层和基层员工，反贿赂决心坚定，此次积极导入标准，将进一步提升其市场竞争的优势。

因此，"深圳标准"的发布对于构建新型政商关系，改善企业廉洁度，提升企业竞争力，发展良性经济生态具有不可低估的意义。

拥有众多知名企业的深圳

（二）深化社会领域的防腐反腐，推动预防腐败体系标准化

受贿和行贿就像一根藤上的两个"毒瓜"。党的十九大报告强调反腐败"坚持无禁区、全覆盖、零容忍，坚持重遏制、强高压、长震慑"，明确提出"坚持受贿行贿一起查"。当前反腐败需要思考并回答的一个前瞻性命题是，在"反腐败斗争压倒性态势已经形成并巩固发展"之后，如何更加有效地向纵深推进"不敢腐、不能腐、不想腐"的机制，最终"夺取反腐败斗争压倒性胜利"？目前，理论界和实务界对此的探讨还比较少。十九届中央纪委二次全会在部署 2018 年重点工作时强调，坚持受贿行贿一起查，旨在从行贿受贿两端严密防控贿赂风险。各省现已启动落实法案，加大对行贿行为的打击力度。

党政系统的腐败与社会领域的腐败总是相伴相生。因此，反腐败，既需要反受贿，又需要反行贿。预防腐败，必须既预防受贿，也预防行贿。要同时遏制受贿和行贿，必须坚持"政""商"两手抓，既注重打击力度，惩治腐败行为，充分发挥惩治的震慑作用，又要注重铲除滋生腐败的土壤，为公权力运作营造清、净的社会环境。"深圳标准"将标准化的管理手段引入贿赂治理领域，弥补了从企业管理角度建立预防贿赂机制的缺失，把反贿赂管理体系的各项要求与企业的经营管理紧密结合，为企业有效发现、预防和管控贿赂风险，全面落实反贿赂要求提供了全面的管理框架和指南，有利于企业通过机制化的方式减少内部腐败，维护市场竞争秩序。企业和社会组织旗帜鲜明地反对贿赂，并采取有效管控措施，无疑切断了公职人员寻租腐败的源头。其次，党政机关、事业单位参照该标准要求，在日常业务和内部管理中引入标准化的手段，建立与业务工作高度融合的廉政风险防控机制，也可以更加有效地开展廉政建设和反腐败。

"深圳标准"的发布推动预防腐败体系的标准化，进而带动整个政府管理的标准化和治理体系的现代化。反贿赂管理体系标准化是近几年深圳标准化制度建设的又一进步。深圳是全国唯一将标准工作纳入政府绩效考核的城市。深圳在反贿赂管理体系标准化领域的先行先试，填补了国内预防贿赂方面的制度空白，将为反贿赂管理体系标准化在全国范围推广应用

探索经验。

（三）与国际预防腐败标准接轨，推动我国预防腐败体系国际化

腐败仍是一项全球性顽疾，反腐败是国际社会的一项共同事业，任何国家都难以置身事外。中国在反腐败领域，开始逐步重视国际合作，积极参与到全球反腐败治理、反腐败新秩序的推动构建中。2018年，反腐败体制机制改革，制定的《中华人民共和国监察法》专辟一章详细规定反腐败的国际合作。2016年9月举办的G20杭州峰会，通过了《二十国集团反腐败追逃追赃高级原则》、在华设立G20反腐败追逃追赃研究中心、《二十国集团2017~2018年反腐败行动计划》等三项重要反腐成果。中国正积极落实G20杭州峰会所达成的重要成果，引领国际反腐败合作朝追逃追赃等务实合作方向发展，并以反腐败国际追逃追赃为抓手，推动国际反腐败体制机制的完善。备受全球关注的"一带一路"建设，也与反腐败密不可分。中国正致力于把"一带一路"打造成"廉洁之带"与"廉洁之路"。

近年来，反腐败反贿赂已经成为国际组织和各国政府优先关注的议题，都在寻求解决之道，引入标准化这种科学管理工具是一大趋势。2013年，国际标准化组织ISO成立了反贿赂项目委员会，着手制定反贿赂管理体系标准，我国作为该委员会的成员国，全程参与了国际标准的研制，深圳市标准院作为中央纪委国际合作局指派的代表团成员，技术专家全程深度参与了反贿赂管理体系国际标准研制。国际标准化组织于2016年10月发布的ISO 37001《反贿赂管理体系要求及使用指南》为世界范围内的各类组织提供了反贿赂管理操作指南。"深圳标准"的关键指标与核心要求和国际标准保持一致。企业如果采取深圳标准并使之有效运行，在反贿赂管理方面在很大程度上就已经符合国际标准的要求。这样的预期效果，不论是对企业的本地化发展还是国际化发展都具有十分重要的积极意义。在中央推行"一带一路"倡议，更多中国企业走出国门的今天，"深圳标准"的实施无疑具有重要的引导作用。[1]使得我国的预防腐败体系与国际标准

---

[1] 过勇：《反贿赂管理体系深圳标准的示范意义》，《人民论坛》2017年第7期。

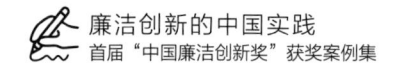

接轨，推动整个预防腐败体系的国际化进程。

（四）在预防腐败方面先试先行，有助于推动地方廉政制度创新

制度创新是最基础、最核心的创新。反腐败体制机制的改革和完善，面临的重大挑战仍然是制度供给严重不足。尤其是结合中国腐败形势，直面中国社会问题的反腐败制度建设仍然需要加强。党的十八届三中全会以来，全面深化改革的声音中"制度"堪称最响亮的音符。"要把制度建设摆在突出位置"，"提供一整套更完备、更稳定、更管用的制度体系"，"把制度创新作为核心任务"……党的十八届三中全会设定的改革目标是，"到2020年，在重要领域和关键环节改革上取得决定性成果""形成系统完备、科学规范、运行有效的制度体系，使各方面制度更加成熟更加定型"。只有基于中国实践基础上的制度创新，才能解决中国问题，增强决策的稳定性、工作的连续性，才能为治理找到抓手，为发展扫除障碍，为未来打好基础。因此，可以说，制度创新实际上就是一场深刻的革命。

"深圳标准"是国内第一个反贿赂管理体系的地方标准，填补了从管理角度建立预防贿赂机制的空白，在反贿赂的机制、制度方面有诸多重要创新，是深圳为全国反腐治贿工作进行的探索。在反腐败取得压倒性态势的宏观背景下，深圳市着眼于反腐败工作的未来发展，在预防腐败方面先试先行，率先制定了反贿赂管理体系的"深圳标准"。该标准至少有三个方面的创新和突破。第一，这是国内地方层面首个反贿赂管理标准，为企业等各类组织发现、预防和管控贿赂风险，有效提高反贿赂管理的科学化和标准化提供了系统性框架和指南。"深圳标准"明确提出其适用范围是所有领域的商业组织，其他非商业组织也可以参照使用。第二，"深圳标准"对贿赂行为做了更为宽泛的界定，无论在何地直接或间接地提供、承诺、给予、接受或索取任何价值的不当好处（可以是金钱的或非金钱的），以引诱或奖励个人利用职务之便的作为或不作为的行为，都纳入贿赂的范围。第三，"深圳标准"明确提出了组织建立和实施反贿赂管理体系的整个流程，包括了解组织背景、明确管理职责、开展风险评估、反贿赂管

理体系规划和实施、提供资源支持、绩效评估和持续改进等,要求采取八大管控措施,包括尽职调查、财务控制、非财务控制、礼物招待及类似好处、要求商业伙伴实施管控措施、汇报程序、调查处理、采取应对措施等。可以说,"深圳标准"将标准化这一科学管理工具引入社会领域的防治腐败工作,从行贿受贿两端严密防控贿赂风险,有利于促进全方位、立体式反腐制度体系的构建,提升整个社会的反腐成效,推动形成全面反腐防腐的新格局。

地方是各项改革重要的创新主体。制度创新既可以是一种制度从无到有的创建,也可以是现有制度的完善和更新。但制度创新有时又是一项风险极高的事业。一方面,对于我国这样一个人口众多、情况复杂的大国来说,任何制度的变革和完善都很难按照一个理想的路线和严格的时间表在全国大规模地推行。即便是能够在全国推行的制度建设,通常也需要现在某些地方先行先试,并在试点过程中不断进行修正和调适,使得设计的制度能够更加完善,减少全国性实施时的成本。[①]深圳市作为改革开放的前沿地区,在全面深化改革过程中仍然始终坚持走在前列,在很多改革方面都做到了勇于尝试、大胆创新。"深圳标准"吸纳了国际有益经验,结合了国内具体实践,实际上早在2014年,深圳市纪委联合深圳市标准技术研究院就开始研究探索反贿赂管理体系标准化工作,并选取中集集团、联想集团、神舟电脑和飞亚达等作为试点企业,探索在企业管理中建立和运行反贿赂管理体系。与此同时,2014年12月至2016年1月,深圳市反贿赂管理体系标准化试点工作小组对本地重点企业开展深度调研,收集各行业存在的主要贿赂风险点、各企业在反贿赂管理方面的实践经验。经过前期大量的基础研究、调研走访和研究论证,于2016年6月形成标准征求意见稿,随后向专家和社会公开征求意见,并最终出台实施。这一过程充分体现了制度创新的稳健性和科学性,为制度未来在全国层面的推广奠定了重要基础。而"深圳标准"所代表的探索精神、创新精神更是值得肯定,对于推动地方廉政制度创新具有重要的示范意义。

---

① 李松锋:《官员财产申报的地方试验》,《北京航空航天大学学报(社会科学版)》2016年第1期。

四 "深圳标准"的实施推广和未来展望

"深圳标准"能否发挥预期作用，取决于能否得到推广实施。因为"深圳标准"是一个指引，并非强制要求，倘若不能得到推广，便不过是一纸空文。只有越多的企业采纳了"深圳标准"，才能形成良性的市场环境，才能更好地发挥其应有的作用。否则，"先行先试"的企业势必会在不良市场中"吃亏"，处于弱势地位，影响该标准的推广。

从目前的情况来看，"深圳标准"的实施推广至少需要解决三个问题：一是尽可能降低企业的导入成本。"深圳标准"作为新兴领域的管理体系标准，只是提供了一套管理框架和指南，任何企业在导入和实施该标准时，不仅需要转变理念，还需要有足够的能力，包括相关技术人员，系统设置等。政府能否以及在多大程度上提供外部支持，可能会影响企业导入"深圳标准"的积极性。

二是规范对应的认证制度。反贿赂管理体系不管在国际还是国内都是全新的标准，国家层面没有出台相应的认证规范和认证规则。根据认证认可条例，认证机构可以自行制定认证规范、认证规则，并在备案后开展认证活动，属于自愿性认证，其认证结论和证明效力完全靠市场认可。认证市场是否规范，认证结论是否权威，直接关系到企业对"深圳标准"的接受程度。

三是政府在推广实施"深圳标准"中的角色。为有效推广标准，引导企业积极参与，政府可以发挥引导、监督的作用。运用不当，则可能导致市场混乱，出现投机钻营行为等乱象。目前，深圳市明确鼓励企业自行导入标准、鼓励公益性宣传推广。政府的角色还需要进一步深化和明确。

"深圳标准"的有效推广必须充分发挥市场的主体作用，遵循市场运作原则，为此，政府和标准的制定者，可以从以下几个角度提供辅助作业。

一是充分挖掘导入"深圳标准"可能给企业带来的潜在收益，调动企业采纳"深圳标准"的积极性。按照"深圳标准"在组织内部建立并实施反贿赂管理体系，将帮助组织有效识别与其业务运作有关的贿赂风险，制定与风险等级相匹配的措施。"深圳标准"还能帮助组织建立前置性的风险防范体系，将风险管理的重点前移，改变以往应对性的风险管理思路。同时，加大对外部商业伙伴的风险管理力度，采取管理手段，把代表组织进行活动的商业伙伴风险也纳入体系范围，降低了不可预期贿赂风险的发生可能性，满足日益增长的利益相关方关于反贿赂措施的需求，有望削减企业保险费成本。此外，建立了符合"深圳标准"所要求的反贿赂管理体系，可以证明组织拥有更合规的管理能力，从而提升客户对组织的信心，以提高增加市场份额的可能，还有助于降低企业应诉的风险和成本。

二是提供培训、咨询、评价等辅助性服务，降低企业导入"深圳标准"的难度。对于新生事物来说，市场需要一个接受的过程。其中，对于"深圳标准"来说，企业的进入成本会是一个重要考量因素，尤其是导入"深圳标准"，可能给企业带来的收益并不是立竿见影，而是需要一个过程，是经过一段时间才能显现出来。这就需要政府部门提供相应的辅助服务，为企业导入"深圳标准"排忧解难，尽可能创造外部环境，降低企业导入成本。

三是搭建各行业反腐败反贿赂经验交流平台，推动反腐信息共建和反腐成果共享，提升企业反腐败工作水平。反腐败反贿赂标准体系在适用过程中可能还会出现制定者难以预料到的问题，同时，适用"深圳标准"的企业也需要通过交流，互相砥砺，继而扩大影响。在这方面，政府可以依托商会、行业协会及其他社会组织开展宣传，根据各行业的特点和需要，搭建反腐败反贿赂经验交流平台，增加各行业之间在反腐败反贿赂问题上的交流，形成企业之间的"廉洁共同体"，通过互相交流，实现彼此之间的"认证"。

四是加强对认证市场的有效监管，提升认证公信力。制定标准的目的在于推广实施，只有越来越多的企业使用"深圳标准"，才说明其科学、有效。认证是使用标准的最直接证明，企业获得了认证证书，就可以有效证明实施了该标准，因此，认证行为的客观、公正和权威直接决定了标准的"生死"。因此，必须加强对认证机构的监督和指导，加快制定出台认

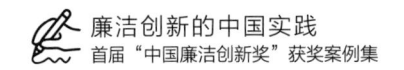

证规范和认证规则，严格认证机构准入，并对其运作行为进行定期审查评价，公布评价结果，规范市场秩序，加大对不严格执行认证规范和规则、降低条件发证、"买证卖证"、低价竞争等行为的监管力度，提升认证的社会公信力。

总之，标准本身是社会和市场发展的产物，标准化工作越来越多地依靠市场机制来实现。制定反贿赂管理体系深圳标准，本质上就是运用标准这一工具，并借助咨询机构和认证机构等社会力量来推动企业预防腐败工作，因此，"深圳标准"的实施推广首先要遵循市场运作的原则，既要充分尊重各类主体的经营自主权，由其自身选择是否采纳标准、以何种方式采纳标准，又要充分发挥各类咨询服务机构、认证机构的作用，帮助辅导企业认真规范的导入标准，权威客观地反映企业贯彻执行标准，以更有效地促进企业开展市场活动。同时，还要发挥好政府"有形之手"的规范、引导、监督和保障作用。"深圳标准"作为一个全新的事物，既是企业应对全球贸易壁垒开拓海外市场的迫切需要，又是反腐倡廉和反腐败斗争方面的重要制度创新，像初生的婴儿，需要全社会营造呵护其成长的环境，也需要时间的陪伴和检验。

"互联网+监督":湖南麻阳的实践与创新[*]

> **颁奖词**
>
> 麻阳苗族自治县"互联网+监督"平台,以互联网技术手段打破部门信息壁垒,实现信息互联互通,实现了"人机适时联结",让监督插上了科技的翅膀。通过利用大数据自动"碰撞"、分析、提示等功能,变被动受理为主动出击、变事后处置为事前预防、变单兵作战为兵团作战、变零散式处理为集中式处理,受到了上级的肯定和群众的欢迎。

科技反腐如今已然成为一种重要的反腐模式。近年来,我国多个地区都开发和运用了互联网技术手段。这一技术在反腐工作中取得了显著的效果,并迅速扩展。如今,"互联网+监督"的"探照灯"已在全国多个地区点亮。湖南省怀化市麻阳苗族自治县的"互联网+监督"平台,是我国较早地将互联网技术和大数据比对技术相结合,运用于解决民生资金领域的腐败问题的实践探索。

一 "互联网+监督"平台建立的背景及动因

麻阳作为贫困县,经济和科技并不发达。但就是这个将近40万人的小县城,却在科技反腐方面走在了全国的前列。这一创新有其时代赋予的条件,也与当地独特的经济、社会环境密不可分。

---

[*] 作者简介:薛彤彤,北京航空航天大学公共管理学院博士研究生。

（一）宏观背景

"互联网+"的反腐新技术是时代的产物，它的产生有一定的必然性。其建立的宏观背景为其提供了重要的机遇。

1. 严厉打击扶贫领域的贪腐问题

贫困人口全部脱贫，是全面建成小康社会必须实现的目标。党的十九大报告指出，坚持精准扶贫、精准脱贫，要坚决打赢脱贫攻坚战。2017年中央财政安排的专项扶贫资金超过860亿元，2018年多达1060余亿元。当前，我国脱贫攻坚形势严峻，目标艰巨，每年都要完成1000万以上贫困人口的脱贫任务。然而，这些资金却被部分腐败分子随意侵占。"雁过拔毛"、跑冒滴漏、虚报冒领、截留挪用等各种腐败问题，直接侵害了人民群众的切身利益，严重阻碍了脱贫任务的完成。中央领导提出，扶贫资金是贫困群众的"救命钱"，一分一厘都不能乱花，更容不得动手脚、玩猫腻。如何发现和预防扶贫领域的腐败问题，成为事关国计民生的大事。但在实践中，要解决扶贫领域的腐败，还面临着诸多的困难。纪委监委必须创新工作模式和工作方法，才有可能完成这一时代赋予的反腐任务。

2. 互联网的普及和大数据技术的发展

根据中国互联网络信息中心发布的第42次《中国互联网络发展状况统计报告》，截至2018年6月30日，中国网民达到8.02亿，其中手机网民为7.88亿。互联网的普遍性、便捷性、高效性、低成本，天然地使网络成为重要的监督渠道。政府通过网络进行政务公开，网上办事；纪检监察部门设置网上举报信箱；我国公民通过贴吧、论坛、微博等渠道曝光腐败问题。网络的发展大大促进了信息的透明公开，扩大了监督的范围，降低了监督的成本，为反腐工作开辟了新的路径。

信息技术特别是信息通信技术的发展，移动互联网、物联网、云计算等相继进入人们的日常工作和生活中，全球数据信息量呈指数式爆炸增长。世界进入大数据时代。它所积蓄的价值也为政府公共管理提出了新的挑战和机遇。我国政务信息化建设始于20世纪80年代末90年代初，发展至今已累积了大量原始、权威的数据。但各地区、各部门的数据却各自孤立，无法充分发挥其应有的价值。大数据时代下，公共管理部门在控制和处理数据的方法上必须进行全方位的改变。搭建统一的数据平台，对数据进行全方位的整合，改变数据条块割据、信息分散的现状，已是大势所趋。此外，腐败问题难以被发现，其中很大的原因之一就是信息的不对称性。数据所包含的大量信息能够为反腐提供更多的线索。

（二）微观动因

麻阳当地独特的经济社会条件，以及扶贫资金监管方面的困难，都为腐败提供了巨大的空间。严峻的腐败问题和国家、民众对于反腐败的诉求，形成剧烈冲突。这成为县纪委推动廉洁创新的直接动因。

1. 民生资金数额高、种类多，监督难度大

麻阳是武陵山片区扶贫攻坚试点县，经济较为落后，每年各项民生资金高达17亿元。这些资金划拨、运用之后，监督起来难度非常大。其原因包括：一是民生资金数量大、补贴范围广、涉及群众众多，且不同项目资金分散在不同部门，要想弄清楚每一笔资金的流向，非常困难。二是信息公开程度低。由于当地的民生资金项目多，制度复杂，民众对于自己应得到的哪些扶贫资金，是否有资格申请，具体金额有多少，并不十分清楚。部分部门项目信息的公开仅限于总的发放金额，缺乏具体的明细，难以核对。三是监督方式单一、粗放，效率低下。纪检监察部门的线索来源多依赖于信访举报，来源单一，准确性也难以保证，监督工作十分被动。对于民生资金发放的检查，纪委的专业性明显不足，也很难细致到每一个环节，较为粗略。即便能够检查，方式也多是人工进行比对，效率较低。一些"雁过拔毛"式的腐败，单笔扣除金额精确到了小数点的后两位，十分隐蔽，难以发现。因此，民生资金、扶贫领域腐败空间大，腐败行为频发，急需寻求有效的监督和发现问题的方法，解决优亲厚友、盘剥克扣、虚报冒领、骗取套取、强占掠夺、贪污挪用等问题。

2. 当地社会存在"腐败亚文化"

在调研过程中，县纪委干部谈道，有些人经济条件并不差，骗取民生资金的金额也并不多，但身边人会把这种行为看作一种"有本事""有能耐"

的表现，当事人甚至也会借此炫耀；有些基层干部认为为群众办事收点辛苦费很正常，所以出现了私自截留的现象；有些村干部帮助村里比较大的家族的成员违规申请补贴，是为了拉选票，能够"双赢"。可见，当地一定程度上存在腐败亚文化。这种不正之风使得社会公平和道德遭到严重破坏，需要有效的反腐败行动予以彻底打击和纠正。

3. 民众的反腐诉求与上级的反腐要求

近年来，群众反映的问题多数集中在低保、危房改造、失地少地农民养老、城乡养老、退耕还林生态效益林补偿等民生领域。2009~2014 年，麻阳谷达坡乡白羊村村民多次上访举报村主任段某某。此人因滥伐林木被判过刑，之后还当上了村主任。任村主任职务期间，他伙同村支书侵吞扶贫资金，向危房改造户索取所谓押金。针对段某某的举报信，如雪花般飘向各级纪委。此事成为 2015 年中央纪委督办的案件之一。中央纪委第八纪检监察室批复交办麻阳苗族自治县纪委对此案进行调查。2015 年 6 月 9 日，最终有 25 名涉案责任人被处分，其中包括 7 名科级干部。该案件受到当地领导的高度重视。怀化市市委书记要求，运用互联网技术，加强民生资金及民生项目领域的监督。群众的强烈不满和上级领导的要求，成为麻阳苗族自治县纪委进行改革创新的重要推动力。

二 "互联网+监督"平台的建立及运行

麻阳"互联网+监督"平台运用了互联网和大数据的技术，大大提高了纪委反腐工作的效果。对其建立过程和实践运行进行详细分析，有助于其他地区了解其具体做法，进行借鉴；也有助于分析"互联网+"技术在反腐中的作用机制。

（一）创建模式：纪委牵头，联合研发

为了解决民生资金领域的腐败问题，县纪委的领导干部考察了贵州瓮安县、织金县民生资金前台公示系统和交警队电子监察系统，不断构思监督平台应该如何建立。在一次案件的侦办中，工作人员发现存在利用

发票复印件重复报账的现象。于是，县纪委的工作人员采用人工比对的方式，发现一个单位贪污了5万元。从这个案件中县纪委干部们受到了启发，希望能够通过数据比对的方法代替人工比对。2015年10月，县纪委干部与怀化市的一家技术开发公司合作，共同开发平台。县纪委干部提出要求和设想，并与技术人员积极沟通交流，共同探讨，最后由技术人员来实现完成。2016年12月，平台各模块初具雏形。之后，县纪委干部积极联系各职能部门，运用统一样表采集或数据传导的方式收集公务员、民生资金、车辆、房产等各类信息。为保证信息的真实可靠，要求个人信息的填报需要本人和单位领导签字确认。之后由技术人员将信息导入，完成各个功能模块。2016年1月20日，"互联网+监督"平台正式上线。经过不断完善，现已经形成民生政策、民生资金、扶贫信息、村务公开、乡镇政务公开、监督机构、投诉处理、快速查询八大模块，集公示、查询、投诉举报、数据分析、线索处理功能于一身。2016年4月，"风清苗乡"公众号建立，民众可以通过此公众号直接手机登录怀化市的"互联网+监督"平台。

工作人员在为群众演示讲解"互联网+监督"平台

（二）实践运行：技术引领，制度保证

"互联网+监督"平台功能的实现，主要依托的是互联网和大数据技术。此外，配套制度的建立也为科技反腐技术的使用提供了保障。其主要做法包括以下几个方面。

1. 充分运用互联网特性，扩大信息传播范围和提高透明度

互联网的普遍性、便捷性、高效性、低成本，使其成为重要的信息传播的途径。麻阳的"互联网+监督"平台将互联网的信息公开功能运用到基层的民生资金领域，使相关信息能被群众广泛了解，并接受来自群众的监督。"互联网+监督"平台有多种渠道可以登录。群众可以用身份证直接登录乡镇便民服务大厅摆放的终端机上，个人的电脑、微信公众号也可以登录此平台。上了年纪的老人、外出打工的村民及其他网民都可随时登录平台查询或监督，充分发挥了互联网覆盖面广的特性。由此实现了信息的公开、全面、广泛。

在信息透明度方面，县纪委坚持"公开是原则，不公开是例外"，信息"能见度"高。据统计，"互联网+监督"平台公开了全县实施的12大类107小项民生政策、民生资金发放情况，不同的模块包含不同类别的信息。"扶贫政策"公布了国家、省、市各项民生政策。"民生资金"公布了各政府职能部门各项民生资金的发放明细。"扶贫信息"公示了整个县各项扶贫项目资金总额等，同时还包括项目实施责任单位的信息，以及所有贫困户的资格信息、个人身份信息、家庭成员信息，所接受的每一笔民生资金的项目来源、金额等。"村务公开"公开了各村各季度的财务收支情况明细表，包括民生资金的收支情况、个人的民生资金项目的总金额和发放明细，村干部工资。"党务公开"子模块包括党员发展、评议等党务信息；"乡镇政务公开"包括所有政务的办理流程图，乡镇主要领导信息，乡镇一级民生项目工程主管部门、投资金额、进度、预算、决算、"三公"经费等；"投诉处理"记录了民众反映的问题、时间、处理过程和结果。湖南省的"互联网+监督"平台还将全省各村支出的发票全部上传予以公示。以上信息中，民众不仅能查询到本人信息和公共信息，还能看到他人的相

关信息。可见，"互联网+监督"平台公示的内容全面，细化程度非常高，民众可以通过这一平台进行有力的监督。

2. 运用大数据技术，打破信息壁垒

"互联网+监督"平台的后台收集了财政部、扶贫办、民政局等26个部门的民生资金、民生项目信息约150万条，全县18个乡镇221个村（社区）的村务、财务、党务信息12万条，全县约19000户约70000名贫困的人口信息，建立了国家公职人员、村干部、门面业主、企业法人、党员、房产、车辆、死亡人员等12大基础数据库20万余条信息，总信息量近200万条，实现了信息的互联互通。后台操作人员通过更换关键词组合，就可以充分利用数据的相关性和矛盾性发现问题线索。例如，同时勾选并搜索"农村住房危改"和"买房人员"两个子数据库，显示重合的部分，代表有人买了房子，同时还在享受危房改造补贴。"互联网+监督"平台充分利用大数据比对，更加准确、快速地发现问题线索，创新了纪委的工作方式，提高了工作实效。

3. 举报、提问功能便捷，处理过程全程公开

此举将民众纳入了社会的多元参与共治。"互联网+监督"平台随处可见，民众可以轻松查询到每个人每项民生资金的发放情况，包括其个人信息、家庭信息、资金类别、金额等。信息页面末尾都有举报对话框，一旦发现问题，无须跳出页面，输入手机号、验证码就可以马上举报。部分信息，每一条目的末尾都有举报键。村民还可以在平台上提交领取民生资金项目的申请，或提出问题。麻阳苗族自治县纪委在后台收到这些信息后，会对信息进行分类处置。对于实事清楚、简单明了的问题，直接移交给相关职能部门或民生监督组进行处理，并要求其在一定期限（通常是7天）内进行回复。对于较复杂、重大的问题线索，由信息中心以书面形式移交县纪委信访室，县纪委信访室按照信访件处置流程进行处理。举报、问题内容和处理过程、处理结果都会在平台上予以公示。

4. 建立了专门的工作机制和一系列配套措施

在制度上，出台规范三级阵地建设的"十有标准"。麻阳制定了配套的工作制度《麻阳苗族自治县"互联网+监督"工作实施方案》、问责制度

《"互联网+监督"工作问责办法》、数据采集制度《"互联网+监督"信息中心数据采集制度》、保密制度《麻阳"互联网+监督"信息中心安全保密管理制度》、问题线索处置制度《"互联网+监督"信息中心问题线索处置制度》，等等。在组织机构上，组建了"三级联动"的组织体系。2015年12月，麻阳苗族自治县委成立"互联网+监督"工作领导小组；在18个乡（镇）和铜矿管理处成立了"互联网+监督"工作民生监督组；在全县221个村（社区）设立了"互联网+监督"工作民生监督小组。在人员配置上，县委办公室下发文件，要求各单位设立信息员和管理员各一名，负责信息的收集、统计、上报等。在财政上，县财政部门将"互联网+监督"平台和各监督组工作经费纳入年度预算，安排工作经费。以上措施保证了"互联网+监督"平台项目的推进与运行。

（三）发展推广：由点到面，纵向深入

"互联网+监督"平台所用的互联网和大数据技术，效果显著，操作简单，容易复制。2016年5月，时任湖南省政府主要领导在听取怀化市委工作汇报时指出："我们多年想办的事情，麻阳办成了，此经验值得推广。麻阳能办其他县也能办，关键是领导要有这个意识。"2017年3月，省纪委主要领导在麻阳考察"互联网+监督"平台时强调，怀化市、麻阳苗族自治县"互联网+监督"的做法是完全可以复制、推广的。2017年全国"两会"期间，时任中央纪委主要领导指出，"'互联网+监督'让监督插上科技的翅膀"。

"互联网+监督"平台的推广是一个由点到面，纵向推进的过程。2016年12月，怀化市委将麻阳经验在全市推广。2017年11月，省、市、县、村四级"互联网+监督"平台也在湖南正式上线运行。平台运行以来，来自贵州、吉林、山东、河南、广东、四川、浙江、江西等省内外的市区县纪委领导150多批次1200余人来考察交流。

三 "互联网+监督"的反腐机制及成效

一项创新项目只有取得良好的效果，才能持续地发展和推广下去。麻阳苗族自治县"互联网+监督"平台自上线以来，取得了积极效果。

（一）"互联网+"反腐机制

制度预防腐败理论认为，腐败行为的发生要有两类必要条件，即腐败动机和腐败机会。如果没有腐败动机，不论制度安排怎样，都绝不会有腐败行为发生；如果制度上没有腐败机会，不论人的动机如何，也不会发生腐败行为。只有二者同时具备，腐败行为就会系统地或大量地发生。这一理论提出的反腐败对策主要包括教育、预防和惩治，分别对应弱化腐败的动机、减少腐败机会、打击腐败行为。案例中，"互联网+"技术主要是通过提高惩治和预防的效果，来达到反腐败的目的。在互联网的运用上，通过互联网广泛公开信息，提高信息的透明度，将民众纳入社会的多元参与共治，引入大量免费的监督主体。一方面，增加了发现腐败的"眼睛"，大大提高了腐败的发现概率，提高了惩处的有效性；另一方面，信息的公开透明克服了信息的不对称，使公众更加了解国家政策和民生资金的使用情况，大大降低了监督的成本，提高了监督的效果。大数据比对技术，同样作用于惩治和腐败两个方面。数据比对，不仅扩展了腐败线索的来源范围和提高了准确率，还提高了腐败的发现概率。多个部门海量、精准的数据，同样为纪检监察机构提供了大量的信息，对权力的监督更加有力，对腐败行为形成了约束。设置便捷的举报通道，则有利于充分发挥人民群众的力量，扩大纪检监察部门线索来源范围。互联网对于举报内容、处理流程的全面公开，限期反馈处理情况，以及纪委对各部门问题处理结果的督查，在很大程度上避免了各部门对于反映问题的无视、拖延，提高了调查率、处理率。以上措施提高了惩治腐败总体的有效性，形成了有效的预防，有利于减少腐败行为，压缩腐败空间，抑制腐败动机。

（二）取得的成效

麻阳苗族自治县"互联网+监督"平台，不仅在解决民生资金领域的腐败问题上取得了显著的成效，人民群众、反腐机构、多个行政职能部门、基层领导干部都从中获益，社会风气也有所好转。

1. 人民群众是最大的获益者

一是维护了民众的切身利益。民生资金领域的腐败问题侵占的是群众的"吃饭钱""盖房钱""治病钱"。"互联网＋监督"平台运用科技手段有效发现和整治侵害群众利益的问题，通过数据对比发现漏报，甄别伪报，剔除重报，使各项惠民政策真正落地，确保各民生项目资金能够精准地发放到需要它的群众手里。增强了群众的获得感，保证全面建成小康社会的目标如期完成。二是维护了民众的监督权和知情权。信息不对称导致民众对各项事务不清不楚，给蠹虫提供了可乘之机。"互联网＋监督"平台将各类民生资金流向、基层事务、人员、办事结果等信息全部晒在阳光下，保障了民众对自身利益和公共事务的知情权、监督权。平台的举报功能，成为民众反映问题、提出诉求的有效"发声"途径，利于民众维护自己的利益。三是为群众办事提供了便利。"互联网＋监督"平台实现了"掌上公开""掌上办事"，民众通过终端机、微信公众号、平台网站就可以查询信息，反馈问题，无须跑腿，真正为民众提供了便利。

2. 转变了监督执纪工作方式

一是案件线索来源更广，精准度更高。"互联网＋监督"平台的大数据库实现了信息的互联互通，通过数据比对就可发现大量的问题线索，将纪委的工作方式变被动受理为主动出击、变事后处置为事前预防、变单兵作战为兵团作战、变零散式处理为集中式处理。平台的举报渠道，也扩大了问题线索的来源范围。此外，数据比对发现的线索，精准度更高，证据清晰。每一笔资金的发放都对应着手握分配权、审批权、管理权的党员干部，当民生资金与人员信息一一对应时，暗箱操作、雁过拔毛等腐败问题则一目了然，大大缩短了办案时间，提高了办案效率。二是将"结果监督"优化为"过程监督"。平台使各项民生资金的流向透明化，监督更加靠前，不是发现了问题再去查，而是从起始就纳入了监督过程。三是督促职能部门履职。民众通过平台反映的问题、处理过程、相关部门的回复都全部公开，这对职能部门形成了强有力的督促，防止互相推诿、不作为的现象。

"互联网＋监督"平台，大大提升了纪委的工作效果。平台运行以来，共发现问题线索21655起，通过自查自纠自我整改问题20723起，立案98起，党纪政纪处分86人，组织处理7人，移送司法4人。通过监督平台共取消不符合条件的低保户共1141户2728人，清退有房有车有企业的假贫困人口8908人，清退弄虚作假的失地少地农民养老保险户308户，取消不合规定的农村危房改造户49户，挽回经济损失5000余万元。平台上线以来，群众对反映当年民生资金、民生项目、村级财务的信访举报数量不断下降，群众满意度不断攀升。麻阳社会管理综合治理民调排名，由2014年的全省第114位上升至2016年的第21位。

3. 简化了职能部门日常工作

一是有利于精准识别申请人资格。民政部门工作人员谈道，过去一些民生项目资格审核的程序复杂，需要较长的时间。由于信息不对称，申请人资格难以核实。现在借助"互联网+监督"平台，直接把名单上传进行比对，特别是在精准识别贫困户问题上，很快就能辨别出虚报冒领的人员，解决了以前人工采集不全、不准的问题。二是减轻了行政部门的工作负担。财政部门人员谈道，之前财政部门接待前来查询信息的民众耗费了大量的工作时间。"互联网+监督"平台方便了民众查询信息，同时大大减轻了各个部门的民众接待工作。"互联网+监督"平台实现了数据汇总，方便了其他单位查询、获取、分析数据。

4. 保护了基层领导干部

一方面，"互联网+监督"平台将各部门惠民政策落实情况全部晒在阳光下，限制了自由裁量权，最大限度地压缩了暗箱操作空间，倒逼政府部门和基层领导干部规范自身行为，深入推进基层党风廉政建设和反腐败斗争。平台自上线以来，有不少干部主动要求取消自己违规申请或办理的项目。严管即是厚爱。平台形成了有力震慑，也形成了对干部的保护。另一方面，由于信息不公开，"微腐败"屡屡发生，民众对于身边的领导干部的信任度大大降低，干群关系紧张。"互联网+监督"平台实现了各类信息的公开公示，不少干部表示，平台提供了证据，为干部"正名"。一些村干部表示，群众的质疑少了，一些"老刺头"也愿意配合工作了，打通了干群关系的"最后一公里"。

5. 取得了良好的社会效益

千里之堤，溃于蚁穴。优亲厚友、中饱私囊屡屡成功，真正需要救济的人却被盘剥。长期的"蝇贪蚁腐""雁过拔毛"腐蚀着社会最底层的公平、法治，导致基层公共伦理和道德滑坡，败坏了社会风气。"互联网＋监督"平台使得违规违法之人得到查处，知法犯法之人主动交代，需要帮助的人得到扶持，由此社会秩序和社会正义得以重建，法律制度恢复公信力，政治生态得以改善，同时也促进了社会信用体系的产生。此外，"互联网＋监督"平台促进了信息的传播和数据的开放共享，拓宽了民众的信息来源范围，极大地丰富了民众对信息和社会的认知。

四 挑战与展望

目前，"互联网＋"的新技术已经在我国的许多地区兴起和运用，随着其进一步发展完善，将成为更加有力的反腐利器，但这一技术的使用，还存在部分问题，亟待解决。

（一）面临的挑战

目前，"互联网＋"技术反腐存在的一些风险和隐患，可以说是全国各地的大数据反腐平台具有的通病，有一定的普遍性。一是数据的准确性。这是实现精准反腐的第一步。应当保证数据的真实性，尤其是确认身份的数据，例如身份证号，必须是准确无误的。数据要及时更新。随着时间的推移，数据会不断地变化，也会不断有新的政策、新的民生项目出现。这就要求统筹协调，将各类数据及时进行梳理，编排好分类目录，各部门及时上传最新数据，让反腐平台和各部门新的工作内容统一和同步。二是信息安全隐患和个人信息、个人隐私的保护。大数据应用在给人们的生产生活带来无限创新可能的同时，也使得个人信息的保护面临着前所未有的挑战。伴随大数据而来的是数据泄露事件层出不穷，并且数据泄露的规模和范围也在迅速扩大。不法分子可以通过相关公开信息，例如身份证号后几位、手机号等，获得更多的重要的个人信息，造成更严重的个人信息的泄露。这需要综合运用法律、行政监管、制度、技术以及公众的力量，进行全方位的保护。网络的开放性，使得网络成为人们获取广泛信息和实现资源共享的平台，但同时网络这一特性也会导致个人隐私权被侵害。各地的反腐平台公开的部分个人及其家庭信息涉及隐私问题，例如家庭经济状况、个人身体状况等。隐私权也是公民的重要权利，处理不好会引起新的纠纷。所以，应当严格控制信息的使用权限和信息的可见度，尽快出台相关的法律制度，加强对个人隐私的保护。

（二）未来发展方向

从目前来看，互联网和大数据相结合的反腐平台，为反腐工作提供了重要的技术支撑。其未来的发展还有很大的空间。一是使用范围进一步扩大。目前我国不少地区都为反腐插上了科技的翅膀，很多地区正在学习这种方式。可见，未来互联网和大数据技术的使用在地域上将会进一步扩展，甚至搭建起全国统一的数据网，最大限度地实现信息资源的共享。二是覆盖更多领域。正如"互联网＋监督"平台一样，随着数据的不断完善，其适用领域也从最初的民生资金领域不断地扩展，现已逐步向税收领域延伸，兼有许多便民的服务。未来科技反腐平台可能被运用于更多的领域，如税收领域、工商领域、工程项目领域、医疗领域等，与政务服务相结合，形成统一的网络。这就需要将各部门内网、专网的政务数据进行统筹和分享，充分整合现有数据，建立一个跨层级、跨系统、跨部门、跨业务的大数据库。这一平台应用范围越大，其作用就发挥得越充分。三是从发现、惩处向预防发展。目前来看，新的反腐技术的功能更多地集中在线索发现与处置方面。在我国反腐败的高压态势下，随着腐败存量的不断减少，科技反腐未来可能会更多地向预防、预警方向发展，例如实现对官员的财产监控，识别廉政风险，尽早预防。四是兼容教育功能。香港廉政公署充分利用网络，对公众进行全方位、全年龄段的廉政教育，取得了非常显著的效果。未来反腐平台也应当进一步兼容这一功能，从公众教育入手，净化社会生态。

山东淄川区：审计全覆盖的可能与挑战[*]

> **颁奖词**
>
> 审计监督在我国权力监督格局中发挥着重要作用，但同时也存在审计范围狭窄、权威性和独立性还不高的问题。淄川区委、区政府大胆探索审计制度改革，扩大了审计对象、增加了审计内容，有效地发挥了审计监督在治理基层腐败中的作用。政府直审"村官"模式，对于全面深化我国审计制度改革具有较强的启发意义。

审计制度是党和国家监督体系的重要组成部分，在维护国家经济安全、深化改革开放、促进依法治国、推进国家廉政建设等方面发挥着重要作用。改革开放后，党和国家把工作重心转移到经济建设上来，客观上要求加强财政经济管理，建立健全审计制度。1982年《中华人民共和国宪法》规定，我国实行审计监督制度，国务院和县级以上的地方各级人民政府设立审计机关，依法独立行使审计监督权。党的十八大以来，党中央立足国家发展全局，不断丰富和完善中国特色社会主义审计制度。2015年出台的《关于完善审计制度若干重大问题的框架意见》，明确提出保障审计机关依法独立行使审计权。

2018年5月，习近平总书记在中央审计委员会第一次会议上指出：构建集中统一、全面覆盖、权威高效的审计监督体系，拓展审计监督广度和深度，消除监督盲区。学界普遍认为，治理村级微腐败，既要发挥纪检监察机关以及村务监督委员会的作用，也要发挥审计制度的作用。在推进乡

---

[*] 作者简介：秦萌，清华大学公共管理学院硕士研究生；周磊，清华大学廉政与治理研究中心博士后。

村振兴的背景下，强化村级审计能够有效预防和治理基层腐败。目前，学界关于审计制度的研究主要从聚焦于审计对权力监督的重要性、存在的问题及改革的必要性方面进行研究，但是相关实证研究相对较少。本文以山东淄博市淄川区政府直审"村官"模式为例，探讨我国实现审计全覆盖的可能与挑战。

一 政府直审"村官"的实施背景

党的十九大报告指出，农业、农村、农民问题是关系到国计民生的根本性问题，必须始终把解决好"三农"问题作为全党工作的重中之重。2018年中央一号文件要求，建立健全实施乡村振兴战略财政投入保障制度，让公共财政更大力度向"三农"倾斜，确保财政投入与乡村振兴目标任务相适应。近年来，中央和省、区、市各级政府不断加大对农村基层的帮扶倾斜力度，诸多优惠政策、大量资金直接落实到村居，为避免村居在使用上级拨付的财政资金方面出现偏差或问题，加强审计监督就愈显重要。通过审计来查看资金的绩效情况和资金流向，能够充分发挥审计的监督与服务职能，规范和推进乡村治理，纠正农村基层不正之风，从源头上遏制贪腐现象的发生。但是，目前村级审计还存在重复审计或者审计脱节的现象，审计范围缺乏全局考虑。同时，村级审计在很多地方还只是流于形式，仅仅被提上日程却没有真正实施，或者只是走走过场，年终分配、财务公开、干部离任等专项审计很多地方还未开展，导致村级审计成了"薄弱点"。

淄川区是一个老工矿区，下辖9个镇、3个街道办事处和1个经济开发区，共457个村(居)。淄川区在1997年就建立了乡镇审计所，负责对辖区内村居财务收支情况进行审计，审计所人员大多为乡镇干部，专业性不强，而且经常与村干部接触，工作起来容易受人情干扰，导致审计结果缺少公信力，不被群众所认可。例如，从2004年12月至2008年，淄川区某社区共收到土地及拆迁补偿资金1552万元，而社区账户仅显示有774万元，导致村民频繁上访。近年来，在淄川区已经建立乡镇审计所的前提下，发生的村居信访案件中，80%都与村居经济活动有关：反映集体资产处置不当、财务不公开，要求审计村账目的问题约占30%；涉及违法占地、工程及承包合同等纠纷约占30%；与村经济纠纷以及拖欠工作人员工资、退休费等有关问题占20%。可见，原有的乡镇审计所并没有发挥好应有的作用。在乡镇"人情社会"的环境下，村干部和乡镇干部难免有千丝万缕的关系，如果没有健全的审计制度、完善的法律法规、扎实的专业技能和坚定的责任意识，审计干部难免会有徇私舞弊和漏查现象发生，不仅没有行使好审计的公权，更是对有违纪违法行为的村干部的纵容。因此，改革传统的审计模式势在必行。

二 政府直审"村官"的探索与实践

维护村居的和谐稳定，迫切需要加强对村干部履职情况的监督管理。如果"村官"履职行为不规范、村务不公开、村民议事规则落不到实处，就很容易引发群体性事件。因此，加强对村委会财务管理的监督就抓住了基层治理工作的"牛鼻子"，将有助于从源头上、制度上对村居干部行为进行规范和约束，进而更好地维护农村基层的和谐稳定。自2002年开始，山东淄川区委、区政府探索推进审计制度改革，将专业规范的审计队伍引入村级经济活动，逐步建立起具有公信力的政府直审"村官"模式。

（一）扩大审计对象，加大村审覆盖范围

2009年，淄川区把兼任乡镇党委副书记的村书记纳入区审计局审计范围，每三年一轮对其进行经济责任履行情况审计。从各个乡镇财政所、审计所、经管站抽调了11名工作人员，在区审计局统一组织管理下，对31名村、居书记（主任）进行经济责任审计。这次审计发现了许多问题，例如，有些出租土地尚无合同便已出租、占用集体资金、拖欠租赁费等。审计组将问题及时反馈给村干部，边审计边整改。审计部门的提前介入，变被动为主动，彻底改变了过去上访事件发生后被动应付的局面。经过一个月的

审计调查，第一批村居审计工作取得了应有的效果。通过加大审计范围淄川区构建了一条横向到边、纵向到底的村居经济责任审计体系，实现了镇村经济责任审计的全覆盖。

（二）改革机构设置，建立专业的村审队伍

对比乡镇组织对村集体资金进行审计的过程，审计人员是同一批人，但由于组织者的不同，群众的认可程度和收到的效果却大相径庭。区委、区政府在听取审计情况汇报后，总结此次审计的先进经验，认为审计队伍的组建应与被审计对象没有直接工作关联，此次审计，区审计局在村级贪腐问题发生时由于置身事外，可以更加公平公正地看待问题，加之他们也有能力干好这项工作，因此审计结果取得了群众的认可。

在此背景下，2010年初，经区委研究决定：撤销乡镇审计所，设立4个审计分局，履行村级（含村、社区集体经济组织，村、社区两委）审计监督职能。审计分局为副科级事业单位，每个分局核定编制6人，在未增加人员编制的情况下，既避开了审计中可能遇到的关系和人情问题，又将1~2人的村审队伍扩大成专业能力更强的6人，形成了有力的村审"拳头"。参照党政领导干部经济责任审计的模式和原则对"村官"进行经济责任审计，将政府中专业、规范的审计人员引入村居经济活动中来。一是提高了独立性。区政府专门制定下发《淄川区村级审计暂行办法》（以下简称《办法》），规定了对村居进行审计的内容、重点和整改落实要求，并对审计局开展"村审"工作进行了明确授权。区政府对审计局报送的村居审计计划进行审批，由审计分局依据《办法》规定开展审计工作，且审计分局可不受其他单位和部门的干扰，依法独立实施审计职权，提高了审计人员的地位和权威。二是增强了专业性。审计局加强对分局人员审计法规、审计程序、经济责任、审计方法等方面的培训，不断提升审计人员的专业水平，并制定严格的规章制度和奖惩制度，变乡镇审计所"内审"为审计分局"直审"，实现了村居经济责任审计的专业化、正规化，为扎实开展好村级经济审计工作奠定基础。

(三) 创新审计方式，构建工作新机制

针对村级经济责任审计的特点，淄川区审计局积极创新监督方式，确保审计工作效果。一是由"单一"监督转向"联合"监督。区委在设置审计派出分局的同时，与区纪委监委充分沟通，审计分局局长兼任纪检监察组的副组长，实现了纪检监察监督和审计监督的有机结合。在对"上访村"、"重点村"和"混乱村"的审计中，由纪委监委牵头成立工作组，集中进行审计调查，增强审计威慑力。审前召开由所在镇办分管领导、村居负责人、报账员、审计组成员参加的进点会，有针对性地制订审计方案，建立了上下联动的工作机制。二是由"财务"审计转向"绩效"审计。审计分局改变了过去乡镇审计所单纯审计财务账目的做法，除了审计村里的财务收支情况和土地承包、旧村改造、基础设施建设等具体项目外，还把村干部贯彻执行党的路线方针政策，带领群众走共同富裕的新政绩、新变化和新风貌的情况纳入审计范围。三是由"重点"监督转向"常态"监督。淄川区政府规划利用三年时间对全区 457 个村居实现审计全覆盖的常态化。每年下发"村审"计划，变过去的突击审计、定向审计为常规审计、全覆盖审计，做到村居审计与村居换届同步，"村官"的权力运行与审计监督"两个同步"。

审计人员对村居账目进行取证

（四）注重审计整改，发挥村审免疫功能

自审计分局成立以来，彻底改变了"审计难进村，村官不能查"的局面，有力地保障了村居经济又好又快发展。在审计结果运用方面，注重惩防并举，切实发挥审计"免疫系统"功能。一是督促指导村居完善财务管理。淄川区委、区政府根据审计中发现的普遍性问题，制定《村级重大经济事项管理办法》，不断健全完善村居制度规范，努力从制度上、源头上杜绝各类问题的发生。二是建立整改长效机制。审计局每年以"审计要情"的方式向区委、区政府专题报告村审情况。区委、区政府针对查出的问题，从体制机制上寻找解决问题的办法，相继出台了《淄川区党务村务财务公开暂行办法》《村级事务"五代管"》等相关制度，健全了村级管理制度，提升了管理水平。三是着力化解农村干群矛盾。针对群众反映强烈的问题村进行重点审计，对有严重问题的村干部提出处理意见，对于清白的村干部及时向村民澄清事实，还被误解甚至诬告的村干部以清白，化解干群矛盾，促进农村社会稳定。

三 政府直审"村官"的成效及不足

（一）取得的成效

"村官"直审的经验和做法已在全国产生了较大影响，淄川区逐步打造出了审计体制中的"淄川模式"。具体而言，其成效体现在以下几个方面。

一是有效维护了村集体和村民的利益。政府直审使财务制度更加完善、经济活动更加规范，对加强基层监督发挥了最直接、最明显的作用。在严格规范的审计过程中，审计人员深入挖掘审计线索，严格检查村集体各项收入的完整性和支出的合理性，及时纠正了各类违反财经制度规定的行为，最大限度地维护了集体利益和村民利益。

二是切实维护了村居的和谐稳定。经济利益分配是村居矛盾纠纷产生的根源，因而化解矛盾纠纷也必须突出经济活动监管，村居经济责任审计工作则是最佳的切入点和最有力的突破口。在"村审"工作中坚持"重点

村""难点村""经济强村"优先审计的原则，切实发挥了审计在化解矛盾纠纷、查究违法行为、维护村居稳定方面的促进作用。

三是显著增强了村干部的法制观念。村级审计工作，有效地将村干部的履职尽责情况纳入监管范围，特别是对群众最为关注、最容易引发问题的民主决策、经济活动进行了依法审计并提出相应处理意见，约束了村干部的言行，惩戒了违法违规行为，发挥了良好的警示教育和法制宣传作用，增强了村干部学习和遵守财经法纪的紧迫性和自觉性。

四是全面提升了村级工作管理水平。通过对审计查处的重大问题的分析，发现很多村级矛盾和问题的发生，是由于制度缺失或者执行不力。直审工作加强了对村干部工作的管理，对基层治理起到了更好的监督和促进作用。

截至 2018 年，淄川区共完成 602 个村居审计，审计资产总额 20.4 亿元，查处管理不规范资金 6.1 亿元，为村集体挽回损失 5800 余万元，与纪委建立了纪审联动工作机制，纪委根据审计移交线索（含联合办案）处理处分村干部 19 人。2016 年通过接受审计建议，清理了不规范合同，增加了集体收入 2100 余万元。

（二）存在的不足

淄川区由审计局对"村官"进行直审的村级经济责任审计工作模式虽然取得了很好的成效，但也面临许多挑战，主要体现在以下几个方面。

一是政策制度不够完善。加强农村基层党风廉政建设，是构建社会主义和谐社会的重要举措，是推进社会主义新农村建设的有力保证。2016 年，中共中央办公厅、国务院办公厅联合下发的《关于加强农村基层党风廉政建设的意见》指出，要加强对农村基层干部的监督，建立和完善农村基层干部任期经济责任审计制度。但是，村级干部的监督具体由哪个部门来管没有明确的规定。淄川区只是根据本区的发展实际，出台了《淄川区村级审计暂行办法》，从制度层面规范"村官"审计。而审计局也只是根据区政府授权进行村级审计，并没有现成的法规政策依据。

二是审计整改不到位。由于村级干部是村民选举产生的，不在国家行政体制内，并非国家公职人员，也不在公务员监督范围和组织部门考察范围之内。审计报告的好与坏对村干部的影响和约束力不大，对村干部并没有"升迁"方面的利弊影响。目前，在"村审"过程中存在的一个很普遍的问题就是查找出来的问题多，能够像党政机关审计或巡视以后认真整改查摆问题的却很少。特别是在对村居负责人的离任审计工作上，往往是"新官不理旧事"，对审计出的问题很难整改到位。

三是"村审"的工作水平尚不够专业。随着精准扶贫的不断深入，基层乡村的经济社会发展得到了很大程度的提高，在发展的过程中，每个村居的实际情况不一样，发展也很不均衡。当前的审计模式转变，是由原来传统的村集体资金收支审计，转变为对村（居）负责人财权、物权、事权等决策和执行的审计，是由审"钱"变为审"人"。且在当前审计模式下，村级审计中融入了绩效审计和管理审计，这就要求审计人员应具有扎实的专业审计知识和科学灵活的审计方法。而当前的村级审计工作只是参照对党政领导干部的经济责任审计方式方法进行审计，并没有针对性的制定审计办法。同时，审计人员的综合素质也未能完全达到"村审"的要求。

四 政府直审"村官"模式的未来展望

2018年5月，习近平总书记在中央审计委员会第一次会议上强调，要加强全国审计工作统筹，优化审计资源配置，做到应审尽审、凡审必严、严肃问责，努力构建集中统一、全面覆盖、权威高效的审计监督体系，更好地发挥审计在党和国家监督体系中的重要作用。这为我国审计体制改革指明了方向。

（一）加强顶层设计，增强基层审计的法治化水平

国家应从法律制度层面对审计工作进行进一步明确要求。例如美国在审计立法方面，就从法律的高度保障审计工作各个阶段的顺利实施。[1] 对

---

[1]《美国审计长大卫·沃克访谈录》，《审计文摘》2007年第11期。

全面审计的方式进行部署，通过相关法律进行改革使得村级审计上升到法律层面，让基层审计有法可依，有法必依，审计必严，违法必究。基层审计的法制化可使基层政府自觉自愿地在法律要求下主动审计，而非个别地区县级政府的自行组织行为，通过法律法规来保障基层审计的顺利进行，增强基层审计的权威性。

（二）扩大审计范围，推进审计全覆盖改革

实现审计对象、审计内容、审计时间全覆盖。一是根据当前我国审计体制，仅对政府机关工作人员进行例行经济责任审计，应将审计对象进行全覆盖处理，凡是有权力动用国家资金依法办事的人群均应纳入审计范围，确保国有资产支出的合法性、合规性和合理性。二是在信息不对称等因素的影响下，干部可能会出现不利于乡村发展的决策失误现象，因此应在当前事后审计的基础上，加强对资金使用的中期审计，从而及时遏制错误决策带来的不良后果。这一点可以借鉴美国公共投资项目的跟踪审计模式，美国审计机关对政府公共投资项目的审计全过程都是围绕政策的制定、执行以及效果的评价。三是审计不应仅仅停留在对财务工作等经济责任的审计上，也应对工作绩效、决策部署、基层党建等方面进行全面审计。

（三）提升审计机关的独立性和专业性

一是提级审计可以有效避免"情面"在审计过程中所起到的负面作用，不仅仅是县区一级对乡村审计，对乡镇（街道）党政主要负责人的离任经济责任审计工作也可以由地市级审计部门承担，或抽调审计组成员至地市级部门成立临时审计小组对其进行审计。县委书记或县长的离任经济责任审计可以由省级审计部门审计或由省级部门抽调审计人员对其进行例行审计，而不是由本市的审计部门对其进行审计。从而降低了"熟人"审计现象的发生概率，保障了审计工作的独立性，通过独立性来保障审计结果的可信度。针对不同的审计主体和审计对象，应从学历、年龄、专业性质等各方面进行综合考虑来配备专业的审计人员，以适应审计对象的需求。为保障审计队伍的专业化水平，应建立健全对专业技术人员的培训培养体系。提高审计信息化水平，打破信息孤岛，运用大数据、智能化、移动互联网和云计算等将审计结果与纪委监委形成信息共享模式。同时，通过提高审计工作的信息化水平，改变审计工作方式，提高审计的效率和质量。

（四）适时公开审计结果，加强对审计结果的评估和整改

一是当前政务公开作为政府工作的基本要求已经逐渐趋于常态化，越来越多的预算决算公开纳入公众视线，但审计结果并没有被广泛公开。在国外很多发达国家的审计体制中，除去机密工作的审计，许多例行的审计结果均向社会公开。因此，应进一步深化审计结果公开。将审计结果适时公开有利于对审计结果的整改落实，有利于保障人民群众的知情权，提高政府的公信力，拉近党群干群关系。将审计监督和舆论监督相结合，提高政府审计结果的可获得性，使审计监督、社会监督和舆论监督共同发挥作用。二是应完善审计结果的评估体系，对审计结果进行评价，通过评价体系增强对审计人员审计过程的约束，防止出现审计过程的"不作为"和"乱作为"，以此来倒逼审计部门发挥出最大的作用。三是应加强对审计结果整改落实的考核，对于审计所提出的问题，被审计部门如果没有行之有效的落实办法，则降低了审计的作用，因此应加强对审计问题整改落实情况的考核，通过考核来确保审计工作发挥的应有作用。

早在 2014 年，淄川区的政府直审"村官"模式就引起中央改革办关注。可以预见，随着相关政策制度的不断完善，审计监督在基层治理中的作用将会得到进一步发挥。

宜宾市党内监督责任"清单化"管理[*]

> **颁奖词**
>
> 压实"两个责任",是加强党风廉政建设、强化党内监督的关键所在。四川宜宾市的党内监督责任清单制项目,通过对清单制管理方法的应用,明确了党内监督责任边界,做到了不同主体权责分明、分工明确。通过建立电子化信息系统,实现了党内监督工作全面留痕、实时考核,压实了党委主体责任,避免了纪委"小马拉大车",建立了有序协同的党内监督新格局。

党内监督是政党对自身的监督,是全体党员和各级党组织依据党章和党内法规互相督察的活动。党的十八大以来,以习近平同志为核心的党中央把强化党内监督提升到前所未有的高度,强调坚持党要管党、全面从严治党。党中央提出要压紧压实"两个责任",党委负主体责任,纪委负监督责任,落实党风廉政建设责任制;强调通过构建不敢腐、不能腐、不想腐的体制机制,通过不断健全制度体系,把权力关进制度的笼子里。这就有必要推动党内监督责任制向基层延伸,推动各级党委、政府建立行之有效的制度体系,为党内监督保驾护航。

四川省宜宾市将党内监督责任落实情况与"清单化"管理进行结合,通过设置硬性指标来考核工作,探索构建了加强党内监督的有效途径。在实践中,宜宾市出台了简洁明了、高效可行的《宜宾市加强党内监督十项措施》(以下简称《十项措施》)和《八类清单》,构建了立体推进、纵深发展、

---

[*] 作者简介:刘琨,清华大学公共管理学院硕士研究生;范舒瑞,清华大学廉政与治理研究中心博士研究生。

协作互动、信息支撑、精准发力的党内监督责任体系。宜宾市的创新不仅回应了推动党内监督责任制的现实背景，同时引入了"清单化"管理这一新的管理模式。宜宾市的探索对丰富和发展党内监督责任落实机制，促进基层党内监督规范化、标准化等提供了诸多启示。

一 党内监督责任"清单化"管理的背景

宜宾市的创新，首先是对推动党内监督责任制向基层延伸的回应。推动这一工作，不仅需要各级党政机关目标明确、意志坚定、工作有力，更需要各级党政机关充分结合基层工作特色，避免削足适履，建立因地制宜的制度体系。宜宾市选择了"清单化"管理这样一项现代化的管理方法，通过管理手段的创新，开创了市内党内监督责任管理的新局面。

（一）亟须加强党内监督责任制在基层的落实

党的十八大以来，我国的党风廉政建设和反腐败工作取得了显著成效。这些成绩的获得，离不开党中央对党内监督的强调与重视。党内监督在党和国家各种监督形式中是最基本的、第一位的。而新时期强化党内监督、推动全面从严治党的重点，在于推动党内监督责任制的落实。2013年11月，十八届三中全会通过的《中共中央关于全面深化改革若干重大问题的决定》首次明确提出"落实党风廉政建设责任制，党委负主体责任，纪委负监督责任"。2014年1月，习近平总书记在十八届中央纪委三次全会上再次对这一内容进行了强调。这就是后面常被提起的"两个责任"。"两个责任"明确了党委与纪委在全面从严治党和党风廉政建设过程中各自需要承担的责任，以及相互之间的关系，是党内监督责任制建设的重要创新。2016年11月，党的十八届六中全会审议通过了《中国共产党党内监督条例》（以下简称《条例》）。《条例》从监督机制、举措等方面对党内监督工作提出了明确要求，特别是对各级党委、各级纪委、党的基层组织的监督职责与任务进行了说明，进一步明晰了党内监督责任制的内涵，标志着党内监督步入规范化、制度化的新阶段。这些为进一步加强党内监督责

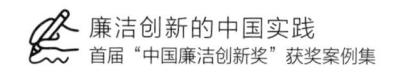

任制建设提供了制度保障。

党内监督责任制在基层的推行还面临着许多挑战。一是许多地方基层在推行党内监督责任制时力度不够，责任制还只停留在纸面上，而没有落实在实践中。二是各地所面临的廉政建设形势不同，社会公众的利益诉求也不同，因此各地的党风廉政建设必须因地制宜，体现出鲜明的地域特点。但各地对中央有关文件解释还不够充分，对于一些不好把握的疑难问题还缺乏有效的解决机制，急需一些具有地方特色、能够切实解决基层所面临问题的制度，这样既符合中央文件精神，又具有足够包容性；既能够压实责任，又能利于基层发挥主观能动性的制度创新。具体到"两个责任"的落实上，就经常出现一些基层党组织涣散，党员领导干部纪律松弛，在党内监督方面奉行好人主义，不愿负责、不敢担当；在落实"两个责任"上，片面理解"主体责任"和"监督责任"，认为"监督"就是纪委的事情，致使在党内监督上，一些党组织和党员干部不思考、不主动、不作为、作壁上观，于是出现纪委监督"单打独斗""小马拉大车"的超负荷情况。在这样的背景下，有学者提出，责任清单制度可以有效化解党风廉政建设责任制中的困境。这与宜宾市的思路不谋而合。

（二）作为公共管理工具的"清单化"管理

作为一种重要的治理工具，清单制在全世界的公共管理实践中被广泛地应用。美国白宫的健康政策顾问阿图·葛文德结合其从医经历，提出了如何持续、正确、安全地把事情做好的理念，他呼吁"这个世界需要一场清单革命"。我国很多学者同样给予很高的评价，付建军指出，清单制是"中国推进国家治理转型的新工具"；谢建平认为清单制是"新时期中国共产党制度建设科学化的重要步骤，也是推进国家治理体系和治理能力现代化的重要举措，是党领导人民治理国家的制度回应"。

"清单化"管理在公共管理中的具体应用，以负面清单、权力清单和责任清单三种形式最为常见。其中，权力清单、责任清单的指向对象为政府部门，而负面清单的指向对象则为市场主体。权力清单，顾名思义是给权力划定边界，并向权力的服务对象公开公布，其核心是杜绝权力运行中存在的乱作为、以权谋私等乱象；责任清单旨在明确责任主体、厘清责任事项、健全问责机制，确保政府行为符合权责法定、权责一致的原则。正如有学者指出："如果说权力清单体现了'法无授权不可为'的法治精神，那么责任清单则体现了'法定职责必须为'的责任政治与责任伦理的精神意涵。"责任清单被认为权力清单的核心，具有组织规范和行为规范双重属性。

从功能上讲，责任清单可以分为两种：联单型责任清单侧重于明晰责任追究的标准、依据和程序；独立型责任清单侧重于描述行政机构的主要职责。可以看出，两种责任清单对于解决目前基层党内监督所面临的挑战具有很强的针对性。一方面，针对许多地方基层在推行党内监督责任制时力度不够的问题，责任清单可以作为制度抓手，帮助明晰各级党委、政府党风廉政建设责任追究的标准、依据和程序；另一方面，面对基层情况各异，需要因地制宜制定制度的问题，责任清单可以以类似的制度安排和框架，帮助不同地区对各自党风廉政建设责任主体的职责进行不同的描述，实现因地制宜进行管理的目的。宜宾市党内监督责任"清单化"管理，便是将责任清单方法在党内监督责任制问题中的应用。

（三）作为制度性回应的党内监督责任"清单化"管理

"清单化"管理中的责任清单方法，对于解决当下中国共产党党内监督责任制推行中所面临的挑战具有很强的现实意义和针对性，这与宜宾市自身的实际情况十分契合。宜宾市纪委根据近几年巡视巡察、执纪审查和日常监督发现，虽然党内监督工作已呈现出由浅层到深层、由随意到规范的发展态势，但在深化改革、强化监督方面，面临着"内忧外患"的问题。"内忧"表现为不思考、不主动、不作为，"外患"表现为老办法不管用，新办法不会用。上文所述的"好人主义盛行"、错误理解"两个责任"以及纪委"小马拉大车"等现象在宜宾市同样有所体现。

2017年，宜宾市纪委从《中国共产党党内监督条例》出发，通过引入"清单化"管理方法，对党内监督职责范围内的管理活动，建立管理台账，并对监督责任内容进行细化和量化，形成清单，列出清晰明细的管理内容或控制要点，检查考核按清单执行。自2017年4月以来，为了深入贯彻落实《条例》，推动党内监督落地落实，宜宾市委领导先后召集了三次会议，带领市委领导班子成员、机关各室（部）负责同志对《条例》逐字逐句解读，通过深入学习研读，草拟了《十项措施》，拟制了《八类清单》，并下发各地各部门各单位广泛征求意见。市纪委又先后召开3次常委会进行讨论和修改。最终，经市委常委会审议，正式出台了《十项措施》和《八类清单》，在全市范围内强力推进此项工作，取得了阶段性成效。可以说，宜宾市的创新正是通过对"清单化"管理这一方法的应用，回应了基层党内监督责任制建设实践过程中的种种挑战。

二 党内监督责任"清单化"管理的做法

宜宾市党内监督"清单化"管理根本遵循的是《条例》，但并不是对《条例》简单机械的照搬照抄，而是在《条例》基本精神和原则基础上进行"循中有创"，实现增量创新。

《条例》和《十项措施》的主要事项比较

比较事项制度文本	《中国共产党党内监督条例》	《宜宾市加强党内监督十项措施》
党内监督体系	党委（党组）全面监督，纪律检查机关专责监督，党的工作部门职能监督，党的基层组织日常监督，党员民主监督，明确了五大监督责任主体	在全国率先建立了党委（党组）、书记、班子成员、纪律检查机关、党的工作部门、党的基层组织、村（社区）党支部纪检委员和普通党员八类责任主体的党内监督责任体系，形成《八类清单》
党内监督的主要内容	八项条款	八类责任主体明确30项责任内容、40个责任事项、115条工作要求及措施
党内监督平台		在全国率先创新研发"党内监督履责记实监督平台"
党内监督和外部监督相结合	三项条款	制定出台《关于加强市纪委与市人大常委会监督工作协作配合的意见》《关于加强市纪委专责监督与市政协民主监督工作协作配合的意见》，明确纪委与人大、政协协作配合监督内容8项、工作举措12项。全面深化派驻监督和巡察监督，积极拓展"纪检监督＋舆论监督＋群众监督"监督新模式

宜宾市实施的"清单化"管理模式，创新了监督手段方式，打造了监督利器，为每个监督责任主体量身打造党内监督"操作指南""履责手册"。值得一提的是，宜宾市的党内监督实践，从"清单管理"入手，又不仅仅止步于"清单"，而是在"清单化"管理的实践中，不断丰富党内监督的内涵和外延，把监督责任厘清划明，让八类责任主体明确监督谁、怎样监督，形成各责任主体的基本履责规范，初步形成了立体推进、纵深发展、协作互动、信息支撑、精准发力的党内监督生动格局，开创了基层全面从严治党新局面。

（一）立体推进，构建党内监督全覆盖网络

宜宾市将《中国共产党党内监督条例》明确的五大监督责任主体，结合实际进行分层分类细化，建立了涵盖党委（党组）全面监督、党委（党组）书记第一责任人监督、班子成员职责监督、纪委专责监督、党的工作部门职能监督、党的基层组织日常监督、村（社区）党支部纪检委员"一线"监督、普通党员民主监督八类监督主体，覆盖市、县（区）、乡镇（街道）和村（社区）4个层级。通过实施党内监督"清单化"管理，为八类责任主体明确30项责任内容、40个责任事项、115条工作要求及措施，形成各责任主体的基本履责规范。目前，全市各级党组织共制定清单8大类共

宜宾市党内监督"清单化"管理的八类责任主体

2万余份，对全面从严治党推进情况和风清气正政治生态建设状况实行动态监管，形成各司其职又相互配合，分工有序又凝聚合力的党内监督工作格局。

（二）纵深发展，做好党内监督的前沿哨兵

村（社区）基层是党内监督的第一线、最前沿。按照党章规定，宜宾市全面推进村级纪检委员标准化建设，出台了《关于加强村（社区）纪检监督工作的意见》，从规范组织建设、明确人员机构、选优配强人员、把准工作定位、规范履职方式、健全制度机制等方面，着力解决影响村级纪检委员作用发挥的产生程序不明、选任标准不严、具体职责不清、履职方式不准、保障措施不强、监督管理不力等问题，做好党内监督前沿哨兵。目前，全市共配备3094名村级纪检委员，通过制作《村级纪检委员履责手册》和"村（社区）党组织纪检委员党内监督责任履责提示卡"，确保其规范履责。2018年以来，各村级纪检委员按照"党内一线监督责任清单"履行"宣传员、情报员、监督员"工作要求，配合乡镇（街道）纪（工）委处置问题线索177件，其中立案79件，处理村（社区）党员干部74人，切实筑牢了基层党内监督第一道防线。

（三）协作互动，推动党内监督多维度融合

为贯彻落实好《中国共产党党内监督条例》关于"党内监督和外部监督相结合"的要求，宜宾市制定出台了《关于加强市纪委与市人大常委会监督工作协作配合的意见》《关于加强市纪委专责监督与市政协民主监督工作协作配合的意见》，明确纪委与人大、政协协作配合监督内容8项、工作举措12项，实现党内监督与外部监督的多维度融合。积极拓展"纪检监督+舆论监督+群众监督"新模式，播放"阳光问廉""阳光政务·政风行风热线""阳光面对面"专题节目，监督联动整体效应更加彰显。

（四）科技支撑，插上党内监督信息化翅膀

宜宾市以互联网平台为载体，创新研发"党内监督履责记实监督平台",依靠信息化手段实现党内监督"八类清单"数据化、智能化。平台具备责任分解、任务落实、预警提示、跟踪督查、效果评估和考核问责等主要功能。通过该平台,各责任主体根据责任清单确定的内容和完成时限,及时上传支撑材料来记录和反映任务落实情况。各级党组织可清楚掌握责任主体任务完成进度,实现对所有责任主体履行党内监督责任情况的全程监督。同时,"排行榜"和"综合分析"模块可以对各责任主体履责情况进行检查评估,每两个月自动生成"体检报告",如果"体检"不合格,将严格追究相关责任主体责任。目前,该平台已于2018年4月在大型国有企业五粮液集团正式运行,取得了初步成效,正在向全市有序推广。

(五)精准发力,推动党内监督实打实见效

宜宾市坚持把精准思维贯穿到党内监督全过程,不断提升党内监督的针对性和实效性。建立干部廉政档案,记录干部个人廉政勤政痕迹,搭建动态监督"记录仪"。深入开展纠"四风"、转作风五项专项整治,梳理出18个方面73条具体表现的"四风"问题负面清单,针对工作落实不到位等五个方面突出问题开展暗访督查。深入开展"访廉问廉百千万"活动,计划用三年时间实现全市540万群众的访廉问廉全覆盖,通过"一对一"深度走访,把脉问诊党风廉政建设存在的不足和短板,建立全市党风廉政建设大数据。创新建设宜宾市党员干部违法信息交互平台,实现司法机关、行政执法机关与纪检监察机关之间违法信息自动甄别移送。通过不断强化精准监督,各级党组织和党员干部管党治党政治责任进一步压紧压实,拒腐防变思想防线扎紧筑牢,惩贪治腐的高压态势更加巩固。

三 党内监督责任"清单化"管理的成效

宜宾市对照责任清单任务,实行履责纪实,通过日常督促、检查考核、责任追究等配套措施,确保清单任务按时保质保量完成。可以说,"清

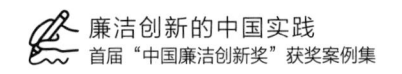

单化"管理已经成为落实党内监督的"施工图""考核表""问责尺"。

(一)作为"施工图",责任清单明确了责任主体的任务、措施、标准、时限,让落实党内监督责任成为看得见、摸得着、抓得起的具体任务

宜宾市率先建立了以党委(党组)、书记、班子成员、纪律检查机关、党的工作部门、党的基层组织、村(社区)党支部纪检委员和普通党员为责任主体,覆盖市、县(区)、乡镇(街道)和村(社区)4个层级的立体化党内监督责任体系,将主体责任具体化、项目化、指标化。制定出台了《关于加强市纪委与市人大常委会监督工作协作配合的意见》《关于加强市纪委专责监督与市政协民主监督工作协作配合的意见》,明确纪委与人大、政协协作配合监督内容8项、工作举措12项。全面深化派驻监督和巡察监督,着力形成管党治党"双轮驱动"、党内监督"双剑合璧"的良好局面。与此同时,宜宾市还积极开展村级纪检委员标准化建设,推动党内监督纵深发展直抵末梢。出台了《关于加强村(社区)纪检监督工作的意见》,从规范组织建设、明确人员机构、选优配强人员、把准工作定位、规范履责方式、健全制度机制等方面,明确村级纪检委员工作职责。从横向来看,党委(党组)、纪律检查机关、党的工作部门等齐发动,党内监督与外部监督相协同,就宜宾市所在政治场域范围内实现了"三个全覆盖",即层级全覆盖、部门全覆盖、领域全覆盖。

(二)作为"考核表",责任清单明确了监督检查考核主体责任落实情况的重要标准

宜宾市以中央关于主体责任五项任务的框架为划分依据,为八类责任主体明确了30项责任内容、40个责任事项、115条工作要求及措施,形成各责任主体的基本履责规范。全市各级党组织共制定清单8大类总计2万余份,责任清单中列出的内容是监督、检查和考核责任主体能否保质保量完成各项任务的主要依据。在实践过程中,宜宾市实施的"清单化"管

理注重用好量化考核这个"指挥棒",主要针对监督职责范围内的管理活动,建立管理台账,并对监督责任内容进行细化和量化,列出清晰明细的管理内容或控制要点,检查考核按清单执行。

(三)作为"问责尺",责任清单明确了追责情形,在问责时"穴位"就找得准,能高效精准地"对号入座"

宜宾市把这种"靶向意识"贯穿到党内监督全过程,确保了党内监督的精准发力、"靶向治疗"。在具体的工作实践中,宜宾市建立了干部廉政档案,用来记录干部个人廉政勤政痕迹,综合分析党风廉政建设苗头性、倾向性问题。创新研发了"党内监督履责记实监督平台",依靠信息化手段实现党内监督"八类清单"数据化、智能化。借助该平台分层分类构建各责任主体履责信息库,通过制定"共性+个性"责任清单,实施"日常记实+实时督导"的动态监管,实现对各责任主体履行党内监督责任情况全面覆盖、全程监督,为党内监督插上科技的"翅膀"。以"阳光问廉""阳光政务·政风行风热线"等电视广播节目为载体,积极拓展"纪检监督+舆论监督+群众监督"的监督新模式。通过对不同监督主体的统筹协调,实现了内外监督的有序衔接。在整个监督过程中,对责任落实不力的单位和个人,依据责任清单倒查追责,在宜宾市已经成为常态。2018年以来,宜宾市纪检委员共走访群众20万余人次,收集意见建议2571条,发现问题1589个、督促整改解决1256个,解决群众反映的困难和问题1783个,化解矛盾纠纷1089余件,报告问题线索211条,配合乡镇(街道)纪(工)委处置问题线索177件,其中立案79件,处理村(社区)党员干部74人。

总的来说,作为一项管理制度的创新,宜宾市党内监督责任"清单化"管理对理论和现实问题都进行了良好的回应,体现了社会主义法治精神和科学管理精神,厘清了党内监督概念,规范了基层监督标准,提供了一种符合党章、适合基层、行之有效、值得推广的方式方法,在取得了良好成效的同时也具有很强的推广价值。

四 党内监督责任"清单化"管理的不足与方向

(一) 存在的不足

不可否认,"清单化"管理作为落实党内监督责任和推进治理能力现代化的创新之举,在宜宾市的实践摸索中取得了较好的成绩,积累了宝贵经验。但是,制度的完善及其效能的发挥不可能一蹴而就,在制度的制定、执行过程中也有不同程度上的不到位,目前还存在一些不能回避的问题需要解决。

1. 责任主体的监督能力还需提升

部分责任主体缺乏主动监督的意识,思想认识存在的误区降低了对责任的敬畏,影响和制约了"清单化"管理作用的发挥。这一问题尤其体现在村(社区)一线监督中,有的村级纪检委员对本村重大事项不了解,对党规党纪一知半解,不会监督;有的则在实际工作中畏首畏尾,不敢监督。

2. 清单制度的动态机制有待加强

目前宜宾市党内监督"清单化"管理的《八项清单》还倾向于静态,为适应高速发展变化的基层实际,应设立并完善相应的清单动态修订机制,保证清单化管理能够与时俱进,避免在新的领域监督失位、在旧的领域监督过度。

3. 各方力量的合作机制仍需完善

宜宾市在实践中虽然对党内监督与人大法律和工作监督,政协民主监督、舆论监督、群众监督进行了有益探索,但在"加大自上而下的'权力'监督力度"同"加大自下而上的'权利'监督力度"相结合上有所欠缺,与司法监督、审计监督有效整合仍然缺乏明确的组织协调和整体协作机制,监督的整体合力没有完全显现。

(二) 发展方向

在上述问题的基础上,宜宾市党内监督"清单化"管理一方面仍需不断完善制度自身建设,把"笼子"编结实;另一方面还需在"清单化"管理的配套机制方面进一步创新，以找到落实党内监督责任"清单化"管理的最有效路径。

1. 要激发党内监督责任主体的动能

党内监督能否取得预期的成效，主要依赖党内监督责任主体主观能动作用是否得到充分的发挥。激活党内监督责任主体的内生动力是激发党内监督责任主体动能的内驱力。一方面要强化监督工作意识，提高参与党内监督积极性。加强党性教育和党内监督的理论教育，促使各级党组织和党员干部抵制传统政治思想中的消极因素，懂得监督什么、如何监督，激活责任主体的监督动力。另一方面要加强监督队伍建设，不断提高党内监督履责水平。通过分类别、多层次的业务培训提高履责能力水平，尤其对村级纪检委员开展有针对性的培训。完善村级纪检委员的绩效评估制度，对不适应工作岗位的村级纪检委员定期进行调整。

2. 要培育依法依规治党的政治文化

受"官本位"的影响，部分党员认为工作中只有服从义务，没有监督权利。权利意识不被唤醒，致使监督的内生动力不足，监督的整体社会环境难以形成。保障监督权利，除了靠激发党内监督责任主体的动能外，还需要健全激励约束机制，大力营造党内监督良好氛围，从制度上落实监督者与被监督者的各项权利和义务，及时受理、调查、处理、反馈党员干部提出的批评、建议和检举、控告，形成积极倡导监督、大胆实施监督、支持保护监督的良好氛围。与此同时，要做好党内监督的再监督，确保各责任主体履职到位。加快"党内监督履责记实监督平台"在全市的推广运用，确保全市党内监督各责任主体履责情况全程可监督、情况可追溯、质效可评估。通过严格的追责问责，确保各责任主体履职尽责到位。

3. 要完善"清单化"管理的配套制度

李东明、徐子臣指出，完善党风廉政责任制首先要从责任分解开始，这又包含明确责任主体、明确责任内容、完善责任分解运行机制、建立考核制度、建立追责制度等几个方面。宜宾市党内监督"清单化"管理已经完成了前几项任务，但是在建立考核制度、建立追责制度等方面还有一定的进步空间。此外，宜宾市希望在规范党内监督的基础上，建立起党内监督与人大法律和工作监督、政协民主监督、舆论监督、群众监督相统一的监督局面，这仍需要在各个主体的多元互动机制上进行深入探索。最后，为适应基层高速发展变化的实际情况，宜宾市还需要完善《八类清单》的动态修订机制，保障制度的活力，确保与时俱进。

五 党内监督责任"清单化"管理的启示

作为一项制度创新，宜宾市党内监督责任"清单化"管理体现了先进的管理理念，对现实问题进行了有效回应，取得了良好的效果，具有较强的推广价值。这为我们带来了很多启示。

（一）规范化精细化管理意义重大

在公共管理学中，将规范化、精细化的管理思想应用到公共管理领域，是学科发展的一条主线。马克斯韦伯对理性官僚体制的论述中提出，理性的管理体制应当具有按照规程办事的运作机制，而不是依靠模糊的管理和个人意志行事。莱芬韦尔将泰勒的企业科学管理理论引入政府管理中，而后怀特更是进一步表明必须运用科学的方法为政府的行政管理和执法活动提供规范，并以此为基础建立了现代公共管理学。之后的学者对这一理念的论述不胜枚举。可以说，实现政府管理的规范、精细化管理是在公共管理学界广受认可的主流思想。

宜宾市党内监督责任"清单化"管理可以被看作对这种理论思想的现实回应，体现了传统粗犷的治理学科范式走向了微观治理范式。它将系统化的运作机制体系与微观管理实践进行有机结合，通过智慧化的管理技术、标准化的操作程序和精准化的处置手段，实现进一步提升党内监督在基层管理实践的回应力和成效。可以说宜宾市党内监督责任"清单化"管理体现了我国进一步提升公共治理能力的大势所在。

（二）多元主体共同参与监督

党的十九大报告指出，要构建党统一指挥、全面覆盖、权威高效的监督体系，把党内监督同国家机关监督、民主监督、司法监督、群众监督、舆论监督贯通起来，增强监督合力。《条例》也指出，各级党委应当支持和保证同级人大、政府、监察机关、司法机关等对国家机关及公职人员依法进行监督，人民政协依章程进行民主监督，审计机关依法进行审计监督。宜宾市依托党内监督责任"清单化"管理，逐步尝试建立党内监督与其他形式监督之间紧密联系、积极互动的制度机制，是对建立中国特色社会主义监督体系，促进多元主体共同参与监督的有益尝试。

（三）实现基层特点与中央精神的紧密结合

宜宾市党内监督责任"清单化"管理，对党内监督责任制向基层延伸过程中所遇到的诸项挑战做出了十分有针对性的回应，尤其是在将基层特点与中央精神的紧密结合方面，宜宾市的创新提供了一种非常有意义的尝试。事实上，全国除宜宾市之外，也有很多地区尝试将责任清单应用在党内监督中，如江苏省泰兴市为了强化党委（党组）书记"第一责任人"的责任，出台了《落实党风廉政建设责任制防止"挂帅不出征"实施细则》，把书记的主体责任分为8个方面，列出28条责任清单，对书记"何时抓""抓到什么程度"做了具体细致的要求；海南省于2015年6月出台《党委（党组）履行党风廉政建设主体责任和纪委（纪检组）履行监督责任清单》，明确了党委主体责任31项和纪委监督责任26项。但相比其他地区的做法，宜宾市有两个显著特点：第一，宜宾市党内监督责任"清单化"管理覆盖了八类责任主体，实现了责任清单的层级全覆盖、部门全覆盖、领域全覆盖，而相比之下其他地区的做法在覆盖范围上都显得有所欠缺；第二，宜宾市的《八类清单》由各级党组织商讨制定而成，充分结合了各地的基层实际情况，在解决党内监督责任制向基层推进的各类问题时，具有更强的针对性和可操作性，实现了基层特点与中央精神的有机统一。

曲阜：县级廉政治理模式的探索与实践[*]

> **颁奖词**
>
> 被誉为"东方圣城"的山东曲阜，拥有得天独厚的文化底蕴和氛围，在城市廉政建设方面具有独特优势。党的十八大以来，为深入落实中央全面从严治党部署，推动城市廉洁发展，增强城市核心竞争力，曲阜提出了建设"廉洁曲阜"的战略目标，倾力打造"东方圣城·首善之区"的城市品牌，力求在推动城市廉洁发展的同时，探索出具有中国特色的县级廉政治理模式。

党的十八大以来，党中央坚定反腐决心，严查腐败现象，取得了举世瞩目的成就，赢得了民众的广泛赞誉。在十九届中央纪委三次全会上，习近平总书记指出，要取得全面从严治党更大战略性成果，巩固发展反腐败斗争压倒性胜利，一体推进不敢腐、不能腐、不想腐，从根本上消除腐败现象。"郡县治，则天下安"，在国家政权结构中，县一级处于承上启下的关键环节，是发展经济、保障民生、维护稳定的重要基础，县级廉政治理的成效直接影响到国家政体的廉洁治理成效。

2016年2月，山东曲阜市委提出建设"廉洁曲阜"的战略目标，从政治、经济、社会和文化四个方面入手，以建设廉洁机关、廉洁镇街、廉洁社区、廉洁村居、廉洁学校、廉洁医院、廉洁社会组织、廉洁企业、廉洁工商业户、廉洁家庭十大活动为载体，以点带面，全面构建政府清廉、干

---

[*] 作者简介：刘梦滢，清华大学廉政与治理研究中心研究助理；周磊，清华大学廉政与治理研究中心博士后。

部勤廉、社会崇廉的廉洁城市。

一 曲阜"廉洁城市"建设的背景

我国香港地区在20世纪70年代已经开展"廉洁城市"建设,并取得了显著成就,从而一跃成为全球最清廉的地区之一。进入21世纪,内地一些城市也逐步推出建设"廉洁城市"的目标,2005年山西省榆次区以廉政文化建设为突破口,以创新为动力,将党风廉政建设宣传教育纳入社会发展整体规划之中,把廉政文化建设作为榆次对外的品牌工程之一,高标准打造"廉洁榆次"。2008年浙江省杭州市提出打造"廉洁杭州",并出台《关于打造廉洁杭州的决定》,力争实现党政清廉、干部勤廉、社会崇廉。2011年,深圳市出台《关于建设廉洁城市的决定》,基本理念为干部清廉、政府勤廉、群众尚廉,基本内涵是廉洁的法治、廉洁的政府、廉洁的市场、廉洁的社会和廉洁的文化。2012年,广州市提出了建设"廉洁广州"的战略目标,并将建设廉洁清明政治、廉洁诚信市场、廉洁城市文化和廉洁公平社会确立为四项主要任务。党的十八大以后,以习近平同志为核心的党中央高度重视党风廉政建设和反腐败工作,重塑政治生态,厚植党的执政基础。在这一背景下,越来越多的城市加入"廉洁城市"建设的行列中来。

为了深入落实党的十八大以来中央、山东省、济宁市关于党风廉政建设和反腐败工作的各项精神,推动城市廉洁发展,增强城市核心竞争力,2016年2月,山东曲阜市委提出建设"廉洁曲阜"的战略目标。"廉洁城市"建设也引起了学界的广泛关注,有学者认为,"廉洁城市"是以建设廉洁机关、廉洁城区、廉洁单位、廉洁行业、廉洁企业、廉洁校园、廉洁家庭、廉洁公民等为载体,建成党政清廉、市场促廉、文化养廉、社会崇廉的价值目标。也有学者指出,"廉洁城市"建设主要由廉洁政府、廉洁市民、廉洁市场、廉洁社会和廉洁制度五项基本要素构成。还有学者指出,各地"廉洁城市"建设能起到示范辐射作用,产生"廉洁岛"效应。2011年9月,时任中央纪委领导在深圳考察"廉洁城市"建设工作时指出,建设"廉洁城市"是践行我们党提出建设廉洁政治目标的实际举措,是巩固党的执政地位、促进社会和谐的重要保障，是以改革创新精神推进反腐倡廉建设的积极探索。本文结合曲阜"廉洁城市"建设，对县级廉政治理模式的实践进行探讨。

二 曲阜"廉洁城市"建设的探索及实践

曲阜作为儒家优秀传统文化的发源地，在城市廉政建设方面具有独特的优势。山东曲阜市从政治、经济、社会和文化四个方面入手，以点带面，整体推进，力争到 2020 年，基本建立"不敢腐、不能腐、不想腐"的长效机制，实现领导示廉、干部勤廉、机关清廉、人人倡廉、处处讲廉、事事遵廉，使廉洁成为广大干部群众的行为准则和风尚追求，各种不正之风得到有效遏制，消极腐败现象降到最低程度。

（一）坚持全面从严，扎实开展"廉洁政治"建设

一是督促落实管党治党"两个责任"。"一制双单"明责，研究制定市委主体责任、市纪委监督责任"两张清单"。"一函双述"督责，向责任单位下发任务交办函，组织镇街部门党委、纪委负责人向市纪委全委会述责述廉。"一案双查"追责，在扶贫、环保等重点领域实行"无问责不审（完）结"。二是加强对关键权力的监督制约。实施"市权公开"改革，出台《关于提高市委常委会议事决策质量的办法》《曲阜市"三重一大"事项决策办法》等制度规定。推进"五不直管"改革，采取授权委托形式，将镇街、市直部门正职领导掌握的财务、人事、行政审批、物资采购、工程招投标等五项权力交由不同副职分管。建立"权力清单"制度，绘制权力运行和业务办理流程图。出台"村级权力清单十二项"，用流程图形式标示村级权力行使过程。三是抓好关键问题查处。坚持抓节点、抓督查、抓曝光，持续深入抓好违反中央八项规定精神问题，加强监督执纪，不断深化纠"四风"、转作风。严查侵害群众利益问题，建立"一口扎"问题线索归口管理，线索研判、调度、完结"三个会"处置机制，坚持一案一委派"派单式"执纪审查、"展板式"通报曝光模式，2016 年以来，查处群众身边的不正之风和腐败问题 353 起 479 人。深化监察体制改革，做好"1+10"

工作制度承接细化工作，结合曲阜实际，创新制定问题线索"ABC"分类处置办法、纪检监察室工作联系制度、未留置移诉案件纪律先行、双轨推进、同步审结"分离式"审理机制，探索执纪监督与执纪审查交叉设置的模式，实现了7个纪检监察室对全市113个镇街、部门、国有企业日常联系全覆盖，打造纪法、法法衔接顺畅、运转高效的体制机制。

（二）扎紧制度笼子，深入推进"廉洁经济"建设

一是严格监管公共资源交易。加强对政府重大投资项目廉政风险防范和廉情预警评估。在全市457个村居集中开展规范集体"三资"监管活动。在市级层面和各镇街建立全程监控、全程公开的综合产权交易中心。二是严格监管公共资金使用。严格执行村级财务委托代理制。督促落实扶贫惠农资金报审批"三分离"、发放"一卡通"模式。建立村级经济责任市级直审制度。三是严格监管公共服务实施。深化"放管服"改革，全面推行"一次办好"服务模式，建成智能化、一站式为民服务中心，实现854个服务事项全部集中办理。推行"马上就办"工作机制，建立"马上就办办公室"、"马上就办一线通"和"马上就办直通车""三位一体"的为民服务体系，该体系被评为山东省反腐倡廉十大创新成果、全国十大地方新政，通过ISO9001国际质量体系认证，成为全国首家通过认证的民生服务类项目。

（三）注重创新创优，大力推进"廉洁文化"建设

一是创新推进廉洁家风建设。打造中华传统家风家训（曲阜）文化园。编撰《诗礼庭训传家久》专题片。组织开展集中研讨、观摩交流、现场展演等孔子故里好家风"十个一"系列活动。举办"书记·家风课"。依托廉勤现场教学线，市委书记给市级领导及其家属讲家风、谈家训，动员领导干部的"另一半"，监督领导干部的"另一面"。二是创新开展廉洁自律教育。整合儒家崇廉尚勤阵地资源，打造"纪检人·廉勤线"，用现场教学、体验教学、互动教学等方式，强化党员干部廉勤教育。实行身边事教育身边人警示教育，筛选侵害群众利益的典型案例，并制成展板到镇街村居巡回曝光。编印《钟声阙里　铜鉴问廉》《廉德修身　探汤示警》，常态

化开展警示教育送读本、廉政党课送基层、廉洁讲坛送清风"三送"活动。三是创新开展廉政建设活动。在机关、镇街、社区、村居、学校、医院、企业、社会组织、工商业户、家庭十个层面，深入开展知识竞赛、演讲演唱、研讨宣讲等有声有色的廉政建设活动。2016年以来，组织开展各类活动300余次，擦亮了"儒韵清风·廉洁曲阜"品牌。

（四）突出共建共享，创新实施"廉洁社会"建设

一是推进社会治理创新。在全体市民中开展"彬彬有礼道德城市建设"，探索建设新时代文明实践中心；全面实施村级重大事项"全面公决"；在全市457个村居、12大行业组建"和为贵"调解室，获评"全国社会治理创新最佳案例"。出台《个人和法人单位信用评价及守信激励失信惩戒规定》，建立诚信基础和征信数据库，实行诚信"红黑榜"制度。二是推进"不廉洁"行为整治。深入开展社会领域"不廉洁"行为专项治理。推行市场主体准入前信用承诺制。集中整治医疗卫生领域、教育领域不廉洁问题。三是推进测评工作的开展。制定出台《曲阜市"廉洁城市"建设评价指标体系》，围绕廉洁政治、廉洁经济、廉洁文化、廉洁社会进行科学评估，衡量把握"廉洁城市"建设实际成效，推动"廉洁城市"建设扎实深入开展。

三 曲阜"廉洁城市"建设的成效及经验

随着曲阜"廉洁城市"建设的推进，廉洁高效、清正为民已成为曲阜新标签、新风尚。当地人民群众深切感受到曲阜日益充溢的廉洁气息，感受到曲阜越来越强健的发展脉搏和更加美好的城市品格。

（一）取得的成效

1. 推动全面从严治党向基层延伸

在"廉洁城市"建设过程中，曲阜市纪委监委牢牢把握监督执纪监察职责定位，贯通运用监督执纪"四种形态"，严肃查处各种违法违纪行为，集中整治"四风"方面存在的突出问题，推动了全面从严治党向基层延伸。

在查处问题的同时，还探索建立及完善一系列工作机制，堵塞漏洞，强化约束，促进了"不敢腐、不能腐、不想腐"机制的完善。

2. 推动儒家廉勤文化的传承弘扬

在"廉洁城市"建设工作中，曲阜推进实施了廉洁文化建设工程，创新"纪检人·廉勤课""市委书记·家风课"等模式，推动传承弘扬儒家优秀廉勤文化，加强全社会廉洁自律教育，进一步提升了"儒韵清风·廉洁曲阜"廉政文化品牌的影响力，让干部和群众建设良好的道德修养和道德准则，自觉遵守党和国家提出的规章制度，构建和谐的社会风气。

3. 促进经济社会发展

建设"廉洁城市"，营造政治上的青山绿水，会聚了廉洁向上的社会风气。2017年，山东省群众满意度电话调查成绩显示，曲阜市位居济宁市第一名。曲阜市荣获国家卫生城市、国家生态市、国家重点生态功能区、全国生态文明建设示范市、国家园林城市、四好农村路全国示范县、全国文明城市提名城市、全国义务教育发展基本均衡市、全国科技进步先进市、全国文化先进市等荣誉称号。

（二）基本经验

曲阜"廉洁城市"建设能够顺利推进，得益于以下四个方面的动力和保障。

1. 符合全面从严治党的政治要求

全面从严治党是党的十八大以来党中央做出的重大战略部署，是"四个全面"战略布局的重要组成部分，也是全面建成小康社会、全面深化改革、全面依法治国顺利推进的根本保证。全面从严治党，基础在全面，关键在严，要害在治。全面从严治党，就意味着要靠全党、管全党、治全党，就意味着没有遗漏、没有盲区、没有"空白地带"。曲阜提出建设"廉洁城市"，就是将廉政建设扩大到社会方方面面，将廉洁概念、廉洁意识扎根于党员心中，充分体现了"全面从严"的要求，是推动党风廉政建设和反腐败斗争向基层延伸的具体举措，这是曲阜持续深入推进"廉洁城市"建设的根本政治动力。

2. 具有务实担当的干部作风保障

近年来，曲阜市始终把干部作风建设作为破解制约地方经济社会发展的重要抓手，每年确定一个主题，加强干部作风建设，同时不断强化正风肃纪，加大监督执纪监察力度，狠抓中央八项规定精神落实，强力整治"四风"突出问题，干部队伍的作风面貌焕然一新，"马上就办"的服务意识深入人心，担当作为的执行力大幅提升。高素质、专业化的干部队伍是落实"廉洁城市"建设各项工作任务的重要基石，是推动"廉洁城市"建设不断深入发展的重要动力。

3. 科学管用的制度机制设计

曲阜在推进"廉洁城市"建设过程中，始终把创新制度机制作为推动实现不敢腐、不能腐、不想腐"三不"目标的实现路径，围绕推进廉洁政治、廉洁经济、廉洁文化、廉洁社会四大工程，立足从根本上解决各个层面存在的问题，创新设计了近60项制度机制，这些科学管用的制度机制是工作实践的总结，符合曲阜实际，能够有效解决制约"廉洁城市"建设的各种因素，为持续深入推进"廉洁城市"建设提供了有力保障。

4. 畅通有效的群众沟通

创新是要把群众的诉求转化为工作的动力，充分相信群众、依靠群众，组建了群众监督评议团，选聘"四风"问题监督员，不定期对干部作风、系统行风、重大决策部署贯彻落实情况进行明察暗访、民主评议，精准发现问题不足，推进工作整改提升。办好书记信箱、网络问政平台，畅通作风投诉、信访举报、民生服务热线，民生热点难点、干部作风问题，第一时间答复，第一时间处理。突出问题导向，坚持工作由群众提出、群众交办、群众监督、群众评判工作机制，引导群众有序参与交办监督民生事项办理，建立了群众监督批评党委、政府工作机制。

四　关于县级廉政治理模式的思考

1993~1994年，透明国际组织提出了国家廉政体系的概念，旨在探讨建立一个透明的具有问责体系的制度体系，并在此框架下有效地推进反腐败改革。过勇教授在《中国国家廉政体系研究》一书中，列出构成中国国家廉政体系的 11 个支柱，分别是立法机关、行政机关、司法机关、审计部门、监察专员、反腐败机关、公务员系统、新闻媒体、公民社会、私人部门和国际行动者。国家廉政体系的这些支柱又可以被划分到政治、经济、社会和文化四个板块中。

国家廉洁体系的构建和城市廉洁体系的构建有着基本相似的要求，在构建城市廉洁体系的时候，可以参考国家廉洁体系的标准。但是，县、市的情况仍和国家的情况存在不同，两者虽然可以用相似的结构来构建廉政体系，但县、市作为相对于国家更小的行政体，廉洁"支柱"相对更少一些。我们在构建县级廉政治理模式的时候还要结合中国的实际国情进行考虑，中国的廉政治理推动模式与国外的有所不同，党内监督在党和国家监督体系中居于主导地位，如果党内监督失效，其他监督方式很难发挥作用。西方国家在构建廉政体系时强调每一个参与推动的"支柱"之间的互相制约，每个"支柱"是平等的。

通过山东曲阜的案例，我们尝试构建县、市廉洁体系，同样的将主要元素划分到政治、经济、社会和文化四个板块：执法机关和人大机关属于政治板块；企业部门和审计部门属于经济板块；监察机关和司法机关属于社会板块；新闻媒体和公众舆论属于文化板块。党内监督则起到了整体的领导作用，带领和推动四大板块中的八个元素共同推进廉政体系的构建。

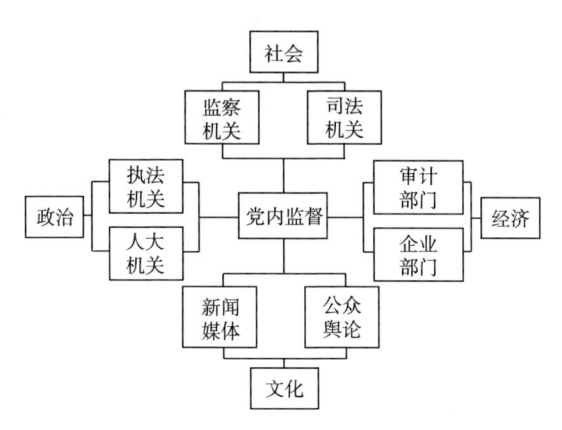

县级廉政治理模式

（一）党内监督是"廉洁曲阜"建设的主导力量

中国共产党是中国特色社会主义事业的领导者，在国家治理体系建设中发挥着核心的领导作用。在中国现阶段的廉政推动和建设过程当中，党内监督也起到了重要的主导作用，领导着各部门和社会团体及群众共同参与到廉政建设当中。在推动"廉洁曲阜"的建设过程中，曲阜市委起到了重要的主导和推动作用，坚定了要建设"廉洁曲阜"的政治决心，结合曲阜实情和其他地区的经验教训出台了一系列的政策，并在这些政策的推动和运行中起到了主要的领导作用，指挥各部门贯彻落实下达的政策，并鼓励引导群众和社会各团体参与到"廉洁曲阜"建设当中，是曲阜廉洁建设最主要的推动和主导力量。

（二）进一步挖掘中国优秀传统廉洁文化

习近平总书记指出，孔子创立的儒家学说以及在此基础上发展起来的儒家思想，对中华文明产生了深远的影响，是中国传统文化的重要组成部分。作为拥有千年文明的文化古国，中国源远流长的道德文化一直是我们引以为豪的瑰宝，而儒家文化更是这文明长河中一颗璀璨的明珠。儒家文化讲求"修身，齐家，治国，平天下"，良好的道德修养是个人成家立业之本，也是新时代全面建设小康社会的基本要求，更是反腐倡廉建设开展的核心思想。有学者认为，廉洁文化将引导社会成员正视腐败的危害，从根源上寻求控制腐败的办法，直到逐步建立并完善科学有效的反腐败制度体系。要确保廉政制度体系向着科学有效的方向演化而不是滑向制度失灵，就必须培育健康廉洁文化作为制度变迁的坚实社会基础。弘扬传统文化有助于我们从根源上解决腐败的问题，个人之所以会出现腐败的现象，归根结底还是因为没有构建起正确的道德观念和形成良好的自我约束能力，弘扬和推广中国传统文化的道德精神能很好地协助个人构建正确的道德思想和价值体系，进而形成良好的自我规范，这样就可以从源头上杜绝腐败的发生，对国家整体的廉政建设有着极大的帮助作用。

（三）反腐败工作需要社会各界的共同参与

习近平总书记在党的十九大报告中指出，要增强党的自我净化能力，根本靠强化党的自我监督和群众监督。要加强对权力运行的制约和监督，让人民监督权力，让权力在阳光下运行，把权力关进制度的笼子。构建党统一指挥、全面覆盖、权威高效的监督体系，把党内监督同国家机关监督、民主监督、司法监督、群众监督、舆论监督贯通起来，增强监督合力。国家廉政体系的建设不仅仅要依靠党的领导，还需要其他单位以及社会各界的共同参与和全面建设才能够实现。这就需要参与廉政建设的每一个元素都合理、有机地结合起来，构成一个完整的推动体系，才能够实现整个国家的廉政建设。参与整个体系构建的每个元素都有自己独有的作用和所扮演的角色，具有不可或缺的重要作用，他们应当在整个体系中各司其职，发挥好自己的本职工作，展现出应当拥有的作用和力量，与其他的元素之间相互协作、相互督促，才能够构建出一个和谐的廉政体系。

企业单位篇

阿里巴巴廉正合规体系化创新[*]

> **颁奖词**
>
> 阿里巴巴面对挑战,坚定选择捍卫诚信文化,哪怕为此错失商机也义无反顾,以高度的专业性和足够的影响力实现了业务发展与文化传承的融合坚守。廉正合规部以30人的团队,将廉正合规理念层层渗透,辐射8万名员工,每年打击舞弊案件200余起,为公司挽回损失上亿元。目前,集团形成了行之有效的廉正风险管理模式,推动着公司文化与价值观的建设。

民营企业在我国经济主体中占据重要地位,其在自身发展中探索廉洁建设,对于营造市场公平竞争环境具有重要意义。阿里巴巴集团作为民营企业的代表,在构建廉洁建设方面有很多的探索实践。2012年初,阿里巴巴正式设立集团廉正合规部,在此基础上,与各业务线建立风控联盟,将廉正合规介入集团业务发展决定、新业务风险管理顶层设计、业务系统建设等公司日常经营环节的廉正合规体系。

一 廉正合规体系化建设的背景

保证企业廉洁、高效的运转,遵守商业行为规范,是每个企业得以长期发展的前提条件。阿里巴巴的廉正合规体系化建设,是阿里集团出于自身发展的需要而进行的自下而上的自主探索,其形成有特定的时代背景。

---

[*] 作者简介:牛朝辉,北京航空航天大学公共管理学院讲师。

（一）推崇廉洁诚信的企业价值观

阿里巴巴集团成立于 1999 年 9 月，逐步形成了"客户第一"、"团队合作"、"拥抱变化"、"激情"、"诚信"和"敬业"的价值观体系。这六个价值观在集团经营业务、招揽人才、考核员工以及决定员工报酬等关键环节都扮演着重要的角色。其中的"诚信"价值观，即诚实正直、信守承诺，是阿里巴巴对每一位员工行为方式的重要要求，阿里巴巴集团对于员工的诚信要求极为严格。廉正、合规是"诚信"价值观的重要组成部分，也一直受到重视和推广。阿里巴巴集团对诚信这一企业文化的重视是廉正合规部存在的基础。

（二）业务拓展迅猛对廉洁的需求

阿里巴巴最初的业务主要集中在传统电商，如"淘宝""天猫"等，随着集团规模不断扩大，集团涵盖的业务领域日渐宽阔复杂，目前除了传统电商行业外，还包括线下零售行业、文娱行业、本地生活相关行业，以及阿里云、菜鸟网络等。各业务盈利能力较强，在经济体量已达到 5000 亿美元的规模下，集团业绩每年仍保持超过 40% 的增速。随着阿里巴巴集团的快速发展，公司规模与员工人数也成倍增长，截至调研时，阿里巴巴全集团员工数接近 8 万人。员工数量的大量增长使得企业的内部环境发生了很大的变化，传统的企业管理方法已经不能适应形势的要求，因此集团需要引进现代管理理论和模式，学习现代企业管理思想和方法，掌握现代企业管理技术和工具。在诚信文化的传承方面，当集团人数较少时，可以通过口传口的方式传承企业文化，通过人带人的方式约束员工行为。然而当集团人数大量增长时，这些做法已难以适应公司高效治理需要。因此，需要建设高效的廉正治理体系，确保庞大的阿里巴巴集团中各项业务的健康发展。

（三）电商领域为重点反腐领域

2011 年，阿里巴巴集团经过内部调查取证，发现其 B2B 公司部分销售人员收受贿赂，故意纵容或疏忽允许部分外部分子进入阿里巴巴会员体系，有组织地进行诈骗。因此阿里巴巴 B2B 公司宣布，公司清理了约 0.8% 逾千名涉嫌欺诈的"中国供应商"商户，公司相关领导因此引咎辞职。2012 年，淘宝聚划算原总经理阎某某因涉嫌"非国家工作人员受贿罪"被正式刑事拘留，13 名淘宝员工和 30 家行贿企业全部移送司法，最终 26 名人员被移送起诉，淘宝员工有 4 人被判 3 年至 7 年的有期徒刑。这一案件涉案总金额超过 1350 万元。"聚划算"事件将阿里集团内部存在"潜规则"、管理上"资源配置倒挂"等问题和矛盾暴露在公众视野中，带来了很大的负面影响。每一次事件爆发，集团的诚信文化都会受到挑战，企业形象受损，集团业绩发生震荡。为防止类似事件再度发生，急需建立行之有效的廉政风险管理模式以改善企业形象，提高业绩。

在项目发起人和实施人的座谈中，廉正合规部的员工回顾了"聚划算"事件对阿里集团的影响：

> "聚划算"事件给阿里巴巴集团带来很大的负面影响，公众评价很差，很多商家一度认为如果不向聚划算员工行贿送礼，其产品都无法在聚划算的活动中出现。淘宝聚划算原总经理阎某某曾为阿里巴巴集团的发展立下了汗马功劳，获得过阿里巴巴集团"CEO 特别奖"。然而，阿里集团对员工的要求是"功不抵过"，员工对公司有贡献会获得相应的奖励，而一旦发现员工徇私舞弊，无论其级别高低，阿里集团绝不包庇。

二 廉正合规体系的主要内容

阿里巴巴一直致力探索以坚持公司诚信文化和价值观为基石的合规制度设计和舞弊风险治理体系，勇于创新，逐步建立起一套特色鲜明的廉正合规体系，成为公司诚信文化最坚实的守护者。其主要做法包括以下六个方面。

（一）独立透明的廉正合规管理职能设置

在机构设置上，阿里巴巴集团单独设立一级部门——廉正合规部，专司舞弊调查、预防和合规管理，只向集团首席人力资源官（CPO）汇报，与各项业务保持充分的独立，不受包括集团首席执行官（CEO）在内的任何业务领导干预，其架构体系见下图。虚线部分对应的廉正委员会是由阿里巴巴集团的5名合伙人组成的虚拟架构，如有些案件触及集团企业文化，需上报廉正委员会讨论，该委员会将在公司合伙人层面确定文化基调。廉正合规部的机构设置简单有效，其下设有调查部和预防部两大职能部门，调查部负责案件的调查、跟进、案件事实的定性描述以及改进，预防部负责制度的修正、利益冲突的处理、宣传教育等。廉正合规部还会与阿里经济体各业务板块中的风险控制等相关部门，如菜鸟廉正合规、大文娱风控中心、ARMU风险联盟等进行合作。

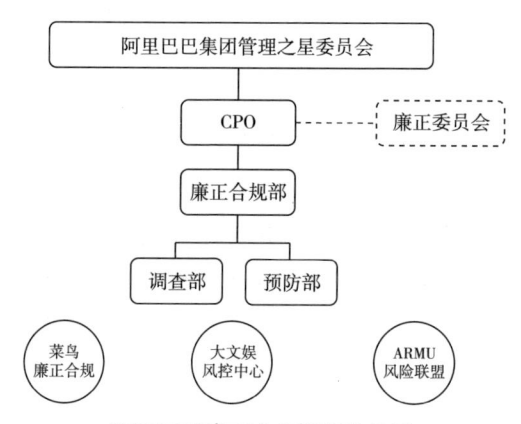

阿里巴巴廉正合规部架构体系

集团授予廉正合规部调查、预防和教育的职能，在职能设置上，考虑分权、监督、救济，防止单个部门权力过大。廉正合规部仅负责调查舞弊案件违规事实，将事实客观还原，并揭示管理风险，然后将调查结果汇报到违规人员所在部门的人力资源部门，廉正合规部没有对违规人员的处罚权。违规人员所在团队的高阶主管和人力资源部门将依据事实、情节做出具体处罚决定并执行，其处罚结果也会反馈到廉正合规部，确保落实到位。每一次案件调查后，廉正合规部都会将调查结果在集团内网发布公告，确保廉正调查的公开透明。同时，集团建立违规处分复议、复核机制，以确保调查结果公正公平。集团合伙人层面成立"廉正委员会"，针对牵涉公司文化等重要问题的廉正事件予以审议与推动，确保诚信文化得到最有力的维护。

廉正合规部的行为也同样受到监督和制约。阿里巴巴集团通过各种渠道收到的举报线索会汇总至专门的后台举报系统，廉正合规部员工对每个线索的处理全程留痕。按照阿里巴巴集团在美国上市的要求，阿里巴巴集团聘请审计委员会作为独立董事，该审计委员会主席拥有举报系统全流程的权限，可以实时查看监督廉正合规部的工作情况。

（二）建立业务线风控联盟，共筑合规防线

阿里巴巴集团板块业务很大，范围很广，而廉正合规部仅有30名员工，为了确保集团廉正合规部能够有效监督整个阿里巴巴集团，需要保证廉正合规部能及时掌握各业务线最新的业务发展趋势及风险管理状况。因此，集团廉正合规部牵头，联合所有业务线自身设置的风险管理团队成立了内部虚拟组织"阿里巴巴风险管理联盟"（Alibaba Risk Management Union，以下简称ARMU），以实现各业务单元间资源及信息共享。每个业务线内部都有1~2名专职的风险管理人员，负责在业务活动、规则制定等方面及时有效防控风险，保证业务健康发展，而防止业务人员贪污、舞弊也是其职责所在。各业务线的风险管理人员会及时把本业务线的风险控制情况与廉正合规部共享。廉正合规部会将从集团层面需要推广的合规文化的内容通过这些风险管理人员及时传递到各业务线。基于这个风险管理联盟，廉正合规部可以随时与公司各业务线取得直接联系，相互提供各类支持，从而统一阿里巴巴集团全经济体内的合规管理规范。

（三）全方位渗透的廉正合规传导体系

廉正合规部通过多种方式将廉正合规理念渗透到整个阿里巴巴集团。一是借助ARMU将廉正合规理念层层传递。为确保将廉正合规理念触达至阿里巴巴经济体的8万员工，廉正合规团队通过借助ARMU的触角去影响集团组织部400余名高阶管理者，再通过高阶管理者将廉正合规理念影响宣贯到7000名基层管理者，进而触及整个经济体的每名员工，层层渗透，不留死角。

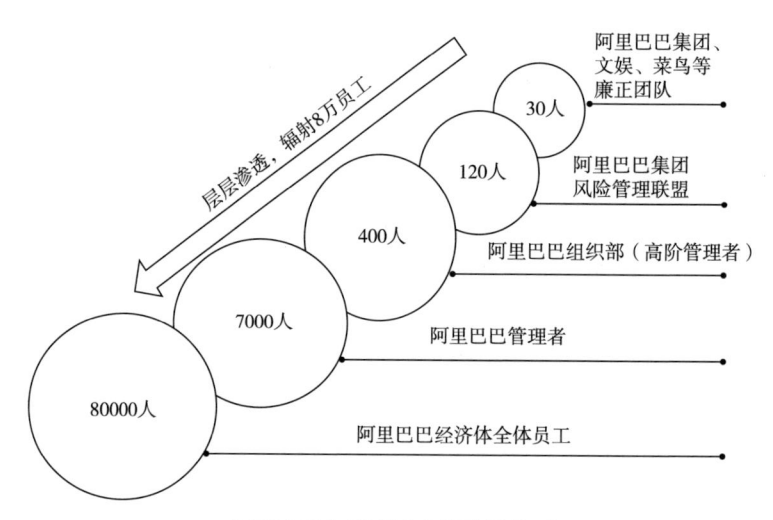

```
                                    阿里巴巴集团、
                              30人   文娱、菜鸟等
                                    廉正团队
                        120人
                                    阿里巴巴集团
层层渗透，辐射8万员工            风险管理联盟
                   400人
                                 阿里巴巴组织部（高阶管理者）
              7000人
                              阿里巴巴管理者
        80000人
                         阿里巴巴经济体全体员工
```

阿里巴巴集团廉正合规传导体系

二是管理者对于廉洁问题旗帜鲜明。在阿里巴巴，凡是与廉洁事件相关的，都是涉及公司文化和价值观的问题。问责权限"上不封顶"，即使是公司最高管理层的行为，在遇到利益冲突、合规性管理等事项时均毫无例外须接受管理。阿里廉正合规部自创建至今，所查处的人员从最底层的操作人员到公司副总裁，甚至管理者责任追至合伙人，任何一起案件都没有受到过管理层的说情或阻挠。管理者对企业文化的坚守和对诚信问题的旗帜鲜明是廉洁工作最有利的组织保障。

三是廉洁诚信融入员工的绩效评价体系。阿里巴巴集团各阶管理者的绩效考核指标的权重为4∶3∶3，其中40%为业绩，30%为带团队，另外30%为推文化，做好廉正合规管理属于推文化中的重要指标，是每个团队管理者的"生命指标"，这一制度设计可以通过正向激励使管理者为提高绩效考核评分和相应收入而提高本部门的廉洁诚信程度。

（四）创设数据化风险防控机制

集团吸取"聚划算"案件带来的沉痛教训，从2013年起，积极尝试将数据化引入业控，降低人工参与程度。基于阿里巴巴集团大数据分析，企业针对每个业务场景和操作行为进行风险控制的模型化监控，且嵌入业务实操系统之中，主动对异常操作和人员风险情况进行预警和阻断。例如营销平台活动的选品，由原来高度依赖人工审核，改造替代为依托后台数据运算的机器选品，最大限度降低人为操作，防控舞弊风险。如果后台人员想要修改机器选品的结果，需要非常充分的理由，且其操作过程全程留痕，便于对其事中、事后监督。近几年来，公司不断加大对各条业务线风险防控的数据化模型建设，员工通过人为干预的自由裁量权很小。这样的机制一方面非常有效地降低了员工借势、借权舞弊谋利的可能性，另一方面也激励商家通过平时的努力提升商品和服务的质量，诚信经营，不售假货，卖消费者喜欢的商品，并通过正当渠道经营店铺。

（五）制定完整的流程机制

阿里巴巴集团制定了详细的制度规范员工的行为。如《阿里巴巴集团商业行为准则》以及相关配套性制度（统称《阿里人守则》），涵盖利益冲突管理、数据安全管理、礼品款待管理、与政府关系规范等方面；《员工纪律制度》明确了违反《商业行为准则》的后果，包括定性问责、处罚尺度、监督救济等，这套制度是对阿里员工违规行为执纪的依据。每一次案件调查后，廉正合规部都会召开"案件风险复盘会"，要求涉事业务方所在部门的管理者共同参加，对案件进行文化管理与业务风控上的回顾剖析，分析是否因存在管理失职、系统性漏洞或者流程性缺陷而造成案发。针对需要进行流程优化的案件，在案件风险复盘会上，各方共同分析问题根源和整改方案，现场确定改进方案、时间节点与责任人，签署"改进责任状"，落实到文字并由业务方高阶管理者现场签字确认，廉正合规部根据时间节点跟进整改进度，直至隐患消除。"案件风险复盘会"机制有利于廉正合规部及时发现阿里巴巴集团内部的制度、工作流程中的漏洞，并修正改进。

（六）开展各级管理者沙龙，分层教育宣传

针对影响较大的案件内容，集团会召集业务方管理者沙龙，通报案件并向管理者传递公司要求和风险预防建议；针对触及公司文化的案件或需要改变高阶管理者风险管理理念的内容，会通过廉正委员会向公司合伙人层面组织公司文化讨论，从公司文化的角度讨论究竟如何选择，自上而下理清思路，统一步伐。阿里巴巴集团对员工廉正合规的宣传和教育贯穿各个环节。在入职时员工签署的劳动合同中就有"阿里集团商业行为准则"。阿里巴巴集团每年会组织一次需要全员参加的合规认证考试，所有阿里人，包括马云先生在内都必须参加并通过考试，确保公司所有人员均对合规管理要求铭刻于心。

三 廉正合规体系的创新亮点及成效

（一）创新亮点

阿里巴巴廉正合规体系化建设有其创新亮点，主要包括以下四个方面。

一是基于大数据建立风险防控、预警机制。随着阿里巴巴集团的业务规模扩大，仅通过传统的管理很难做到面面俱到。廉正合规部从集团中台及内部横向支持团队获得相应的数据支持，通过与业务风控管理团队的合作，了解异常业务指标类型及表现，从而从众多的业务数据中基于模型精准定位，因而在第一时间进行风险预警。基于大数据建立风险防控、预警机制，一方面可以及时发现风险，另一方面可以最大限度降低人为操作，从而有效防控舞弊风险。

二是将廉正合规的宣传和教育内化至公司文化价值观层面，综合多种方式，且行之有效。阿里巴巴通过入职、晋升培训、每年一度全员认证考试、廉正漫画、视频影视作品、"厕所文化"宣传等生动活泼的方式进行廉正合规教育和宣传，使廉洁诚信的观念深入人心。

三是对企业内部的廉正调查不设限，"上不封顶"，具有震慑力。很多其他企业的廉正合规往往针对业务人员，而当发现管理人员的舞弊行为，则需要通过公司高层决定是否调查惩治，人为因素较多，常常会"大事化小，小事花了"。而阿里巴巴集团企业内部的廉正调查不设限，"上不封顶"。这样的机制设计可以杜绝各级员工的侥幸心理，具有很强的威慑力。

四是以仅30人的廉正团队，监督阿里巴巴集团8万员工，效率很高。

综观很多设有合规部、监察部等的很多企业，其部门员工往往数量多，达上百人，阿里巴巴集团的廉正合规部仅有 30 名员工，却能有效防范集团内部的廉正风险，效率很高。其做法包括建立各业务线风控联盟、数据化风险防控机制、将廉正内化到员工绩效考核指标体系、开展各级管理者沙龙等。

（二）取得的成效

阿里巴巴的廉正合规建设，取得了明显成效。

一是有效打击公司舞弊行为，为公司挽回损失。阿里的廉正合规体系搭建至今，始终以捍卫公司文化为己任，每年打击舞弊案件近 200 起，有效地对公司舞弊风险进行控制，为公司挽回损失可以亿元计算。

二是提升企业形象。在近几年的内、外部廉正合规调研中，大家对阿里平台的廉洁认同感持续提升。以 2015~2017 年阿里巴巴针对平台商家开展的问卷调查为例，越来越多的企业了解阿里巴巴内部一直在开展反腐败工作，且绝大多数电商认为阿里巴巴的反腐有效果，越来越多的电商认为阿里巴巴员工是廉洁的，并且受此影响，电商对整个电商圈的廉洁程度评价都在上升。这表明通过廉正合规部几年的努力，阿里巴巴集团推行廉正合规，其员工廉洁正直的形象逐渐被公众认可。

三是从长期来看，带来了经济利益。当阿里巴巴集团出现舞弊行为而被诉诸法律，虽然短期会有负面影响，导致当期收益受损、股市震荡等，但是困难期过后，其企业形象逐步改善，并带来了长期、健康、可持续的发展。近几年来，阿里巴巴集团每年都保持 40% 以上的增长速度，在如此体量大的情况下仍然可以高速增长，可见发现并惩处员工的舞弊行为并未影响其发展。此外，阿里巴巴集团于 2014 年在纽约证券交易所正式挂牌上市。阿里巴巴集团之所以能够通过美国资本市场监管者对上市企业的诸多严苛法律法规如萨班斯法案的考验，从而吸引大量海外投资，廉正合规体系化建设的工作功不可没。阿里巴巴的经验证明，企业对集团内部的贪污舞弊行为开展调查，不仅不会损害企业的利益，还有利于企业长期、可持续发展。

阿里巴巴廉正合规体系化建设之所以取得如此效果，是因为遵循了腐败治理的普遍规律。根据预防腐败理论，腐败行为的产生是由两方面因素决定，即腐败动机和腐败机会。其中，腐败动机是主观因素，是人的原因，如人性的贪婪、内心需求等，而腐败机会是客观因素，与制度相关，如制度缺乏激励、制度有漏洞等。因此，要想治理腐败应当降低腐败动机，并且减少腐败机会，从而有效遏制腐败行为的发生。具体则需要通过惩治、教育和预防"三管"齐下：通过惩治，可以打击腐败行为，同时起到威慑作用，降低人们腐败的动机；通过教育可以减少人的主观因素从而降低腐败动机；通过制度预防，可以降低腐败机会。综观阿里巴巴廉正合规体系化建设的各项创新，如利用大数据建立风险防控、预警机制，可以最大限度地减少腐败机会；将廉正合规的宣传和教育内化至公司文化价值观层面，将廉正合规贯穿到员工在阿里集团的整个成长过程，这样的措施可以有效降低腐败动机；而对企业内部的廉正调查不设限，"上不封顶"，既可以打击腐败行为，又能够减少腐败动机。因此，阿里集团的廉正合规体系化建设能够持续不断地发挥作用，有其必然性。

四 廉正合规体系化建设的可持续性

阿里巴巴作为一个市值5000亿美元的企业，其业务涉及诸多行业以及产业链上的各个环节，并且在电商、文娱、云计算、本地生活等行业中均有较高的市场份额。它带头竖起反舞弊、反行贿的旗帜，可以促进产业生态的净化，其重要程度不言而喻。在项目受益人座谈中，来自阿里巴巴集团旗下的菜鸟网络科技有限公司的员工提出：

菜鸟网络科技有限公司构建物流数据平台，将国内绝大多数的快递公司（如申通、圆通、中通、韵达、宅急送等）以及相关金融机构共同组成"中国智能物流骨干网"。在与供应商合作之初，菜鸟集团的员工（店小二）会与供应商讲清楚，如果想并入菜鸟物流网络，哪些事情能做，哪些不能做。一旦发现供应商与店小二存在舞弊行为，小二会受到辞退处理甚至移送司法处理,而供应商则被列入黑名单,(菜鸟网络科技有限公司)不再与之合作。这样的制度也影响到了整个物流行业,降低了舞弊的概率,也降低了物流成本。阿里巴巴的目标不仅要"让天下没有难做的生意",还要"让天下的生意风清气正"。

阿里巴巴廉正合规部自成立以来一直在发挥作用,且反舞弊的力度不减,可持续性很高。该部门会根据每年公司发展战略调整工作重点。制定年度廉正合规管理"策略",每年工作有所侧重,有的放矢。根据每年公司发展战略,结合风险预警地图,廉正合规部每年制定当年策略目标,并将策略目标分解到全年工作之中。确保廉正合规工作围绕公司文化和发展战略有所侧重的开展。

廉正合规部成立之初,其工作以基础性工作为主,如开展内部调查,调查内容要在内部进行实名公告,以确保公开透明,并且搭建内部合规系统。到2012年,该部门的工作重点为重点打击,推进司法处理,通过调查处置大案要案,起到对员工的警示威慑作用,"聚划算"案件就是在这一年被调查后移送司法机关的。2013年,鉴于只是调查案件无法从源头根除集团内部的贪污舞弊现象,这一年廉正合规部的工作重点进一步调整为调查、预防、教育"三管"齐下,将风险防控前置,让集团员工了解集团对员工的要求,预防腐败发生,而非事后调查惩治,此外,通过风险识别以及对重点案件查办事后的风险复盘,廉正合规部得以及时发现系统中的问题,工作流程、制度中的漏洞并及时改进。2014年,廉正合规部的工作重点转为绘制集团内部的"廉正风险地图",推动廉正合规部与集团内部各业务线的相关人员(如各部门的人力资源部门,以及风险管理联盟等)内部联合。2015年,廉正合规部开始依托阿里巴巴集团内部的大数据开展调查,通过对各业务线员工行为做数据化的分析,发现异常操作,异常数据达到一定规模就会及时反馈到廉正合规部,从而第一时间防控风险,这一年,关于廉正、合规、诚信等内外体系化宣传也是工作重点之一。2016年,廉正合规部的工作重点:一是"打防结合",强调风险预防的重要性;二是集团的管理人员提升风险管理意识,以及数据驱动管理。2017年,廉正合规部的策略调整为"赋能业务管理",使管理者了解其可以用来防控风险的工具和手段,并给予管理者相应的数据支持,提高其风险管理的能力。打防管控一体化和管理者责任依然是当年的工作重点。综上所述,廉正合规部能够根据环境和形势及时调整部门的工作重点和策略,是其成立多年以来能持续发挥作用的重要原因。

阿里巴巴集团发展迅速,对其他公司投并购已成为常态。阿里巴巴集团在选择投并购公司前,廉正合规部也会充分考虑其文化价值观和内部风险控制体系能否与阿里巴巴集团融合,将合规风险控制进行前置。对于企业文化存在差异的被投公司,廉正合规部设定不同的对接方案进行制度、流程、机制方面的逐步统一,确保被投公司在文化底线上与阿里巴巴的一致性,但允许存在具体控制措施上的差异性。因此在阿里巴巴集团不断扩张中,仍能保证集团整体的文化底线一致。

此外,在阿里巴巴集团不断全球化的过程中,对员工的廉洁诚信要求是阿里巴巴不变的文化底线。在全球化过程中,海外商业交际礼仪与国内存在较大差异,海外人员在公司文化方面的理解也与国内员工不同,以及各国法律标准的区别化等问题,廉正合规部会联合国际法务、海外人力资源团队以及海外组织文化建设团队,在确保底线要求不变的情况下,对具体执行方式做了区别化对待,更利于海外员工接受和理解。这些要求同样内化在新员工入职的员工手册和年度认证考试之中。

"有效最低价"：
合肥市招投标评审体系的渐进创新[*]

> **颁奖词**
>
> 安徽公共资源交易集团有限公司的工程施工招投标评审体系创新——"有效最低价"，针对公共资源招投标不同阶段的实际难题，对评标办法进行了改良与优化，融合了"综合评分法"与"经评审的最低价法"的有利因素，进行了因地制宜、因时制宜的混合创新。此举既实现了好中选优、优中选廉，还在制度层面压缩了腐败空间，实现了招投标领域中的腐败预防和透明公开。

公共工程建设领域由于投资额度巨大、建设环节纷繁等原因，历来都是腐败的易发区和高发区。在这些具有潜在腐败风险的环节中，招投标是极为重要的一环，直接决定着工程项目管理单位和承包商的归属，并间接对材料采购、分包管理、质量控制等后续环节产生影响，因此，招投标这一环节的腐败风险防控至关重要，其中，对最终招标结果产生决定性影响的招投标评审，成为遏制腐败现象、推进廉洁治理的有力抓手。

由安徽公共资源交易集团（以下简称"交易集团"，其前身先后为合肥招标投标中心、合肥公共资源交易中心）探索、发展并不断完善的"有效最低价"，以国际通行的"经评审的最低价法"为基底，针对合肥市公共资源招投标中不同阶段出现的、以"人为干预"和"恶意低价中标"为

---

[*] 作者简介：李论，清华大学廉政与治理研究中心博士研究生。

代表的实际难题，创新性地对评标办法进行了改良与优化。其融合了"综合评分法"与"经评审的最低价法"的有利因素，除经典的最低价法外，逐步探索出了以清单详细评审法、总价中位值法、三阶段评审法和信用折算法为代表的创新性评审办法，就此形成了独具特色的招投标评审体系。"有效最低价"实现了因地制宜、因时制宜的混合创新，有效地抑制了招投标评审过程中的腐败风险。

一 "有效最低价"的实施背景

"有效最低价"作为一项对国际通行的"最低价法"的改良创新，源于创新主体对合肥市工程建设发展状况的动态把握与精准评判，客观条件因素与主观能动因素的交会，促成了"有效最低价"的诞生。

一方面，合肥市的"大建设"城市发展战略对工程建设招投标提出了新挑战与新要求。2005年7月4日启动的合肥市"大拆违"行动，通过1年多的清理整治，共拆除各类违法建设用地1300万平方米，奏响了合肥"旧貌换新颜"的序曲，也就此拉开了合肥市"大建设"时代的序幕。2006年，合肥市的基础设施建设渐入高潮，建设改造涉及全市三县、四区、三个开发区以及滨湖新区，以金寨路高架为代表的综合交通工程建设逐步落地，除综合交通工程外，合肥市的"大建设"还涵盖了环境整治、园林绿化、水电气公用事业、保障性住房等共计九大类的工程项目建设领域，2006年合肥市基础设施建设投入达90亿元。

在"大建设"如火如荼的推进过程中，众多的公共工程建设项目与庞大的公共建设资金流，为基础设施的升级改造提供了前所未有的契机，但同时也为项目招投标、材料设备采购、工程施工管理和征地拆迁安置等环节中的腐败隐患提供了可乘之机，如何防范上述环节中的腐败风险，成为合肥市发展建设过程中亟待攻克的难题。鉴于此，为防范并控制招投标环节中的腐败风险，合肥市委、市政府于2006年出台了《合肥市招标投标监督管理办法》，明确规定将合肥招标投标中心作为全市统一的公共资源招标投标交易平台，负责具体交易的操作、统一代理招标事宜，并提出建设工程项目应实行"有效最低价"中标，由此开始了对"有效最低价"这一招投标评审方法的探索与完善。

另一方面，"有效最低价"的探索者与直接施行者安徽公共资源交易集团，也在合肥市委、市政府的大力支持下，在合肥市公共资源交易监督管理局的业务指导与监管下，充分发挥自身的主观能动性，优化改良了传统的招投标评审办法，逐步发展了具有"合肥特色"的"有效最低价"。

综合评分法和经评审的最低价法是国内工程建设领域中被普遍使用的招投标评审办法，这两种方法各有优劣：①综合评分法能够更好地选择优秀施工队伍、有效地防止恶意低价中标，但也受制于人为因素的干扰，如招标条件存在倾向性、评委权力过大、透明公开性较低等；②经评审的最低价法有利于最大限度节约资金，提高企业经营管理水平，体现招投标公开透明，但也存在恶意低价中标和难以体现优质优价的短板。由交易集团所进行的廉洁创新"有效最低价"就是一项试图弥合前述两种招投标经典评审办法的混合创新。"有效最低价"的基本雏形建立在经评审的最低价法的基础之上，在继承该方法优势的同时，也融合了综合评分法中的有利因素。

"有效最低价"是公共工程建设项目对招投标的客观挑战与公共部门控制腐败风险的主观应战二者相结合的产物。在"有效最低价"的渐进式发展过程中，均具有明晰的问题导向，每一次改良都是一次对既有评审方法的"破而后立"。随着时间的推移与客观实际的变化，曾经"管用""好使"的评审办法被投机者、意图腐败者找到了漏洞，腐败风险再次滋生，而为了克服既有办法逐渐暴露出的缺陷，只能找准漏洞，持续革新。因此，与其说"有效最低价"是一套精巧非凡的"精密仪器"，不如说它是一张渐进更新、凝结着创新者勇气担当与独到智慧的"百纳被"。

二 "有效最低价"的发展历程与创新内容

"有效最低价"招投标评审体系的改良创新历时10年，可根据其不同时期所面临的挑战难题而将渐进优化的历程划分为三个阶段。

（一）初始阶段：2007~2010 年

初始阶段对于招投标环节中腐败风险的遏制与规避主要体现于组织体制与工作机制的改革之中，强化了"统一平台、统一进场、统一规则、统一监管"的原则，明确将全市涉及招投标业务的执法权集中委托给合肥市招标投标市场管理局（后为合肥市公共资源交易监督管理局）统一实施，并由合肥招标投标中心（后为合肥公共资源交易中心、交易集团）作为统一的招投标交易平台。在具体的招投标评审办法上，主要沿用国际所通行的最低价法，即经评审的最低价法，在资格审查、技术标、商务标规范性等均通过的前提下，低价优先，最低价中标。

（二）发展阶段：2011~2016 年

在这一阶段，合肥市公共工程建设市场的情况与条件持续发生变化，为应对市场变化、防范腐败风险，交易集团根据客观实际，结合自身需求，先后创新研发出了清单详细评审法、总价中位值评审法和三阶段评审法，就此形成了"有效最低价"的评审体系雏形。

1. 清单详细评审法

2010 年以来，市场资金面趋于紧张，投标人竞争趋于激烈，中标降幅越来越大，个别项目出现低价中标后不履约现象，为了应对恶意低价中标问题，交易集团于 2011 年创新研发出了清单详细评审法——在不改变资格、技术标符合性评审的基础上，对商务标报价中材料、子目报价、措施费、人工费等结合控制价和平均报价进行详细评审和偏差分析，累计偏差超过规定值的判为无效。通过这一办法，投标人的报价趋于理性，投标降幅回归基本合理的状态。

2. 总价中位值评审法

创新并非一劳永逸，事物总是不断变化的，及至 2014 年，随着投标人对评审办法越来越熟悉，清单详细评审法中评审要素过多、易受人为干扰和作假的弊端逐渐显现，在一些招投标项目上，出现了数据干扰和具有围标嫌疑的现象。为了解决新问题，交易集团再次进行了改良创新，研发出总价中位值评审法——取所有投标人总报价为计算基数，进行中位值计算，并乘以规定的下浮系数，计算出投标总报价的有效值并将其作为标准线，投标总报价低于有效值的判为无效，报价高于有效值的且经过资格、技术标、商务标规范性等资格性审查的投标人，进入最终的价格竞争，最低报价者即为中标人。总价中位值评审法在避免恶意低价中标的同时，最大限度地对投标报价干扰数据进行了修正。国内其他地区多采用平均价法，在该方法下，当干扰数据达到总投标单位数量的 1/3 时，就会对评标产生大幅度的干扰。总价中位值评审法在数学建模与经验数据的支撑下，在干扰数据达到 70%~80% 时，仍能有效地对数据进行模型修正，进而抑制围串标的影响；当干扰数据超过 80% 而无法进行修正时，按照评审条款，评委会完全可以凭借经验判断做出决议，判定该项目流标并提交监管部门进行围串标调查。此外，以总价中位值评审法作为评审办法的项目开标后，投标人可以自行计算出作为标准线的有效值，有力地保障招投标的透明与公开。

3. 三阶段评审法

2015 年，合肥市轨道交通建设驶入快车道，但也就此产生了新的难题：以轨道交通建设项目为代表的重大复杂工程，如何在规避腐败风险和实现充分市场竞争的前提下，凸显出投标人的技术优势，从而遴选出具有足够胜任力的施工单位来承担高难度的施工项目？为此，交易集团又探索出三阶段评审法——在完成第一轮的资格初审后，开展第二轮的技术标综合评分，并根据技术标的得分顺序，选择技术方案优秀（技术标得分达到规定分值）、市场信誉良好的一定数量的投标单位进入第三轮的、最终的商务标价格竞争，且上一轮的技术标评分仅作为最终入围价格竞争的条件，入围单位仍通过价格竞争来确定最终的中标者。三阶段评审法是对综合评分法和经评审的最低价法的混合创新，在充分体现最低价法价格竞争、公开透明的基础上，吸纳了综合评分法选优选强的优势，实现了抑制腐败、节约资金和选优选强的三重效果。

（三）体系化完善阶段：2016 年至今

2016 年以来，随着各行业管理部门信用评价的逐步建立，交易集团又将信用评价引入"有效最低价"评审体系之中，进行了信用折算法的创新——对信用优良的单位，在技术标评审环节给予其加分并优先入围，在商务标评审中给予其报价折算，并根据折算后的价格重新确定中标排序，以达到优先中标的目的。信用折算法体现了优质优价、信用优先的导向，实现了建筑现场与招投标市场的两场联动。

至此，"有效最低价"的评审体系基本形成，以最低价法、清单详细评审法、总价中位值法和三阶段评审法这四大类评审办法为支柱，并辅之以信用折算法来贯穿其间。"有效最低价"评审体系的核心在于：不论何种项目，不论招标条件如何设置，最终均须通过价格竞争来决定是否中标，但满足这一要求还只是"最低价"，尚缺"有效"作为限定——这并不是单纯的低价中标，在保证充分的、公平的市场竞争外，还必须结合不同类别的招标项目的特性与实况，有针对性地采用招标评审办法，使得"有效最低价"的每种评审办法既可独立应用，也可有机组合。具体地来讲，对于技术简单的土方类、小型项目，以及同台竞争的邀请招标类项目，将直接采用最低价法，通过价格竞争确定中标单位；对于技术较为复杂、标后变更可能较大的项目，将采用清单详细评审法来规避不平衡报价和恶意低价中标；对于采用常规技术、标后变更可能性小、可采用总价合同的中型项目，为解决成本价判定问题和围串标隐患，将主要采用总价中位值评审法；对于技术特别复杂、资金流庞大的重特大项目，将采用三阶段评审法；信用折算法将与前述四大类支柱性评审办法有机结合，作为参考依据或以加分项嵌入其评审内容之中。

三 "有效最低价"的创新成效

一项制度创新的生命力取决于受该项创新影响的各方主体从新的制度安排中持续受益，或即便短期内利益受损也能得到适当的补偿。"有效最低价"所涉及的利益相关方有作为委托人的招标人、作为被委托人的投标人以及作为招标代理和创新供给方的交易集团，而"有效最低价"作为一项招投标评审制度的改良创新，以良好的创新实效实现了上述三方利益主体的共赢。

(一) 市场效能强,让招投标双方受益

1. 节约公共建设资金

交易集团的主要委托人是使用公共工程建设资金的公共部门与相关单位,而"有效最低价"通过充分的市场竞争为诸多招标单位节约了大量的公共建设资金。自 2007 年合肥市迈入"大建设"时代以来,合肥市建设工程招投标年度总概算随着城市的发展而逐年攀升,随着概算金额的激增,"有效最低价"所发挥的节约公共建设资金的效用也因"水涨船高"而愈发凸显。近 3 年来,依托于"有效最低价",公共工程项目的建设资金得到了大量的节约,仅 2015 年至 2017 年这 3 年间就累计节约公共建设资金 1217.09 亿元。

交易集团招标代理工程项目的交易状况(2015~2017 年)

年份	项目数(个)	交易额(亿元)	成交额(亿元)	节约资金(亿元)	平均降幅(%)
2015	1697	710.00	449.0	261.00	36.76
2016	2543	1090.41	685.9	404.51	37.10
2017	3151	1500.09	948.5	551.58	36.77
合 计	7391	3300.5	2083.4	1217.09	—

上千亿元的资金节约背后,是"有效最低价"鼓励市场竞争、激发市场活力、提升市场效率的出色效能。作为招标单位,合肥市公路管理局的一次招标经历,即可视为"有效最低价"通过市场竞争节约公共建设资金的注脚:合肥市公路管理局曾委托交易集团对"G329 合相路一期(石塘路至塘林)绿化工程"进行招标代理,该项目于 2018 年 3 月 27 日开标,项目的总控制价为 1358 万元,最后的总中标价为 592.24 万元。目前,该工程项目已经顺利完成,质量验收合格。原计划投入 1000 余万元进行工程建设的项目,通过"有效最低价"的市场竞争,使得投标单位为了中标盈利,一方面努力提升自身的建设技术、降低供给成本,另一方面挤除工程建设中的"多余水

分"并适度降低投标单位既往过高的利润率,最终有效地节约了公共建设资金——该项目以不到原有总控制价一半额度的中标价得以中标施行,且无损于工程质量,这有力地佐证了"有效最低价"突出的市场效能。

2. 营造公平竞争、透明公开的市场环境

对于投标人而言,"有效最低价"的施行有效地遏制了恶意低价中标、数据干扰、围标等违规乱象,创设了公平竞争、透明公开的制度环境,让市场的力量发挥基础性作用,有力地维护了市场秩序,保障了投标人的合法权益。

安徽交通建设股份有限公司(以下简称"安徽交建"),作为一家主营交通工程建设业务的投标单位,曾参与了交易集团所代理的多个公共工程项目的投标,并先后经历了最低价法、清单详细评审法以及总价中位值评审法应用下的成功中标与项目实施,其投标与中标经历可视为"有效最低价"动态调整、渐进创新的一个缩影:2009年8月,合肥市裕溪路高架桥工程以最低价法进行评审并开标,安徽交建中标,工程概算为35600万元,实际中标价为23473.76万元,降幅约34.1%,工程交付完成后,安徽交建的利润率基本为零;2010年12月,合肥市包河大道高架工程一、三标段以清单详细评审法进行评审并开标,安徽交建中标,工程概算为5亿元,实际中标价为34965.88万元,降幅约30.07%,工程交付完成后,安徽交建的利润率约为6%;2016年9月,长江西路与沿线道路立交工程以总价中位值评审法进行评审并开标,安徽交建中标,工程概算为49000万元,实际中标价35540.72万元,降幅约27.5%。目前工程处于收尾阶段,利润率有待最终测算,预估在7%~8%。

2009年成功中标的项目,对于安徽交建而言,利润率基本为零,这意味着此次中标是投标单位经过激烈的低价竞争后的一次惨胜,在其背后也反映出原有的最低价法遭受着恶意低价中标的威胁,并存在激烈价格竞争下投标单位利润率过低、难以为继的隐患。而在初次改良创新后,旨在抑制恶意低价中标的清单详细评审法就为中标的安徽交建带来了6%的利润率,维护了投标单位的合理利润。此外,经过二次改良创新的总价中位值评审法不仅保证了投标降幅处于合理幅度,还进一步强化了招投标的透明公开，更好地排除了人为干扰因素，使得诸多市场主体，尤其是投标单位，享受到公平竞争的市场环境所带来的红利。

（二）选优择强，让招标人满意

"有效最低价"虽然遵循"低价优先"的市场原则，但低价并不等同于低质，"有效最低价"的出色特质还在于"有效"：通过评审程序与评审技术的优化创新，一方面通过公开有序的市场竞争，将项目的中标价控制在合理的、投标单位可接受的范围之内；另一方面仍然能够将那些具备施工技术优势、以质量为先的优秀投标单位遴选出来，实现对投标单位的选优择强，并间接保障项目的质量过硬，从而以优质优价让招标人满意。

合肥市从2007年开始实行有效最低价，11年来所有国有投资的建设工程施工项目均采用"有效最低价"的评审办法，在严格的质量控制下，万余个项目没有出现一例重大质量安全事故，且有相当多的项目荣获国家、省市级质量奖项。2008年合肥市徽州大道南段一期工程、2012~2013年度合肥市畅通一环四里河立交桥工程、2016~2017年度合肥滨湖新区方兴大道（包河大道—福建路）工程、安徽名人馆、合肥枢纽南环线合肥南站工程5个项目均获得中国建筑行业工程质量最高荣誉"鲁班奖"，见证了"有效最低价"选优择强的质量实效。

（三）创新供给方获得持续激励

作为"有效最低价"的创新供给方，交易集团也得到了持续的激励，其对"有效最低价"的渐进改良得到了上级与社会各界的肯定。2010年7月，时任监察部副部长郝明金在调研时指出："合肥通过大刀阔斧地改革创新，走出了一条特色的招投标之路。"2010年10月，时任中央政治局常委、中央纪委书记贺国强对安徽省纪委调研文章《安徽在城市建设领域创新公共权力监管模式有效遏制腐败》作出批示："工程建设领域突出问题专项治理中，可总结安徽省的做法。"2015年10月，国务院总理李克强在考察安徽合肥公共资源交易中心时，盛赞合肥公共资源交易"网下无交易、网上全公开"。2016年10月，安徽省委书记李锦斌在省第十次党代会上的报告中指出，安徽省公共资源交易监管体制改革走在全国前列。交易集团凭借"有效最低价"的出色效能获评由中国土木工程学会颁发的"2016~2017年度全国建设工程招标代理企业先进单位"。

上级领导的肯定与社会层面的赞许为交易集团的持续创新提供了支持与鼓励。交易集团由此获得了足够的激励，促使其不断通过制度创新来解决招投标评审中涌现的新问题，抑制形式多样、变种繁多的腐败风险，赋予"有效最低价"以持续创新、不断自我突破的活力。

四 "有效最低价"的创新意涵

交易集团所逐步完善更新的"有效最低价"，其初始思路与框架虽然取自国际通行的"经评审的最低价法"，并非其独创和原创，但交易集团结合中国公共工程建设领域的招投标实际进行了改良与优化创新。在原有的国际通行做法之上，"有效最低价"结合不同阶段的工作难题与评标乱象，创新性地对评标办法进行了改良与优化，融合了"综合评分法"与"经评审的最低价法"的有利因素，实现了公平公正、充分有效的市场竞争与选优择强的统合，并由此产生了多方面的创新意涵。

（一）因时制宜

在"有效最低价"发展的三个阶段中，每一个发展阶段之初，都面临着由市场环境变化所带来的新问题与新挑战，就此形成倒逼创新的压力，而"有效最低价"的创新主体每每都能迎难而上，审时度势，创新研发出能够有效解决实际难题、适用于具体情况的招投标评审办法。正如曾经历过不同评审办法、项目利润率前后出现显著变化的投标单位安徽交建所言：

> 我认为（交易集团）它最好的一点就是能够一直解决新问题，而且听得进反馈意见，能够动态修正……这也是我们第一个项目虽然没挣到什么钱，但后来依然愿意相信"有效最低价"，愿意继续在这一评审办法下积极投标的原因。

"有效最低价"始终面临着"恶意低价中标"与"人为干预"这两方面富于张力的撕扯——过于充分,以至过度的市场竞争易诱发"恶意低价中标",但所谓的"经验性评判"也易滑向"人为干预"。"有效最低价"蓬勃的生命力与创造力也正在于其因时制宜的动态修正,在不同的发展时期,"有效最低价"基于合肥市的公共工程发展实际以及招投标评审的具体状况,以渐进的方式对既有的评审办法做出了调整与优化,在这一尝试与探索的过程中,逐渐积累了足够的经验,就此找到了市场竞争、公平公正与选优择强这三者间最佳的交汇点与平衡点。

（二）以创新红利回应非议、弥合分歧

"有效最低价"的改良创新,绝非一帆风顺,每一次优化改良以及不同发展阶段间的过渡转接,都遭遇了来自不同方面的非议。

小部分招标单位存有微词。"有效最低价"的一个突出功用在于通过充分的市场竞争节约建设资金,然而,部分招标单位在"预算政治"与扭曲的公共建设资金投入观念的错误影响下,有极强的"花光财政预算"的动机,此时"有效最低价"的"省钱"反而成为其财政预算消费的阻碍。此外,一些本就具有腐败动机的招标人,更希望结合自身的主观既定偏好来选取与之利益相关的中标者,然而"有效最低价"由于能够较好地排除人为干扰因素,也使得一些腐败者的如意算盘落空。

投标单位也有不小的抱怨。以往,公共工程建设是人人垂涎的"肥肉",投标单位对此一般持有很高的利润预期,然而随着"有效最低价"的全面铺开,充分市场竞争在为招标单位节约公共建设资金的同时,也压缩了投标单位的利润空间,这意味着原本的"肥肉"变成了去除油水的"瘦肉",从短期来看,投标单位的既得利益受到了损害。

上述这些部分招标单位与投标单位的抱怨将会被一些本就心怀不轨的反对者以"低价导致低质""诱发恶意低价中标"等冠冕堂皇之词表现出来,并作为抨击"有效最低价"的理由。对此,交易集团在合肥市委、市政府的强力支持下,顶住压力,持续改良创新,最大限度地发挥出"有效最低价"的效用——通过方法优化,抑制"恶意低价中标",并通过方法设计使投标单位在合理的利润预期与空间下真正赚到钱，以公平合理、持久有效的创新红利来激浊扬清，重塑合理的利润预期。此外，党的十八大以来"无禁区、全覆盖、零容忍"的反腐败斗争有力地推动着招标单位责任观与廉洁观的转变，招标单位廉洁责任的凸显以及对腐败风险的积极控制，同"有效最低价"排除人为干扰、抑制腐败风险的功用相得益彰，由此，"有效最低价"的廉洁红利也得到了招标单位的认可。

（三）开放包容的混合创新

"有效最低价"从来都不是空中楼阁，它是一种基于既有经验和评审模式的混合创新，通过吸取传统通行的"经评审的最低价法"和"综合评分法"的经验，进行优势互补与劣势弥合，最终更好地服务于招投标评审的公平竞争、成本控制与选优择强，并由此间接抑制了招投标环节中的腐败风险。

这种混合创新的特质也就此赋予了"有效最低价"持久的开放性和包容性，使其得以不断纳入新的组织程序与评估技术来对招投标评审进行创新，最终实现"4+1"类评审办法的协调统一与体系化，即以最低价法、清单详细评审法、总价中位值评审法和三阶段评审法四大类评审办法作为支柱，并灵活配用信用折算法。一方面，每一次改良创新、每一类新的评审办法的创设与引入，都是一次组织程序的改良调整或新型评审技术的发展应用，体现了"有效最低价"极佳的开放性与包容性，能够将新方法兼容并蓄地吸纳进既有体系之中，为我所用；另一方面，这种吸纳并不是简单机械的"拿来主义"，这些由新程序、新技术所支撑的新方法在并入"有效最低价"招投标体系的过程中都不同程度地进行了适配化的处理，使其通过合适的"接口"同既有的招投标评审办法相匹配，从而协调统一地存在于"有效最低价"这个招投标评审体系之中，为招标人提供了丰富且开放的选择。

五 "有效最低价"的前景展望

"有效最低价"的重点创新举措在于评审组织程序的优化与评审算法

的建模计算，这两项创新内容都不同程度地显现出了较好的可复制性，使得同样从事招投标评审的其他单位主体能够以较低的成本进行创新项目的学习、模仿乃至二次改良。"清单详细评审法"和"三阶段评审法"主要涉及组织程序的调整安排，在领会其组织程序安排的主导思路之后，即可进行程序上的模仿与组织上的协同，模仿主体还可以根据本单位的实际情况与需要进行调适处理。此外，尽管"总价中位值法"的核心技术涉及需要较高研发成本的数学建模、算法搭建以及本地经验数据的录入，但是模型与算法一旦建立完毕，就可通过与软件公司的合作运营维护，以算法软件的形式经由"输入—输出"的模式来大大简化模仿者及其他使用者的成本，由此既具有潜在的规模效益，也因为其他模仿主体本地经验数据的录入而支撑了创新扩散的因地制宜，展现出了良好的可复制性。

凭借着出色的创新成效与良好的可复制性，"有效最低价"已经由"合肥模式"升格为"安徽做法"，作为标准做法被列入《合肥市公共资源交易管理条例》和《安徽省省级公共资源交易综合管理办法》之中。目前，安徽省属建设工程进入安徽合肥公共资源交易中心的施工项目已全面采用"有效最低价"评标办法，安徽省内的马鞍山、安庆等市的通用项目也已全面采用"有效最低价"的模式，省内其他地级市则广泛地应用了"有效最低价"中的总价中位值评审法和三阶段评审法。

此外，"有效最低价"的影响辐射范围还在向省外扩展，众多安徽省外的省市县区级单位学习考察"有效最低价"。据统计，2015年，以福建省公共资源交易中心、湖北省公共资源交易中心、云南省公共资源交易管理局为代表的115家单位前来学习；2016年，以湖南省公共资源交易中心、广东省公共资源交易中心和宁夏回族自治区公共资源交易管理局为代表的155家单位前来考察；2017年，以山西省公共资源交易中心、新疆生产建设兵团公共资源交易中心和江苏省公共资源交易中心为代表的158家单位前来观摩。几百家同行单位的考察学习，既反映出其他省市的兄弟单位对"有效最低价"创新实效的认可，也为"有效最低价"的跨省扩散和推广创造了条件。

"有效最低价"是"挑战—应战"这一互动过程所催生的渐进式改良

创新，其起源特质决定了它将是一个开放的、不停歇的、不断动态优化的招投标评审体系。当前，"有效最低价"正立足于招投标评审环节，积极探索着与工程建设项目后期履约与监管等流程环节的通路与接口，期望由此能与工程建设的其他环节相贯通，形成监督合力。此外，目前我国的信用评价体系处于初创时期，仍然存在相当程度的采集困难与信息壁垒，这为信用折算法中信用评价的应用带来了阻碍，面对这一挑战，"有效最低价"的创新团队积极研究新的解决办法：在招标文件的合同条款中增加刚性条款，必要时推行折价验收，大幅提高履约不到位的企业的违约成本，将其整体成本提高到与良好履约的优秀企业同一水平线上，从而在一般项目上进一步凸显优秀守信企业的相对优势。

三只松鼠：
"互联网+"时代的廉洁体系综合创新[*]

> **颁奖词**
>
> 三只松鼠股份有限公司所创设的以独立反腐败机构"松鼠廉署"为核心的廉洁治理体系，履行了廉洁教育、廉洁调查、廉洁监察和廉洁文化推广的职能，在组织机构、用人策略、执行操作和文化推广这四个方面进行了创新。通过廉洁治理体系综合创新，既为民营企业的廉洁治理提供了范本，也为互联网时代下新商业文明对陈规陋习进行扭转与净化积累了经验。

一 "互联网+"时代企业廉洁体系的创新背景

随着经济快速发展，中国传统的食品行业竞争激烈，但也存在一些商业陋习。相比于较为新近的核心技术、人力资本，涉及大量成本投入的采购供应长期以来并未受到足够的重视，随着企业的发展，企业对成本控制、廉洁建设的要求逐渐提高，采购环节才逐渐成为企业抢占市场、生存与成功的决定性环节。采购环节是保持企业平稳运行的关键，并且对成本控制起着重要作用，从某种程度上来说，企业采购成本的投入会影响其整体运营及获取的最终利润。当前的很多食品产业链中，采购业务内部控制执行力的不足，导致采购业务存在漏洞，给一些存有私心的员工或管理者等提供贪污受贿的机

---

[*] 作者简介：董昊，清华大学公共管理学院硕士研究生；李论，清华大学廉政与治理研究中心博士研究生。

会，严重影响了企业内部的健康运行。在与合作伙伴的对接过程中难免遇到一些行业"老手"，他们既是传统行贿式合作的受益者同时也是受害者，他们奉行"搞定老板，就能搞定订单"的潜规则，有时甚至触碰廉洁红线，与公司的廉洁文化存在严重的观念分歧。有些采购管理人员收受供应商的钱物，为其劣质产品采购过程提供方便；有些企业采购的原始食材长期由一家供应商提供，且采购价格明显高于市场平均价，存在隐秘的利益输送。"发红包""吃回扣"等潜规则的盛行，为采购环节腐败行为的滋生提供了温床，不仅败坏企业经营风气、破坏企业内部团结，对企业造成极大的经济损失，更可能直接触及消费者的切身利益，为食品安全埋下重大的安全隐患。外部行业背景中陈规陋习的渗透给企业的廉洁治理带来了极大的挑战。

三只松鼠股份有限公司（以下简称"松鼠公司"）坐落在安徽芜湖市弋江区，成立于2012年，是当前中国销售规模最大的零食电商企业。互联网的发展改变了交易场所、拓展了交易时间、丰富了交易品类、加快了交易速度、减少了中间环节，对新型企业的创新发展产生了广泛而深刻的影响。企业的发展需要紧跟时代的步伐。作为一家新型互联网企业，松鼠公司也是产业集中化的代表，基于企业的廉洁使命愿景以及创始人章燎原先生对廉洁商业环境坚定的追求，松鼠公司从2012年创业之初，就将廉洁文化作为企业的基石，立志做一家具有廉洁基因的互联网企业，并努力践行。松鼠公司始终把用户体验放在首位，把廉洁文化当作一件产品，使其成为用户体验度最好的精神食粮。松鼠公司将廉洁工作根植于业务，在实践中不断摸索，营造了有利于产品与服务良性发展的企业内部环境。

松鼠公司廉洁治理体系的创设，源于外部行业背景和企业内部环境：一是传统食品行业中陈规陋习的渗透给企业的廉洁治理带来了极大挑战；二是企业治理中廉洁基因的植入为产品和服务的良性发展提供了土壤，较好地实现了对外部腐败风险的拒斥和对内部腐败风险的控制。如何遏制传统行业中"潜规则"的盛行？如何打破传统的行贿式合作模式？如何为用户提供更安全、更具性价比的产品和服务？面临这些亟待解决的问题，章燎原在企业愿景的设立之初，便决定改变行业现状，打造一家"透明、简单、信任"的公司，让产品和服务良性发展，这也成为整个松鼠公司的创业初心。企业的廉洁治理是建立合作、促进业务员与供应商关系良性发展的基础条件，松鼠公司通过廉洁体系的创新建设，不仅使供应商无须再想方设法讨好业务人员，也使业务人员免遭贿赂的诱惑，更使公司规避了腐败风险。所有人都将精力放在产品的创新和质量的提升上，产品得到了公平、公正的对待，企业得到了进一步的良好发展。松鼠公司的廉洁创新影响了一群合作伙伴，创造了一种新型的合作模式，将契约精神和诚信理念充分引入"松鼠"合作生态圈，进而辐射到整个行业。从企业自身到行业生态，松鼠公司始终不忘廉洁初心，用富有朝气的力量冲破了传统行业"潜规则"的藩篱。松鼠公司在公司廉洁治理体系建设上的创新颇有建树，是互联网时代民营企业的典范。

二 "互联网+"时代企业廉洁体系创新的推动过程与内容

松鼠公司创立于2012年，从5个人的创始团队到3000人的公司，从2012年第一个"双十一"以766万元夺冠，到2016年"双十一"单天销量5个亿（人民币）的五连冠，松鼠公司自创立以来累计卖出了160亿元的零食，实现了从无到有的突破，创造了从0到2017年直逼70亿元的年销售额。七年来，松鼠公司不断探索适合于企业的廉洁发展道路，用自己的努力交出了一份优异的成绩单。松鼠公司投入大量资源来推动企业的廉洁治理与企业的文化发展，并在进程中跟随企业的发展而不断优化升级，自2012年至2019年，其发展历程根据各时期面临的挑战困难和所侧重的体系构建可划分为三个发展阶段。

三只松鼠公司廉洁体系发展历程

阶段	时间（年）	创新举措
探索阶段	2012~2014	将廉政文化作为企业发展的基石文化并写入"松鼠家规"
成长阶段	2015~2016	成立"松鼠廉署"，专职"松鼠"廉洁的建设工作；完善制度，初建廉洁培训、监督、调查和宣传体系
发展阶段	2017~2019	优化廉洁体系的各个管理节点，形成闭环管理系统；明确廉洁四严要求，建立数字化监察体系

(一)2012~2014年:"松鼠"廉洁的探索阶段

2012年是"松鼠老爹"章燎原创业的第一年。虽然曾在传统食品行业的公关之中屡屡受挫,但他相信在这个互联网时代,电商可以通过新渠道形成一个全国品牌。互联网平台的特征正是强调诚信、文明、透明,因此在松鼠公司创建之初,创始人章燎原就已经在心里绘好了一幅蓝图,提出要"打造一个透明、简单、信任的公司"。他认为,如果合作的供应商伙伴每天都要思考着怎样讨好负责采购的员工,那么其放置在产品品质上的精力必然减少,而"给主人极致的用户体验"也将成为一句空话。然而,"廉洁"是双向的,"送礼"的另一面是"收礼","松鼠老爹"决定先从内部规范员工的廉政行为准则。作为"松鼠家族"的"一家之长",章燎原为三只松鼠量身定制了《松鼠十一条家规》。家规明确提出了对收受贿赂、贪污腐败的判断,规定了公司员工上下级关系、内部员工与供应商伙伴之间的关系等,为企业植入了廉洁基因。同时规定每一个新入职员工必须在家规上签字。

创业之初的这三年是松鼠公司发展的重要阶段。松鼠廉洁预防在先,关口前移,发展初期以构建廉洁预防教育体系为首要工作。《松鼠廉洁5P令》从饮食、住宿、娱乐、礼品、关联交易等日常工作细节入手,在产品采购中心建立合作伙伴培训日常机制及对接规范,并针对业务实际制定相应的廉洁管理办法。首先,任何一名未曾与松鼠公司有过利益往来的供货商在进入公司后,都要"上课",课程内容为廉洁方面的知识,每天五场,由公司内部专门的廉洁培训合伙人(内部招募且考评通过)进行培训,这些员工在松鼠公司被亲切地称为"小松鼠"。结课后,供货商伙伴还要进行考试,只有考试成绩合格获得结业证书,方能与业务部门进行洽谈。其次,在洽谈环节,"廉政"仍然是逃不开、忘不掉的主题,每一次洽谈之前,供货商伙伴都需要与洽谈"小松鼠"起立并宣读《松鼠廉洁5P令》,核实清晰后需明确承诺"不向松鼠家任何员工行贿!"并郑重签字。"5P令"是"家规"的延伸,其中对企业员工与供货商交流合作中的"衣、食、住、行"都进行了明确甚至严苛规定,"对于廉政,严格不行,要严苛"(出自章燎原之语）。最后，经过企业员工的层层调研，确认产品的确不错，这时供货商还需要一张通行证以在产品及廉政上与松鼠公司达成共识，方可被允许录入松鼠公司的 ERP 系统，这张通行证是关于承诺不向松鼠公司任何工作人员行使任何贿赂等行为的《公平交易承诺函》。2014年，"松鼠"廉洁专员入职产品采购中心，松鼠公司在探索中积累经验，逐渐强化员工与合作伙伴的心智，渐渐打开了"松鼠"廉洁新世界的大门。

（二）2015~2016年："松鼠"廉洁的成长阶段

松鼠公司将廉洁工作根植于业务，在实践中成长。随着网购的发展，松鼠公司的物流分仓已遍布全国各地，而CEO章燎原仍然保持着与一线员工互通无阻。在他的强力支持下，CEO信箱成为收集腐败线索和违规行为的重要渠道。CEO信箱自推出以后，共受理信件500余起，内容包括官僚类、求助类和建议类。优化公司治理体系，对求助的员工给予了关怀。2015年5月20日，松鼠公司举办了"松鼠"廉政一周年庆典活动，经过基层业务的摸索实践，成立了相对完善的独立组织架构"松鼠廉署"。这是一个独立于各个部门，专门处理公司廉政事务，拥有监督权、处罚权的最高级别的特别机构，直接对CEO负责。在组织架构上，廉署仿照中央纪委和ICAC进行垂直管理，保证了自己的纯洁性和政策执行的有效性，其顾问团有法律顾问，以制定相关制度时避免法律风险。

该阶段松鼠公司的廉洁建设进入正式管理时期，主要以制度建设与宣传体系建设为主，建立廉署内部的工作体系以及用户廉洁标准，对内以《员工廉洁奖惩细则》为核心规范，对外以《合作伙伴廉洁处罚细则》为管理要求。除了明确的制度约束，松鼠公司的廉洁文化还与"泛廉政"的建设密不可分。廉政不只是采购部门的事，也不只是采购环节的事，而是公司全员全过程的事。全体员工与其关联方的廉政意识亟待加强，以减少甚至避免交易活动中各种风险的发生。为提升公司整体的廉政监察力度，公司提出了"泛廉政"的概念。

在企业的发展进程中，为了不断提升员工的廉洁积极性，企业文化的构建也至关重要，松鼠公司将廉洁文化依托于廉洁宣传体系：加强廉洁文化的仪式感，要求泛廉洁人员佩戴廉洁勋章；将廉洁旗帜、廉洁横幅悬挂在工作区，如"颠覆传统行贿式合作，创造松鼠透明供应链"等；开发廉洁周边产品，编制廉洁宣传册《松鼠廉洁传》，帮助员工及合作伙伴自主学习"松鼠"廉洁要求；开发廉洁水杯、廉洁日历、手机壳、玩偶等周边产品并发予员工，让廉洁文化走进每一位员工和伙伴的工作和生活；打造廉洁精品文化产品，将每年的5月20日确定为公司爱廉日，并于当天宣读廉洁誓词，当周也被确定为爱廉周。松鼠公司通过制度建设和文化建设，不断加固"松鼠"廉洁的壁垒，保障了公司的长远可持续发展。

（三）2017~2019年："松鼠"廉洁的发展阶段

在2018年5月20日举行的"松鼠"廉洁四周年活动上，松鼠廉署正式发布"廉洁四严"，即更严谨的规则、更严肃的培训、更严厉的监察、更严苛的追责。从各个层面提升廉洁文化的要求，通过监察手段（监控、出差汇报、工程在线化、人工巡检等措施）倒逼严廉文化的下沉，最大可能地降低廉洁风险，确保变革时期廉洁文化的可持续性运营及发展。

加强廉政风险防控，科学有效地防治腐败，是党的十八大报告的一项具体工作要求，也是企业廉洁治理体系建设的重要内容。本阶段"松鼠"的业态进一步壮大，业务领域也在不断深化变革，企业内部存在很大的廉洁风险，所以该阶段以调查监督体系建设为主：①廉洁调查体系。廉洁调查体系的建立开辟了举报渠道，并利用信息化系统有效防控了腐败风险。公司共设立了85个CEO举报信箱，分布在总部分仓、投食店的隐蔽性公共场所，截至目前共处理500余封举报信件。松鼠谦署对每一封举报内容均进行了调查并在公司内网进行公示，帮助员工解决了很多实际困难并且处理了部分违规事件。实际的案例是最好的培训素材，这一举措可以让公司的每一位员工看到文化的力量并自觉约束自身行为，从严要求自己。CEO信箱在一定程度上完善了公司制度体系，代表了员工的利益，真正地将权力关进了笼子里，成为权力放矢的制衡点。松鼠廉署也会自发进行流程审计及现场调查，如员工出差期间需在规定时间内汇报当日工作计划及成果并上传食宿照片、拜访公司照片、宣读"5P令"照片等，确保商务出差的全过程有记录。该系统也可以自动抓取汇报人位置信息;将连接条款植入入职协议条款中,要求雇员配合廉洁调查,从而解决松鼠廉署的调查授权不足及处置无据的困境,这些操作创新保障了廉洁规定的可操作性及松鼠廉署的执行效能。廉署每周不定期对"5P令"及商务洽谈记录进行抽调,每月对敏感岗位人员的"三个凡是"执行监察,形成全面客观的调查报告,对任何违规行为给予严厉的处罚。对于有拒礼拒贿行为的员工,也将给予精神嘉奖及高额的廉洁奖励。②廉洁监察体系。公司细化硬化各项廉洁制度,要求采购人员与供应商的交谈记录要保存,与供应商的交谈过程要录音,廉洁专员会随时调阅;要求员工在与供应商谈判时录音、就餐时拍摄环境,并上传至出差管理平台接受监管。2016年公司出台"泛廉政"人员管理方案,从培训、考核、福利、奖惩多维度对廉洁敏感度不同的人员制订管理方案,加强泛廉政人员的廉洁执行力及监管力度。

随着松鼠业务版图的扩展,廉洁风险越来越多,人工监察的成本越来越高,廉洁云监察系统的开发势在必行。目前松鼠廉署已在梳理需求架构,运用信息化技术的手段,建立属于松鼠廉署独立信息库平台,廉洁云监察系统的开发将业务流程与廉洁准则紧密结合,系统针对廉洁风险点会自动预警,大大降低了企业内部的舞弊或贪污腐败的可能。松鼠公司开辟了资料库上传平台,员工可以将录音上传至该平台,但无法删除或查看其他录音材料,松鼠廉署将做好分类管理,以便后期追溯。松鼠公司创立了高效的企业调查和监察体系,进一步开辟举报渠道,利用信息化系统等手段,致力于降低廉洁风险,使得松鼠公司具有了一种独特的廉洁竞争力,保障了企业的多业态健康发展。

三 "互联网+"时代企业廉洁体系的创新成效

从一份家规制度到松鼠廉署这样一个廉洁机构,再到云平台这样一个信息化系统,松鼠公司在发展进程中不忘廉洁初心,通过不断的升级迭代,确立了一套严苛、完善的制度规范,营造了一个廉洁、高效的商业氛围,推动了商业本质的回归和新时代商业文明的重建,为改变传统食品行业供销模式，打造廉洁、透明、高效的新商业文明做出了积极探索。松鼠公司用七年时间，在助力新经济发展的同时，创造性地把廉洁文化植入企业文化，沉淀出一套可复制、可推广的廉洁文化体系，松鼠廉洁惠及广大伙伴，这也是新时代中国特色廉政文化在一群年轻人身上的创新实践。

（一）将廉洁治理注入企业基因

松鼠公司的创始人章燎原曾在传统坚果行业打拼九年，曾饱受公关、政府资源的争取之苦，深知传统业态的弊病。在大多数人的日常认识中，企业之间做生意，吃喝招待、迎来送往，都是人之常情，甚至给采购负责人一些"回扣"和好处，也都见怪不怪了。因此在创立之初，"松鼠老爹"即为公司确立了发展愿景："我们存在的价值，是不断为主人及合作伙伴创造新的价值，成为一个透明、简单、信任的公司。"这也成为松鼠公司的创业初心。松鼠公司将廉洁治理注入企业基因实现产品和服务的良性发展。

章燎原亲笔编写了《松鼠十一条家规》，对公司的廉洁建设制定了详细规定，为培育公司形成透明、诚信、廉洁的经营行为奠定了良好的基础。松鼠家规如同一颗播下去的种子，伴随着松鼠业务的快速发展而不断成长，逐渐拓展松鼠廉洁的内涵与外延，绽放出一朵廉洁之花。此后，"松鼠"廉洁从内到外，针对不同对象制定明确的制度规定，如《松鼠廉洁5P令》有效约束了内部贪污腐败、官僚不作为等一系列廉洁相关问题。为保障具体做法能够固定成制度，松鼠公司对内发布了《员工廉洁奖惩细则》，对外发布了《合作伙伴廉洁处罚细则》，并配合《松鼠员工廉政承诺书》《公平交易及廉政处罚细则确认函》等材料，严禁员工与供货商伙伴有业务之外的接触。作为中国互联网食品企业的领跑者，廉洁是它持之以恒的坚守，松鼠公司每年都有巨大的采购量，但企业依靠坚强的制度保障，严禁一切回扣、返点和送礼，努力把这些贪腐现象拒之于门外。

（二）以廉洁治理反哺行业生态

松鼠公司承载着"共建互联网新农业生态圈"的历史使命，对"互联网+食品"产业开拓了颠覆式创新，在这个生态圈里产品可追溯、研发可持续、品质有保证。"三只松鼠从根本上改造了传统的食品行业，通过互联网和大数据连接起上游生产商和终端消费者，切实践行着农业供给侧改革。"公司行政总经理兼董事长秘书潘道伟在一次媒体采访中这样表示。松鼠公司借力互联网使产业链、品牌、生产、零售、物流各个环节实现了精准数据化。每一袋坚果都有"身份证"，依托云平台实现了277家供货商与6000万"主人"的强联系，使得松鼠公司与合作供货商不再是甲方乙方的贸易伙伴，而是共同推动行业发展的产业经营共同体，是"共建互联网新农业生态圈"生态关系。松鼠公司廉洁生态的建设产生了良好的效益，能够有效地为其节约采购成本，从而提升企业效益。与合作伙伴们简单、纯粹的商贸关系不仅为合作伙伴们节约了相当的公关费用，降低了成本，也使得松鼠公司得以有效地发挥市场配置作用，实现好中选优、优中选廉。供货商不再需要为推杯换盏、逢节送礼而烦恼，转而更加专注于和公司共同的服务对象"消费者"，从而形成了一个良性循环，以廉洁治理反哺行业生态。

以松鼠公司为代表的食品企业，以其内部的良性生态，推动了食品行业快速、规范发展，提升了全行业的科技、安全水平。截至目前，松鼠公司共计电话培训2474人次，现场培训5646家合作伙伴，现场培训达到10397人次，伙伴廉洁文化覆盖率100%。合作伙伴评价说："业务的发展带来的综合费用是比较高的，但与贵司合作的差旅费、公关费用很少甚至没有，廉洁工作的开展可以让双方聚焦品质，降低成本。"上海虹轩模具有限公司也表示："我们公司和我们的伙伴，没有任何一家有灰色利益链，这是我们从松鼠身上学到的正能量。"松鼠公司建立的是一种双方的合作方式，而不是个人的利益关系。松鼠公司已然成为廉政建设的标杆，发挥了示范引导作用。

（三）传播廉洁文化

作为中国销售规模最大的食品电商企业，松鼠公司的廉政文化建设同样走在了全国的前列。章燎原面向企业员工和众多合作伙伴，曾明确表示：互联网不应只是商业模式的改变，还应建立诚信思想和契约精神的新生意方式——"互联网+廉政"，他将与企业员工们共同践行。"松鼠廉政实现了整个组织体系的透明化，构建了我们与供应商的价值观共同体，'服务好主人'是我们的共同目标，这比商业模式更重要。"章燎原说，松鼠重视廉政建设，顺应的正是国家大力反腐的社会环境。松鼠廉政不仅改变了上游供应商的商业思维，还成为一套可供输出的企业廉政标准，弘扬了新的廉洁文化。

公司在2014年做廉洁培训时条件还很艰苦，就是在走廊上用一个白色屏风隔开一个培训区，是合作伙伴的支持与积极参与增强了松鼠廉署"做一件正确的事情"的决心，而同时松鼠公司的廉洁也进一步激发了合作伙伴内心深处对美好生态的向往。松鼠公司用七年时间打造出一个成体系、可输出的文化产品，为回归商业本质，重建具有时代特色的商业文明做出了全新尝试。在松鼠公司的文化墙上，可以清晰地看到"松鼠"廉洁体系的发展脉络。从松鼠家规到廉洁"4P令"，再到现在的廉洁"5P令"；从泛廉洁体系建设到2018年提出的"廉洁四严"新要求；从松鼠廉署的成立，到公司廉洁培训、贪腐调查等职能的强化……"松鼠老爹"播撒下的廉洁种子在廉洁文化的滋养下，已然长成了一棵大树，根系发达稳健，枝叶繁茂旺盛。文化墙上还张贴着"松鼠"廉洁培训的第一张结业证书，由四川绵阳的一家合作伙伴在2014年签字确认。文化墙上还有这样一则典型案例：1元微信红包事件。2015年春节，松鼠家接到某采购员的投诉，反馈收到芜湖某印刷公司的1元钱微信红包。事件发生后，廉署立即采取廉政处罚措施，与该公司进行廉洁约谈，并给予该公司停止合作两个月的处罚决定。

企业的廉洁文化建设必须紧紧围绕企业的生产经营和管理活动去开展，服从服务于企业的中心工作，促进企业的改革发展，满足客户的美好向往。章燎原说："三只松鼠提出了让天下主人爽起来的新使命，正是要满足人们对美好生活的向往。我们的创新创造只有一个出发点：让主人吃得更健康，玩得更开心，这是美好生活的一部分。""相信美好"位列企业价值观的第一条，作为企业文化的基石，廉洁文化能不能有效覆盖并影响更多的伙伴，是衡量其有没有生命力的一道硬性指标。为此，松鼠公司将廉洁文化融入合作链条的重要节点，全面打通合作伙伴对松鼠廉洁文化的沟通桥梁；把企业发展、党组织建设与廉洁文化有机结合，夯实了企业底层文化系统；此外，公司还创造性地开发廉洁文化周边产品，开展生动活泼的廉洁文化活动，以喜闻乐见的方式"润物细无声"地把产业链上的伙伴凝聚起来，成为实践廉洁、传播廉洁的一分子。自2017年起，松鼠公司发起"廉行天下"活动，鼓励伙伴利用节省下来的公关费用，开展有教育意义的文旅活动，切实地惠及全体职工。松鼠公司为伙伴公司提供廉洁培训，并提供带有廉洁文化标识的服装、横幅和食物，帮助伙伴公司传递廉洁文化，让廉洁走进每一位基层员工与合作伙伴的内心深处，成为泛廉洁的一员，进一步增强了松鼠廉洁的影响力。2018年，松鼠公司被《人民日报》评为"最受欢迎中国品牌"之一。在"透明、简单、信任"这一价值观的引领下，在不断求新求变的新时代，松鼠公司的廉洁文化正在吸引更多志同道合的伙伴共创未来。

四　松鼠公司廉洁体系创新的经验启示

松鼠公司的廉洁体系建设行之有效，使员工和合作伙伴都能心无旁骛谋发展，一心一意做事情。通过组织模式、用人策略和调查操作的创新，成功建立了深植于自身业务的廉洁调查体系和监察体系，有效保障了企业的廉洁高效运行。

（一）嫁接式的组织模式创新

松鼠公司参考香港的廉政公署（ICAC）成立了"松鼠廉署"。"松鼠廉署"直接对董事长负责，是具有高度独立性的企业内部监察和廉洁体系建设专门机构。"松鼠廉署"的设立为松鼠公司开展各类廉洁创新活动提供了坚实的组织保障，为ICAC模式在内地的可复制性进行了有益探索。

（二）发挥代际优势的用人策略创新

作为一家互联网企业，松鼠公司的年轻员工明显多于行业内的其他企业，拒用经验丰富的"老油条"，大胆启用更易遵守廉洁规定和风尚的年轻人担任高风险岗位，从严培养企业生力军，以此遏制行业大环境的陈规陋习。目前松鼠公司位于高廉洁风险岗位上的员工，平均年龄仅为24岁。年轻人敢于颠覆传统的特质和单纯坚定的廉洁理想使他们成为支撑松鼠公司廉洁创新的核心力量。松鼠公司给予年轻人发挥创造力的机会，同时也给予年轻人恪守廉洁准则的信任，使其充分发挥这一代际优势。

（三）系统性的调查操作创新

松鼠公司在腐败信息线索获得、调查与处置等方面进行了改良创新，开创了CEO信箱等工作方法，确保监督渠道畅通。针对廉洁风险较高的采购与供应商谈判环节，松鼠公司提出了预防在先、关口前移的方略，要求采购人员与供应商的交谈记录要保存、与供应商的交谈过程要录音，就餐环境要拍摄，并上传至出差管理平台接受监管，廉洁专员会随时调阅。公司发布"三个凡是"规定：凡是有规定的都必须去做，凡是必须去做的都必须有记录，凡是有记录的都必须有检查。以此建立健全了一套完善的管理考核机制，全面打通了对合作伙伴的廉洁沟通桥梁，并且在这种制度下，以期达到一种人人平等、奖惩分明的状态。

除了有赖于内部廉洁体系的创新建设，松鼠公司的发展更离不开社会环境的优势和行业伙伴的认可。①政治生态的优势。党的十八大以来，全中国社会环境大幅变革，政商关系也逐渐趋于清明，接触到的合作伙伴也越来越认同和理解松鼠公司的廉洁文化，社会环境给了松鼠廉洁最好的生长土壤。习近平总书记提出的从严治党以及一系列反腐举措，也为松鼠廉洁提供了灵感源泉和实践参考。②社会多方的认可。松鼠公司廉洁体系的探索与创新之处具有深远的意义，为民营企业的廉政探索提供了范本，且有效影响了其所在行业及上下游行业的业态，也获得了多方面的认可。许多合作伙伴都纷纷效仿松鼠公司并与其展开联动，成为"泛廉政共同体"。当地党政机关也给予了大力支持，协调更多资源助力松鼠廉洁文化建设和推广。

五　前景展望

松鼠公司廉洁体系的创立与运营，具有良好的可持续性。在松鼠公司廉洁体系的运行和持续完善过程中，廉洁体系的发起人和执行团队均得到了有效激励，高管团队对公司效益的提升与内部管理的优化持满意态度，并愿意持续为廉洁体系提供支持。松鼠廉署则因廉洁体系良好的运行效能而得到了职务晋升、薪酬奖励以及员工所给予的信任和支持等多维度的激励，愿意持续完善廉洁体系。松鼠公司的合作伙伴也受惠于前者廉洁体系所带来的成本节约和公平交易。

"泛廉政共同体"的构建，也在逐渐培育具有廉洁共识的"朋友圈"和社会资本。松鼠公司的廉洁治理体系因其建设投入成本可控，在组织机构和制度规范等方面都表现出较强的可复制性，主要体现在人、物、场三个方面。①人，即全职廉洁文化建设人员。根据企业规模也配置相应的人数，独立于各个部门，由企业负责人或高管牵头负责。负责人员应当有明确的廉洁文化推进计划及很强的执行力，具备较强的抗压能力和表达能力。②物，即找到合适的廉洁文化的载体或切入点。一开始松鼠廉洁的载体是廉洁5P令及廉洁培训，后来逐渐丰富廉洁文化的架构，衍生出更为具体的廉洁文化体系。③场，即营造廉洁文化的企业氛围。当员工主动拒礼拒贿被核实后，经内网通报表扬，发放廉洁奖金，全员为他点赞；企业CEO真正重视廉洁的重要性，并积极推动廉洁文化的发展；当伙伴愿意向他的员工宣传廉洁，并对实际合作产生了积极影响时，廉洁的红利就已经产生，用户黏性会越来越强，会促进廉洁文化的良性发展。

创业七年来，松鼠公司通过自身的不断努力，建立了一个可持续、可复制的廉洁体系，为员工创造了一个"透明、简单、信任"的工作环境，将美好根植于所有人的心中；为合作伙伴营造了一个廉洁、高效的合作氛围，让所有人都能将精力专注于产品的创新与质量的提升，同时，将企业廉洁的理念传递给他们的供应商以及更多人，共同为这个时代新商业文明的创建做出贡献。松鼠公司的廉洁体系建设使得利益相关方都能够从中受惠，已经在相当范围内实现了创新的扩散，并且被越来越多的合作伙伴、上下游企业所认可，显现出可预期的良好发展前景。

国有企业"大监督"体系创新的国网新源模式[*]

颁奖词

> 破解国有企业"监督难"问题，既是贯彻全面从严治党的责任担当，也是提升企业经营管理水平的内在需要。党的十八大以来，国网新源公司积极推进"大监督"体系创新：一方面，通过监督工作委员会平台，统筹规划职能部门重点监督内容，有效减少重复性检查，减轻基层负担；另一方面，各职能部门间加强配合、资源共享，使原先的"不愿监督"，转变为"我要监督""自我监督"。

国网新源控股有限公司（以下简称"国网新源公司"）作为全球最大的抽水蓄能电站经营管理公司，是国家电网公司的直属单位，主要负责开发建设和经营管理国家电网公司经营区域内的抽水蓄能电站和部分常规水电站，承担着保障电网安全、稳定、经济、清洁运行的使命。由于公司基建项目多、资金大、工期长，工程建设、设备采购等诸多环节都是腐败问题易发多发风险点，企业的廉洁风险防控压力较大。为适应新的发展需要，新源公司围绕提升监督效能做了诸多有益探索，提出了构建国有企业"大监督"体系的新源模式，即以公司监督工作委员会为统领，以巡察、纪检监察、审计、协同监督为主体，形成"四大基石"同向发力的监督组织体系、"四维一体"相互支撑的监督工作体系和"四种手段"共同作用的监督方式体系。

---

[*] 作者简介：欧阳庆芳，三峡大学法学和公共管理学院教授；袁柏顺，湖南大学廉政研究中心执行主任、教授；贺海峰，清华大学廉政与治理研究中心博士后。

一 国网新源模式的创新背景

（一）宏观背景

1. 贯彻落实全面从严治党的根本要求

党的十九大报告强调指出，要坚持党对一切工作的领导，坚定不移全面从严治党，健全党和国家监督体系。国有企业肩负着国有资产保值增值、提高国有经济竞争力、放大国有资本功能的重任，是党执政兴国的重要支柱和依靠力量。2016年7月，习近平总书记在全国国企改革座谈会上，提出"加强监管，坚决防止国有资产流失"。贯彻落实党的十九大精神，推进全面从严治党，要求国有企业发挥党的监督工作优势，把党的决策部署和纪律要求渗透到企业经营管理的全过程，使遵规守纪、干事创业成为全员的自觉行动，营造风清气正的企业政治生态。

2. 提升企业经营管理水平的内在需要

随着企业规模的扩大，企业经营管理过程中的战略风险、市场风险、运营风险、财务风险和法律风险等各种因素引起的风险也会加大。现代企业制度必须要有一套完善的监督制约机制，才能确保企业的发展有一个健康稳定的内外廉洁环境，而大监督体系的构建正符合这一发展规律。2015年8月，中共中央、国务院印发的《关于深化国有企业改革的指导意见》指出："整合出资人监管、外派监事会监督和审计、纪检监察、巡视等监督力量，建立监督工作会商机制，加强统筹，创新方式，共享资源，减少重复检查，提高监督效能。"2015年11月，国务院办公厅发布《关于加强和改进企业国有资产监督防止国有资产流失的意见》，指出"加快形成全面覆盖、分工明确、协同配合、制约有力的国有资产监督体系"。从顶层设计出发，整合监督资源，凝聚监督合力，使"大监督"体系建设成为国有企业管理活动的重要环节，对于促进企业规范经营管理，增强企业全球竞争力，推动企业改革和创新发展同样具有重要意义。

（二）矛盾倒逼

国网新源公司点多、面广、线长的特点，决定了企业监督管理的复杂性，其现实困境主要有以下三个方面。一是监督力量不足。国网新源公司纪检监察队伍人员较少，且多为兼职，与日益繁重的监督任务相比，监督力量明显不足。二是监督协同不够。新源公司具有监督职能的部门除纪检监察外，还有审计、人事、财务、法律等业务部门，各种监督力量之间缺少贯通，协同力不足。三是监督难度较大。公司系统各单位纪检监察人员多在人事综合部，既是"裁判员"又是"运动员"的身份使其"不好监督"，同时水电抽蓄专业化程度较高，纪检监察人员面对专业技术往往又"难以监督"。

（三）创新历程

关于"大监督"体系的平台设计有三种模式，具体如下。

一是松散协同型模式，即成立由企业党委领导、纪委牵头组织监督工作的监督委员会，将监事会、纪检、监察、审计、会计、法律、工会的内部监督职能纳入监督委员会，以监督职能协同的方式整合监督资源。监督委员会下设办公室，挂靠纪检监察部门，负责日常工作的组织协调。这种模式对企业原有组织架构不产生影响，监督委员会是为整合监督资源而成立的机构，属于派生出来的管理关系，但由于约束松散，如果缺乏有效的责任约束和运行机制，工作易流于形式。

二是一体协同型模式。综合考虑各监督主体之间的关系，将监事会、纪检、监察、审计等监督职能纳入同一部门，由纪委直接负责管理。法律、会计稽核、工会等部门职能通过建立监督委员会的形式进行协同，形成"四位一体三协同"的监督管理模式。监督委员会仍由党委领导，纪委牵头组织开展监督工作，下设办公室挂靠监督部。该模式将综合性监督进行合署，专业性监督进行协同，有利于突出重点，同时通过对其他监督的协同，有利于延伸监督的视角和覆盖面。该模式虽有机构重置，但机构变动不大，而且监察审计合署办公比较常见，也容易促进监督工作成效。

三是紧凑一体型模式，即成立企业监督部，由纪委直接管理。监督部具有监事会、纪检、监察、审计、会计、法律、工会的监督职能，以"七位一体"的方式整合监督资源，建立部门岗位责任制保证监督有效执行。该模式会引起企业机构和岗位设置的较大变动，但在组织形式上更紧凑，其有效运转需要人员配备到位、综合素质强。这种模式虽然监督部的规模扩大，但利于企业紧凑高效运行。

这三种"大监督"模式，因"协同型"既不影响各项监督工作之间的独特性，又不存在组织机构重置，故实现的可行性最大。新源公司多次组织可行性研讨会，研究制定监督体系创新改革的实施意见，按照第一种模式提出了"大监督"工作体系的基本思路。

早在2011年，国网新源公司就成立了监督工作委员会，由党政主要领导担任主任，纪委书记、有关分管领导担任副主任，成员为相关职能部门主要负责人。监督工作委员会当时主要是协调各职能部门监督工作，以协同监督为主。2016年，国网新源公司提出《关于进一步深化协同监督机制建设的实施意见》，在创新监督方式方法上开始进一步的探索。2017年，国网新源公司研究制定监督体系创新改革的实施意见，提出要把握党风廉政建设和反腐败工作规律与企业经营发展规律，完善工作机制，整合监督力量，丰富监督手段，形成监督合力，进一步增强监督工作的全面性、系统性、有效性和权威性，正式开始组织并构建"大监督"体系。

二　国网新源模式的主要内容

构建国有企业"大监督"体系，把提升企业监督效能与建立现代企业制度相结合，促进企业完善权力运行机制、决策控制机制、监督管理机制，增强企业的科学发展能力和国际竞争力，促进国有资产保值增值，这也是国有企业加强监管的出发点和落脚点。

（一）以监督工作委员会为统领，形成"四大基石"同向发力的监督组织体系

设立公司监督工作委员会，聚合监督力量，形成党委统一领导、纪监组织协调、部门协同合作、职工积极参与的大监督体系。监督工作委员会由党政主要领导担任主任，纪委书记、有关分管领导担任副主任，成员为相关职能部门主要负责人。监督工作委员会办公室设在监察部，办公室主

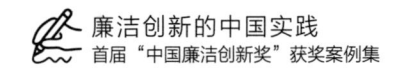

任由监察部主要负责人担任。

1. 明确监督工作委员会的职责与分工

监督工作委员会的职责，主要围绕监督执行党的纪律、法规法纪和企业规章制度情况开展工作，履行预防、监督、监察和督促整改等职能。委员会主要包括统筹公司纪检监察、巡察监督、审计监督、干部监督、财务监督、法律监督、职工民主监督等工作，整合各职能部门开展协同监督；指导督促各部门建立健全廉洁风险防控体系；督促受理信访举报、问题线索处置和执纪审查等工作；指导公司各单位监督工作委员会开展工作；承担上级单位和公司党委交办的其他任务。

监督工作委员会明确管理部门和业务部门在公司"大监督"体系中的监督地位和监督职责，突出纪检监察部门的纪检监察监督职能、巡察办的巡察监督职能、审计部的审计监督职能、业务部门和其他具有监督职能管理部门的协同监督职能。

具体的架构设计和职责定位是在党委统一领导、纪委组织协调下运行，涉及党群、纪检、审计、工会职代会及相关职能管理和业务管理等部门，主要包括以下几个方面：党群部门作为党委办事机构和党的工作部门，依照《中国共产党党内监督条例》规定，加强职责范围内党内监督工作，重点抓好党组织主体责任的履行和党员的日常管理监督；纪检监察部门作为纪委办事机构，强化专责监督，依据党章党纪，履行监督执纪问责职责，加强对所辖范围内党组织和领导干部遵守党章党规党纪、贯彻执行党的路线方针政策情况的监督检查，突出纪律要求，对触犯党纪的依规依纪进行执纪审查和问责惩戒；巡察部门突出政治定位，发挥利剑作用；审计部门依据内控准则和内审准则开展专项监督，审查和评价经营活动及内部控制的适当性、合法性和有效性，发挥内部管理咨询的重要作用；财务、风险、经法等部门作为内控管理部分，围绕职能模块和线条履行好事中的过程监督；业务管理部门作为监督的第一线，充分发挥好"第一道防线"的管理监督职能，加强对业务人员的管理和教育，从源头强化监督；工会职代会依据《工会法》和《劳动法》，对企业经营管理等情况进行民主监督。

联席会是监督工作委员会工作的有效抓手，是各监督主体议事、协商、合作的平台。公司每季度召开一次联席会，收集整理各部门纵向监督获得的信息和结果，进行横向整合、分析，评估风险，筛选出存在重大风险隐患、可能造成企业资产损失、对流程管理有疏漏、长期监督缺失等薄弱环节，研究应对措施，进行专项监督整改。

2. 打造"四大基石"的监督队伍体系

在巡察队伍建设方面，国网新源公司成立巡察工作领导小组、巡察办及巡察处，设立两个巡察组，配备巡察组长（正处级干部）2名、巡察副组长3名，形成专门的巡察队伍。建立巡察人才储备库，从党建、纪检监察、人事人资、财务审计等专业选拔骨干及优秀后备干部充实到人才库，把巡察工作作为培养锻炼干部的重要平台，近两年来参与巡察的人员有多名得到提拔或重用。

在纪检队伍建设方面，国网新源公司党委加大对纪检监察工作的支持力度，增加抽蓄单位纪检监察专职编制，明确纪检监察干部任职标准和条件。建立纪律审查工作人员信息库，组建专业执纪审查人才队伍。加强纪检监察干部培训锻炼、培养成才、轮岗交流，建立纪检监察联络员机制、轮训机制。近年来，先后有32家基层单位的48名干部到公司监察部轮训或挂岗锻炼。

在审计队伍建设方面，改革审计组织管理体制，突出"上审下"，推进审计资源向上集约，成立华东、华北、华中、东北四个区域审计协作组，加强公司对审计工作的管理和统领。创新全过程跟踪审计"N+1"内外结合督导模式，选派基层单位骨干人员交叉担任基建项目全过程现场督导员，全程参与、组织中介机构人员开展现场审计，有效解决了跟踪审计中介机构人员更换频繁影响跟踪审计质量和延续性的问题。建立数字化审计工作室，组建数字化审计团队，培养数字化审计复合型人才。

在协同监督队伍建设方面，完善协同监督工作平台，建立联席会议定期联络，协同办公线上不定期沟通的机制。建立公司、基层两级协同监督联络员体系，各职能部门均配备一名协同监督联络员，定期参与联席会议，排查廉洁风险点，落实协同监督工作任务。目前公司有各级协同监督联络员260余人，成为监督工作委员会融合各方面监督力量、指挥协同监督作战的主力队伍。

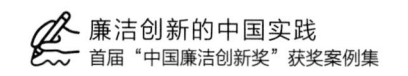

(二）科学配置监督力量，建立"四维一体"相互支撑的监督运行体系

国网新源公司监督工作委员会准确把握监督工作与企业业务的关系，明确提出围绕企业中心工作开展监督，在监督工作委员会的统一领导下，重点建设巡察、纪检监察、审计、协同监督"四维一体"的监督工作体系，实现监督职能模块化、监督任务清单化、监督内容标准化，打破管理藩篱，合力提升监督效能。

1. 巡察监督利剑高悬

突出政治巡察这个重点，以"六项纪律"为尺子，准确把握政治与业务的关系，以解决问题、防范风险为着力点，既检查党的领导、党的建设、全面从严治党等情况，又检查规范管理、防范风险、防止国有资产流失等情况，客观反映被巡察单位的政治生态。针对巡察发现的问题，坚持综合施策，标本兼治，对一些共性问题由各职能部门联动整改，共同扎紧制度的笼子。

2. 纪检监督重在平时

创新清单式监督，标准化监督内容。国网新源公司作为"年轻"的现代化国有企业，缺少经验丰富的专职纪检监察干部，部分基层纪委书记从生产、工程岗位提拔，监督能力及素质与监督形势要求不匹配。公司创新制定《纪委书记日常监督工作清单》，明确112项监督内容，涵盖"三重一大"、公务接待、选人用人等15个重点领域，帮助纪检监察干部迅速从"新人"变"专家"。开展"测测你是否会被纪委请去喝咖啡"活动，编写网络答题问卷，通过趣味形式探索建立"可以为"的正面清单。编制并出版《纪检监察工作实务指引》，全面覆盖各业务模块，分层分级明确公司领导、职能部门、纪检监察人员、协同监督联络员工作职责，梳理纪检监察工作流程，编写工作模板，以表格形式直观展现各业务工作内容。创新清单式监督，把监督内容标准化、常态化，为构建集中统一、持续有力的监督体系进行了积极探索和有益尝试。

3. 审计监督贯穿全程

根据基建工程项目多、资金投入大的特点，国网新源公司开展工程建设全过程跟踪审计,为基建类国有企业提供了较好的审计应用范本。科技审计提升质量,开发审计辅助管理系统,设计审计疑点查询、审计整改、审计依据索引库等模块。强化非现场数据分析,利用信息系统开展审前调查,实现远程信息化审计。围绕审计能力提升,研发包含89个问题案例库的"任期经济责任审计问题索引库"。

4. 协同监督密切配合

按照"业务谁主管、监督谁负责"的原则,以职能部门为主体开展协同监督,提出"一本手册、五项措施"(即《协同监督工作手册》和风险排查、情况报告、预警分析、联合督察、评估通报五项措施)。聚焦重要决策部署执行以及企业经营管理中的关键环节,由职能部门对管理盲点和内控弱点开展排查治理。把职能部门协同监督与廉洁风险防控有机结合,一手抓职能监督,一手抓廉洁风险防控,定期梳理排查廉洁风险点,领导班子成员牵头开展专项协同监督,落实"一岗双责",同时实现风险的动态防控。

可以看出,巡察、纪检监察、审计、协同监督作为四把利器,既各有侧重,又协调配合,共同发挥作用。巡察前期通过纪检监察、审计、协同监督梳理重点问题,对被巡察单位在各项检查中呈现的问题聚焦关注;纪检监察将巡察、审计、协同监督作为问题线索的重要来源,精准打击,同时将执纪审查中发现的经济问题列为审计监督重点,对发现的管理问题列为协同监督重点;审计配合执纪审查、巡察工作,同时将发现的党风廉政问题线索及时移交纪检监察部门查处;协同监督作为巡察、纪检监察、审计发现问题后整改落实的重要平台,推进问题整改,实施项目制专项监督,实现管理提升。"四维一体"的监督运行体系有效推动了管党治党向纵深发展,为公司安全健康发展提供了坚强保障。

(三)克服监督难题,创新多种手段共同作用的监督方式体系

针对点多面广、管理链条长、历史沿革复杂的情况,国网新源公司对传统监督方法进行创新。在监督方式上,公司综合运用信息化监督、借助外力组合式监督、流程管理错位式监督、区域交叉回避式监督等手段提升监督成效。

1. 大数据信息化监督

充分利用信息化技术，推动纪检监察信息化系统、审计综合系统的深化应用，加强日常监督和过程管控。建设全业务数智中心，通过对业务流程核心要素的在线监测，及时发现管理过程中存在的问题，提出改进建议。打通职能部门的数据共享信息壁垒，大力推进事后的结果监督向过程进度监督转变。目前已建设人资、财务、物资、运检、经法5个数据在线分析监测模块，以大数据思维搭建线上的监督网络。

2. 借助外力组合式监督

充分利用各种外部资源共同增强监督成效。一是与地方检察院、纪检委开展合作共建，建立定期沟通机制，开展预防职务犯罪宣讲、干部履责约谈等活动，在廉政建设上营造氛围，筑牢思想防线。二是聘用律师事务所、审计机构开展重大事项合法性审查、基建单位全过程跟踪审计。

3. 流程管理错位式监督

创新流程管理中的"错位"监督，对涉及多个部门的业务，由下一个流程部门对前面部门办理的事项进行逆向监督，解决基层单位监督人手不足、自我监督难的问题，使业务流程中的人员跳出"参与"身份，变身为"监督员"。档案管理部门对合同经办部门提交归档的合同进行监督检查，使档案管理部门摆脱"合同归档不全"是自身问题的困境，及时提出合同经办部门工作中存在的不足，有效提升合同管理水平，实现企业内部职能部门的同级监督。

4. 区域交叉回避式监督

一方面，针对公司地域跨幅广的特点，按华东、华北、华中、东北四个区域开展监督，由组长单位牵头建立区域监督专业队伍，统筹制订全年区域监督工作方案，有序组织区域内单位的专项监督，进行交叉互查。另一方面，根据基层单位业务属性的不同，划类别开展监督。2017年组织25家生产型单位，分4个区域开展组内交叉生产技改大修专项协同监督，形成查证报告86份，发现问题310项。

在国网新源公司构建的"大监督"体系中，"四大基石"的监督组织体系同向发力形成全方位"大监督"格局的基础;"四维一体"的监督运行体系相互支撑构成全方位"大监督"格局的主体;多种手段并用的监督方式体系成为构建全方位"大监督"格局的抓手。国网新源公司通过组织体系、运行模式、手段方式的创新,构建起党委统一领导、全面覆盖、持续有力的全方位监督格局,监督工作委员会有效地将各方监督力量聚合在一起,形成强大的监督合力,探索出一条新形势下国有企业加强监督的有效途径。

三 国网新源模式的创新成效及可推广性

(一)取得的成效

1. 分散式监督变聚合式监督,监督合力提升明显

国有企业的传统监督各自为政,缺少有效贯通,监督的深度、广度和力度受到限制。国网新源公司以监督工作委员会为统领,以巡察监督、纪检监督、审计监督、协同监督为主体,形成"四维一体"相互支撑的监督运行体系,有效将各方监督力量聚合在一起,形成强大的监督合力。

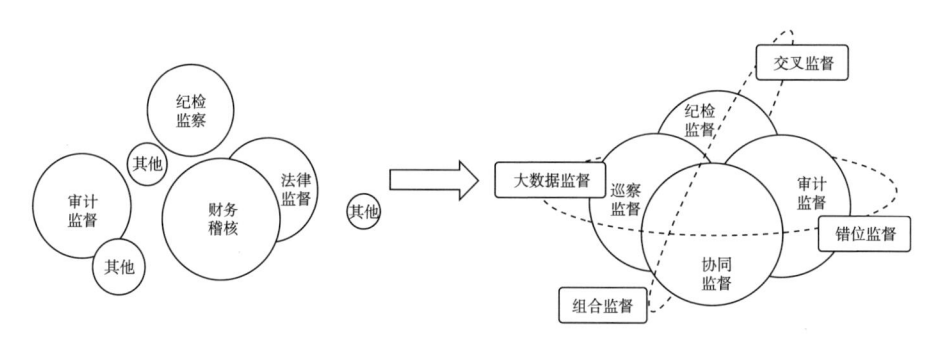

"大监督"体系建设前后的变化

2. 促进管理提升,筑牢监督执纪防线

"大监督"工作开展以来,国网新源公司于2017年通过协同监督,下达整改意见书531份,促使基层单位新建修订制度59项,废止制度7项,完善业务流程63个,有效弥补了企业管理漏洞,提升了工作成效。通过

2017年以来开展的三轮巡察监督,发现管党治党不严、党的领导弱化、党的建设缺失、贯彻党委决策部署不严等问题200余个,发现依法从严治企不到位、重点领域存在薄弱环节等问题322个,给予党纪处分3人,组织处理22人。通过问责利器,唤醒了各级党组织的责任意识,倒逼责任落实,使第一、二种形态成为执纪常态。

3. 各方肯定认同,社会效益明显

2017年,中央有关单位到国网新源公司调研,对监督工作特别是《纪委书记日常监督工作清单》给予了充分肯定。公司系统内的各单位积极跟进"大监督"体系建设,与各地方检察院建立检企共建活动示范点26个,树立起国企的良好形象,获得社会认同。中央媒体对公司"大监督"体系进行了专题报道,评价公司"监督工作一改过去浮于表面的情况,真正发挥出合力,有力推动了企业管理提升,全面从严治党工作通过'大监督'体系建设逐步引向深入"。

(二)可推广性

国网新源公司"四大基石"的监督组织体系以监督委员会为统领,突出集团党委的集中领导,强调不同监督主体的协调合作,这种模式在国有企业具有实施的基础和推广价值。其总结提炼的几种监督方式,既可以单独使用也可以发挥合力。2017年以来,国网新源公司系统内60家单位实践应用"大监督"方式方法,监督管理效能得到大幅提升。2017年公开出版的《纪检监察实务指引》也被多家电力企业参考使用。

四 建议与展望

(一)监督工作委员会与监事会、职工民主监督的关系协调

目前国有企业的监督工作由纪委书记负责组织和协调推动,但监事会作为法人治理的监督主体地位和作用尚未得到体现,也不能完全解决同级监督的问题。如何发挥各级监事在公司治理中的积极作用,是在实践中需要进一步探索的任务。现代企业以监事会为中心的治理结构改革能够使党

组织、职工代表、工会代表通过法定程序进入监事会,在监事会中参与重大问题决策。监事会实行多数表决制,在重大决策上和执行过程中不会出现"一把手直接拍板"的情况。

构建"大监督"体系,还必须依靠职工群众的积极支持和广泛参与。国有企业如何把职工代表大会制度、干部述职述廉制度、民主评议领导人员制度和企务公开制度、定期听取职工群众意见和建议制度作为制定政策措施的重要依据,充分调动职工参加民主管理和民主监督的积极性,是完善国有企业大监督体系的重要方面。

(二)建立信息公开、共享反馈机制,发挥监督委员会联席模式的最大效应

监督工作委员会在企业的组织架构中,是一种松散协同型组织,约束力不强,要充分发挥其作用,必须进一步完善其工作机制。首先是形成覆盖面广、联动力度大的议事协商协作机制,建立运转流畅的工作联系制度、情况通报制度、交流反馈制度以及问题联合处置制度,将各监督主体紧密地连接在一起,才有助于及时发现问题、解决问题。其次是建立监督信息的动态反馈循环系统。在国有企业的"大监督"体系中,各个监督部门是反馈系统的输入者,提供的信息是促使整个系统运转的"润滑剂",监督对象的各个环节都是信息反馈源,最终信息反馈源回归到系统集成者——监督工作委员会,经过调整和修正、比较和分析之后继续循环往复。以信息公开为前提,运用反复的信息反馈,才能实现监督的帕累托最优,大监督体系的综合优势与整体效应也才能得到体现。

(三)强化对管理者的权力监督,扎紧权力行使的制度笼子

国内外学者普遍认为,国有企业的廉政防控重点是控制管理者攫取控制权的私利,控制权的私利通常界定为货币收益、在职消费、非货币收益,包括独自决定公司资源配置与使用方向的权力、豪华办公条件、人力资本增值、通过关联交易向亲属控制的公司转移资产、通过披露假信息或操纵财务来获得非法收益、通过运营企业获得成就感和声誉等非货币收

益。为了消除控制权私利，世界各国采取了各种措施，我国也进行了多种尝试，但目前国企管理者攫取控制权私利的现象仍然存在，风险防控情况较为复杂。

扎紧制度的笼子，是遏制管理者攫取控制权私利的有效手段。全面分析国有企业的廉政风险点，清理企业各层级权力主体的职权，科学合理地制定权力运行流程，在企业内部构建起多层次、全覆盖的权力运行全过程监控体系，形成制约有效、监督到位的权力制约机制。健全完善监督制约的制度体系，一是要从企业实际出发，对可能出现滥用权力的各个环节，自上而下、有针对性地制定统一、规范而又操作性强的法规制度，明确监督主体与客体之间的关系；二是完善企业管理的各项规定制度，对企业领导人员的职权范围、权力运行等做出具体规定，建立决策失误追究制度、财务公开制度、招投标采购制度、人事任免公开制度和党风廉政建设检查考核制度等；三是在监督工作委员会的统一领导下，按照现代公司法人治理结构的要求，推行以提高监督运转效率为重点的 PDCA 闭环管理。坚持事前预防、事中控制与事后问责相结合，实现监督全过程闭环管控。完善责任追究制度，对不执行制度或是执行制度不到位的单位、部门及管理人员，严肃追究责任。不论是在大监督体系内还是在各监督职能部门内部，只有形成"监督检查—发现问题—联合跟进—促进整改—健全制度—实现风控纠偏"的推进方式，通过不断的循环滚动，才能将制度的笼子越扎越密。

需要指出的是，党的十九大强调要深化国有企业改革，培育具有全球竞争力的世界一流企业。构建高效协调的国有企业"大监督"体系是防止国有资产流失、提高国有企业管理效率、维护国有经济主导地位的重要方式。当前国有企业监督体系的健全完善，必须与深化国有企业改革相适应，与培育世界一流企业相协调和增强企业国际竞争力相融合，才能实现党和政府赋予国有企业的神圣使命和目标任务。

社会组织篇

"企业反舞弊联盟"的探索与发展[*]

颁奖词

> 企业反舞弊联盟是国内首个由企业发起成立的以反舞弊为目标的民间非营利性合作组织。联盟旨在通过创新和合作,以"不诚信信息共享系统""调查专业委员会""中国企业反舞弊蓝皮书"等为载体,帮助企业实施反舞弊行动和制度建设,推进资源共享、信息共享,搭建企业反舞弊经验交流平台。目前,联盟成员已在全国发展近250家企业,直接影响成员企业人数近500万人。

企业廉洁是提升企业核心竞争力,支撑企业持续、稳定、高效发展的必要条件。企业员工的舞弊和腐败,不仅会污染经营环境和经营风气,而且会推高企业运营成本,玷污企业的品牌形象。针对舞弊行为的隐蔽性和复杂性特点,为了防止一些员工从某个企业"捞一笔"之后,跳槽到其他企业继续舞弊,加强企业间反舞弊协作,2015年6月,广东省企业内部控制协会联合万科、阿里巴巴、世茂、中集、顺丰、美的、碧桂园、复星等标杆企业和中山大学等十家单位,共同发起成立企业反舞弊联盟。作为联盟的法人主体以及发起单位,广东省企业内部控制协会承担了联盟的运营管理职能,而联盟则是协会的主要活动平台。作为中国首个反舞弊民间合作平台,联盟在"反舞弊、树诚信、保健康、促发展"等方面起到了表率作用。

---

[*] 作者简介:陈梦妮,清华大学公共管理学院硕士研究生;卢文超,北京科技大学马克思主义学院讲师。

一 "企业反舞弊联盟"的成立背景

自20世纪90年代以来，企业舞弊现象已日渐成为影响经济发展的全球性问题。1995年美国发布的威尔斯报告称，美国每年因企业舞弊和滥用职权而导致的直接经济损失可能高达4000亿美元。因为舞弊危害的严重性，人们意识到，仅仅用一般活动处理这种社会现象并不能消除其带来的消极影响。因此，建立科学的企业反舞弊制度，成为世界各国企业管理的重要工作。

国际上，企业反舞弊制度不断发展完善。1988年，注册舞弊审查师协会（Association of Certified Fraud Examiners，简称ACFE）在美国成立，是迄今为止全球唯一一个专业反舞弊的国际组织，旨在预防和减少企业舞弊的现象，帮助会员增强侦察力和稳固力，他们提供的反舞弊审查服务在美国乃至全世界有着十分重要的影响。目前，ACFE已拥有超过50000名会员，遍布100多个国家。2008年3月，ACFE入驻中国并在上海成立分会，后于2010年开设了ACFE全国网络培训课程。而注册舞弊审查师（Certified Fraud Examiner，简称CFE）则是侦察和预防各种职场舞弊行为的专家，拥有CFE证书就代表拥有了一定水平的专业知识能力以及高层次专业技能。这项举措得到了世界500强企业、国际会计师事务所、全球风险管理顾问公司、中外上市公司等企业的广泛认同。除此之外，国际内部审计师协会（Institute of Internal Auditors）于2013年发布《反舞弊合作报告》，从公司内外部利益群体的角度为反舞弊工作提供了指导。

随着国际反舞弊制度建设进程的不断完善，国内企业反舞弊也日益提上日程，企业对防范和治理舞弊的需求空前迫切，必须借鉴国家反舞弊合作的有益经验，加强国内企业反舞弊联合与协作。

1. 加快推进社会诚信制度建设

诚信是中华民族传统文化的精髓，也是社会主义市场经济条件下企业合法合规经营的基石。党的十八大以来，我国加强社会诚信制度建设水平不断提高。2014年的《关于推进诚信建设制度化的意见》和2016年的《关于建立完善守信联合激励和失信联合惩戒制度加快推进社会诚信建设的指导意见》《关于加快推进失信被执行人信用监督、警示和惩戒机制建设的意见》,都为社会诚信奖惩制度机制提供了有效的制度支撑。社会诚信制度建设既为企业反舞弊工作提供了有力的政策支持,也对企业对于反舞弊工作提出了更高的要求,只有企业自觉承担起反舞弊责任,加强内控机制建设和企业间联合协作,才能有力推进整个社会诚信制度建设。

2. 提升中国企业反舞弊工作水平和效能

一方面,中国企业面临的舞弊风险日益严峻。随着经济的高速发展和企业的迅速成长,企业治理和合规监管却相对滞后,许多企业的反舞弊工作仍然存在许多问题。企业违规行为猖獗,企业内的舞弊现象频繁发生,各类舞弊已经成为对企业正常经营管理秩序的最大威胁之一,不仅给企业带来巨大的经济损失,同时也严重损害了企业竞争力和品牌形象。另一方面,中国企业反舞弊工作相对滞后,难以满足企业反舞弊需要。主要体现在监督制度不完善,执行力不足。一些企业没有建立健全规范化的反舞弊监督机制,对舞弊行为难以排查、取证。有的企业虽然制定了较完善的监督制度,但执行力不足,甚至采取下不为例的放宽态度从轻处理,弱化了惩罚制度的刚性与威慑力,助长了舞弊气焰。此外,企业反舞弊文化认知度较低。调查发现,高达41.18%的企业没有突出诚信文化特质。中国企业对内部控制、内部审计和监察三个方面认知缺失的比例分别为19.84%、19.05%、31.75%。因此,有必要通过加强企业反舞弊联合协作,更加有效地推进制度建设,强化反舞弊文化认知,提升中国企业反舞弊工作水平和效能。

3. 唯有协作才能有效开展反舞弊工作

由于舞弊行为查处的困难性,一些员工从某个企业"捞一笔"之后,跳槽到其他企业继续舞弊,等到企业发现了问题,人已经走了,这就导致舞弊人员钻空子,胆大妄为,认为总能想到办法逃脱。越来越多的企业意识到,反舞弊工作仅靠一个企业单打独斗是远远不够的,应在企业间加强协作,共筑防线,通过联合的形式,形成一个"巨网",以此来打击舞弊现象。

基于上述背景,为了加强企业间反舞弊联合协作,2015年6月18日,广东省企业内部控制协会联合阿里巴巴、碧桂园、复星、美的、顺丰、世茂、万科、中集等企业及中山大学,在上海正式成立"企业反舞弊联盟",

各单位签署了《中国企业反舞弊联盟公约》。

二 "企业反舞弊联盟"的创新举措

"企业反舞弊联盟"是中国第一个反舞弊非营利合作组织，其目的是通过创新与合作帮助企业实施反舞弊行动和制度建设，促进信息共享，为企业建立反舞弊经验交流平台，共同创造清洁的商业环境。联盟成立后，先后推出了一系列创新举措。

（一）推出"不诚信信息共享系统"

作为一个非政府非营利合作组织，反舞弊联盟旨在"诚实和反舞弊"。为了提高企业雇佣和运营机制的科学性，进一步实现净化社会和

反舞弊联盟发起单位

商业氛围与环境的最终目标，联盟于2017年正式启动了不诚实员工信息共享平台。联盟成员建立了自己的不诚实雇员名单，以便在成员需要调查时提供相关支持(不违反雇员的国籍和工会成员公司所在国家的相关法律法规)。任何被联盟成员公司确认犯有贿赂、盗用公司财产、出售公司商业秘密和利用其权力谋取不正当利益的员工，以及那些被解除劳动合同并在内地公开处理的员工均被归类为不诚实雇员。

"不诚信信息共享系统"符合企业反舞弊四层机制理论的提出。内部控制系统包括环境控制、风险评估、活动控制、信息和沟通以及监控。其中，环境控制为其他四个控制要素奠定了基础，还可以决定整个联盟的管理理念、责任模式和组织结构，这也是抵御公司舞弊的第一道防线。根据共享平台中已录入的员工信息，程序后台可以清楚地看到不诚信员工的相关信息，联盟成员可以通过系统拒绝雇用此类员工，并在一定程度上控制舞弊者的后续活动，这使得检测生成的公司舞弊和识别相关公司舞弊变得容易。

企业联合反舞弊行动、共享不诚实名单、联合调查和处理案件以及研

究和制定行业标准取得有效的成果。2018年5月25日，中泰审计监控中心收到了一份关于涉嫌舞弊的报告，但此时舞弊者已经离开中泰，到万科广州分公司工作。接到报告后，中泰迅速展开调查，并于6月20日移交刑事调查。7月16日，初步调查完成，嫌疑人被传唤出庭，但舞弊者在听到报告后仍然失去了联系，为了防止诈骗者逃跑并对侦察产生不利影响，中泰紧急联络联盟的赞助者寻求帮助，10小时后，诈骗犯被正式拘留。这个案例不仅反映了联盟在不同地方进行调查和相互帮助的权力，也显示了联盟在反舞弊事业中的威慑力和影响力。

（二）成立"调查专业委员会"，促进成员间的良好沟通

由于联盟成员分布广泛、难以集中，所以需要在不同地区开展交流活动，以此加深联盟成员之间的沟通，加强信息共享，提高反舞弊技能。在复星和世茂的推动和影响下，联盟于2016年成立了"调查专业委员会"，设立了华东、华南、西南、西北四个委员会，并通过微信平台进行定期沟通和交流。目前，联盟已经多次举办专业调查沙龙，深入讨论如何制定调查计划、使用调查策略、进行调查会谈以及在调查中突破案件。同时，联盟充分发挥成员单位的专家优势，开展反舞弊专业培训，大力培养反舞弊人才，提高中国企业的反舞弊能力，促进反舞弊事业的进一步发展。

调查专业委员会还在其成员单位之间组织了一系列交流和培训活动，并从企业内部反舞弊调查方法、不诚实人员和合作伙伴之间的信息共享等方面进行了深入的沟通和讨论，以促进企业之间技术交流。在2018年度会议上，联盟新增加了一个区域召集人制度，鼓励建立小型区域联盟，促进不同行业之间的多频率定期交流。召集人有责任每年至少组织一次区域成员交流、领导企业开放日和其他活动，以实现区域联盟企业之间的反舞弊业务协作和资源共享。自开始活动以来，联盟组织走访活动，得到广东移动、万科、顺丰、美的、广州地铁、达能中国、小鹏汽车、蓝光、海底捞、广东丝绸集团、广州建筑集团、万华化学、泰康保险等会员企业的大力支持。通过走访，加强了交流与沟通，同时深入了解联盟成员的需求和建议，不断改进对联盟成员的服务工作。除此之外，还通过线下办班或网上直播，在复星、阿里巴巴、

华夏幸福、新希望等成员支持下，举办包括《企业内部控制基本规范》及其配套指引、信息系统内部控制、大型上市公司内控操作实务、反舞弊调查技术、采购舞弊风险管控等专题培训，形式多样、内容充实，受到联盟成员以及受训人员的认可。

调查专业委员会的设立与企业反舞弊四层机制理论的内部审计相对应。有效客观的内部审计将在公司中发挥非常重要的作用。委员会成员与公司高级管理层保持密切联系和频繁接触，可以轻松识别公司的管理理念和风险信号，从而避免相关错误和公司舞弊。同时，联盟成员之间的相互学习和交流可以增强企业的反舞弊防御功能，加强调查委员会成员的道德标准建设，更好地监控公司员工的行为。

（三）发布《中国企业反舞弊蓝皮书（2018）》

2018年7月，企业反舞弊联盟发布了关于中国企业反舞弊现状的第一份权威研究报告，即《中国企业反舞弊蓝皮书（2018）》。在编写之前，为了能了解中国企业的欺诈和舞弊监管，联盟成立了一个由世茂集团、中山大学内部控制研究中心、非营利组织和广东省企业内部控制协会组成的研究小组。研究小组通过问卷调查，了解联盟成员单位的企业基本情况、舞弊事件、内部控制和反舞弊建设。问卷调查，汇集了联盟成员单位在内部控制、内部审计和反舞弊领域的经验和成就。统计发现，舞弊者年龄主要集中在40岁以下，占比80.51%；58.15%的舞弊者在企业工作年限不足5年。舞弊行为主要集中在销售部和采购部，占比分别为67.33%、55.45%；舞弊风险最高的环节是销售和采购环节，占比分别为65.42%、54.21%。舞弊者工作年限越长，造成的经济损失也越大；工作年限为10年以上的舞弊者造成的经济损失额是工作年限为1~5年舞弊者的4.7倍。[①] 除了对中国企业反舞弊工作现状的分析以外，还与国际上的反舞弊报告对比来检验结果，分析舞弊对社会的影响以及反舞弊的措施。该书通过分析FX廉政巡视案例、SHF数字化反舞弊案例、SHM反舞弊案例、家族式企

---

① 广东省企业内部控制协会：《中国企业反舞弊蓝皮书（2018）》。

业舞弊案例、IT部门集体舞弊案例的舞弊现象，总结了不同行业、不同部门的反舞弊工作经验，最后基于上述研究提出了政策建议，如需要高度重视舞弊低龄化问题、重视内部审计的重要作用、加强企业诚信文化建设、创新反舞弊方法及理论等。

《中国企业反舞弊蓝皮书（2018）》的发布，为企业反舞弊机制的建立提供了有效依据，使企业更好地观察和研究舞弊的细节，借此构建更具有针对性的反舞弊制度，降低舞弊对社会的危害。同时，通过对已实施反舞弊机制的企业进行多维度调查，有助于监管层了解反舞弊机制的实施现状及建设困难，能够更好地帮助监管层掌握舞弊行为的风险点，推进审计准则的完善，从而为继续推进反舞弊机制建设提供有效参考。

（四）参与ISO 37001《反贿赂管理体系深圳标准》的研制和实施

近年来，国际社会致力于研究和解决贿赂问题，制定了一系列国际反贿赂公约，中国对公司腐败、贿赂等行为的监管环境也变得越来越严格。2013年，在英国的倡议下，国际标准化组织成立了一个反贿赂项目委员会，为反贿赂管理系统制定国际标准。如果一个企业想要刺激市场创造活力、增强竞争力和提高品牌声誉，它确实需要一个内部系统来防止贿赂风险，并为企业"打虎拍蝇"提供有效的指导。公司如何建立有效的内部反腐败体系，如何全面预防和应对贿赂风险，以确保公司运营的合规性，这都是需要大家密切关注的问题。在深圳市纪委和深圳市标准学会的领导下，反舞弊联盟成员积极参与制定深圳ISO 37001国际反贿赂管理体系标准。《反贿赂管理体系深圳标准》的颁布标志着中国企业反腐倡廉改革创新又迈出了坚实有力的一步，有利于创造公平、公正、透明、良性的竞争市场环境，树立反贿赂的"标杆形象"。"深圳标准"的成功推广符合企业反舞弊四层机制理论的高级管理理念。公司舞弊的发生在很大程度上取决于整个公司的管理思想。为了树立正确的管理理念，管理者必须能够识别和判断导致公司舞弊的因素，并建立严格的内部控制系统来防止公司舞弊。"深圳标准"可以规范员工的行为，只有建立健全的书面管理规则，才能为员工制定明确的道德标准，并引导员工为公司带来最大的利益。

三 "企业反舞弊联盟"的创新成效

"企业反舞弊联盟"推出"不诚信信息共享系统"、成立"调查专业委员会"、发布《中国企业反舞弊蓝皮书（2018）》以及参与 ISO 37001《反贿赂管理体系深圳标准》的研制和实施等创新举措，取得了较好的成效。

（一）发展高质量成员，扩大了反舞弊工作网络

自企业反舞弊联盟成立以来，发展了大量高质量的成员。截至2018年底，企业反舞弊联盟共有321家优秀企业代表，涵盖华北、华东、华南、中西部和其他地区，遍布22个省份，其中超过50%为上市公司，入选2018年世界财富榜500强的近10%，中国500强的近20%。在积极推进跨行业诚信从业人员信息共享平台，共同提高联盟企业反舞弊机制和管理水平的同时，联盟还引导员工从事诚信和法律业务，共同促进企业和全社会对诚信从业人员的认可。诸多企业的加入表明企业反舞弊联盟的深远影响力，并且带领着中国企业的反舞弊工作稳步推进，对社会诚信建设的发展贡献一份力量。

（二）信息共享系统提高了反舞弊工作效率

"不诚实信息共享系统"借助信息技术，使传统的监管模式发生了变化，提高了效率，反舞弊工作得到了极大推进。自平台使用以来，共有70家单位参与黑名单信息共享，录入信息约500余例，该平台充分利用数据统计和互联网共享来发现问题，使企业能够更准确、更快速地解决问题，不仅停止雇用不诚实的员工，还能发挥监控作用，确保全面的信息共享、高透明度和广泛的受众。

（三）交流形式多样，形成良好反舞弊合力

企业反舞弊联盟为企业提供了诸多的交流机会。联盟不断完善官网和各种信息交流平台，包括微信群的管理，使成员单位间的工作联系与信息沟通更加密切，通过群内沟通，加强反舞弊实务技能和沟通协作。线下交

流座谈也非常丰富，从联盟成立至今，每年都会举办半年会和年会，总结当下的工作成果和未来规划；企业间也会不定期地进行互相走访参观、案例研讨等交流座谈活动。此外，联盟召开两届反舞弊调查技术高级研修班，针对当前形势下企业反舞弊调查技术进一步创新和提升，邀请了多位知名专家进行授课。形式多样的交流活动有助于联盟成员更好地团结在一起，形成良好的反舞弊合力。2018年12月22日，企业反舞弊联盟公布了两则典型案例。

案例1

2018年4月，反舞弊联盟单位新力集团的审计监察中心发现其设计中心实操中违反内部管控制度，内部员工存在着重大的舞弊嫌疑。调查时，新力集团审计监察中心通过联盟的沟通协调机制，在联盟业内各同行的大力支持下，三名涉案前员工均被公安机关采取刑事强制措施，主犯现已被依法逮捕，查处涉案金额400余万元。

案例2

柒牌集团风险控制中心审计发现河南分公司渠道部经理宋某，在任职期间，有利用职务侵占的犯罪嫌疑。经调查，嫌疑人宋某利用职务之便瞒报转租。中心审计负责人通过各种方式查找线索，后发现该店疑似已转租联盟成员单位乔丹体育，发现疑点后马上请求乔丹体育协助调查，乔丹体育将租赁的情况真实反馈到柒牌中心审计。宋某已于2018年12月13日移送司法机关，目前被刑拘于郑州市看守所。

可见，企业间的联合作用是非常强大的，如有廉洁疑点，联盟成员间的沟通协调，大幅提高工作效率。联盟通过开展成员间的交流活动以及培训活动，增强了企业反舞弊工作的专业性，互相吸取经验，为企业的反舞弊工作提供了非常大的便利，形成了良好的反舞弊合作力量。

四 "企业反舞弊联盟"的发展前景

为了更好地实现"讲诚信、强内控、反舞弊"的宗旨，"企业反舞弊联盟"于 2018 年提出了"合力构建廉洁商业社会"的战略目标与美好愿景。围绕这一愿景,"企业反舞弊联盟"应从以下几方面持续开展创新探索。

(一)坚持规范自身建设,进一步健全内部控制制度

健全内部制度,使企业反舞弊联盟的工作更加规范和高效。未来继续加强黑名单信息共享,尽快将信息共享从不诚信职员扩展到不诚信供应商范围,构建完整、全覆盖的不诚信信息共享系统。与此同时,对于舞弊行为的防控提前做好舞弊审计计划,遵循公司的政策,并且测试那些最有可能遭受蒙骗的方面,包括财务纰漏、潜在损失和风险等,利用信息化手段将所有的信息在不违反法律法规和泄露商业机密的情况下进行共享。内部审计人员既要了解过去有关的事件还要考察管理的工作态度、责任心及诚实品质等,时刻警惕可能出现的不正当行为的情况,进行风险分析和控制评价。内部控制制度不仅能够提高企业经济效益,还能通过职责分离、职位轮换等措施防范舞弊,完善的内部控制制度和内部审计制度相辅相成,减少舞弊行为出现的机会。

(二)进一步推动职业认证机制,提升工作人员的专业性

推动联盟反舞弊技术职业认证机制的实施,根据成员单位的需求,组织不同形式、不同专题的业务培训,使提升联盟成员思想水平和业务技能成为常态。建立有能力和经验丰富的专业调查小组,强化人才培训和能力创新,加大技术培训力度,推进反舞弊职业人才培养认证体系建设,传播新知识、新观念、新做法、新技术,全面提升我国企业内控管理和反舞弊战斗力。

(三)坚持创新精神,进一步助推社会诚信建设

企业反舞弊联盟工作的创新思路值得借鉴,今后也要坚持编制"中国企业反舞弊蓝皮书",增加廉情指数发布等内容,坚持组织编写反舞弊案例库,探索舞弊风险预警指标体系建设,让更多企业受益。同时,未来也要继续加强联盟成员间的互动,做好"资源共享,经验互补",同时充分

发挥媒体作用，结合开展评先活动，弘扬正能量，为社会诚信建设营造良好氛围，贡献积极力量。

企业反舞弊是实现我国市场经济稳健发展的前提，反舞弊工作不仅仅是企业个体的单打独斗，更是整个社会的共同责任，必须加强企业间反舞弊联合协作。"企业反舞弊联盟"的成立及其一系列创新举措，扩大了企业反舞弊合作网络，促进了企业间反舞弊的信息共享与经验交流，加速了企业实施反舞弊行动和制度建设，提升了企业反舞弊工作的效率和效能，打开了社会共同反舞弊的新思路，为营造廉洁商业环境、建设诚信社会贡献了重要的积极力量。

基金会中心网：
打造中国慈善业的"玻璃口袋"*

> **颁奖词**
>
> 基金会中心网在行业危机中创立，其勇气与担当足堪称道。其成立之初，就具备宏大的国际视野和很高的起点。通过迅速开发、发布和运用"中基透明指数"，给中国基金会行业带来了积极影响，超越了国际同行。尽管目前仍面临不少困难，但由于其内部治理机制较为完善，数据收集渠道日渐增多，加之已经形成的影响力、公信力，其未来可持续发展之路值得期待。

"玻璃口袋"是美国基金会中心于2010年提出的一项倡议，旨在倡导互联网时代的慈善透明性。通过提供基金会数据、资源、范例和行动步骤，"玻璃口袋"使基金会了解透明的价值，在其各自交往中更加开放，并帮助证明社会组织可以造福公众利益。

这一倡议迅速得到中国同行的响应。2010年7月8日，由中国35家知名基金会联合发起的基金会中心网（China Foundation Center）正式成立，该机构由北京恩玖非营利组织发展研究中心具体运行，旨在建立基金会行业信息披露平台，提供行业发展所需的能力建设服务，促进行业自律机制形成和公信力提升，培育良性、透明的公益文化。随后，该机构利用其人才与技术优势，开发了中国基金会透明指数（以下简称"中基透明指数"）。中基透明指数于2012年正式上线，是一套综合指标、权重、信息披露渠

---

* 作者简介：袁柏顺，湖南大学廉政研究中心执行主任、教授；欧阳庆芳，三峡大学法学和公共管理学院教授；贺海峰，清华大学廉政与治理研究中心博士后。

道、完整度等参数，以排行榜单为呈现形式的基金会透明标准评价系统。该指数是基金会中心网致力于促进慈善行业透明与自律，服务基金会能力建设的主要工具，也为"玻璃口袋"倡议提供了由价值到标准、由理念到实践的工具箱。基金会中心网的建立与持续运行，以及中基透明指数的开发与运用，不仅助推中国慈善业"玻璃口袋"的打造，也为世界慈善业的透明化做出了贡献。

一 创新动因

（一）宏观动因

中国的基金会行业自 20 世纪 80 年代以来一直在迅猛发展，基金会数量和资产总额都在急剧增多。其中，数量从 1981 年的 4 家增长到 2010 年的 2267 家，2010 年资产总额则是 2005 年的 6.4 倍。但与此同时，绝大部分基金会自身的管理缺乏规范，对捐助者和社会的负责机制并未普遍建立，行业乱象丛生，信息披露渠道十分有限、透明度整体水平不高等问题尤其突出。虽然有识之士一直在呼唤基金会行业的自律、自立，我国政府 2005 年以来也逐步加大监管力度，强调基金会管理规范和信息透明的要求，但无论是基金会行业的自律还是政府的监管，都缺乏简便易行的监管实现手段。如果说透明度是社会、政府和基金会行业自身的共同要求，从而构成基金会中心网及其中基透明指数相关创新的宏观背景，那么促使其诞生的最关键动因，则是中国基金会行业基于自身生存

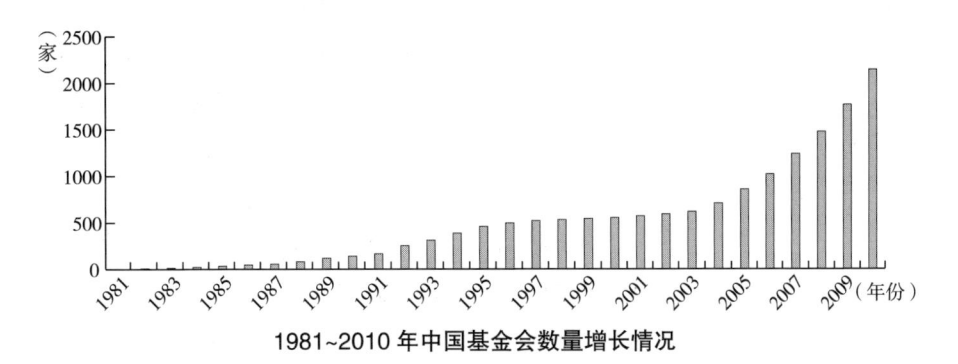

1981~2010 年中国基金会数量增长情况

和发展的迫切需要而进行的自我探索创新。

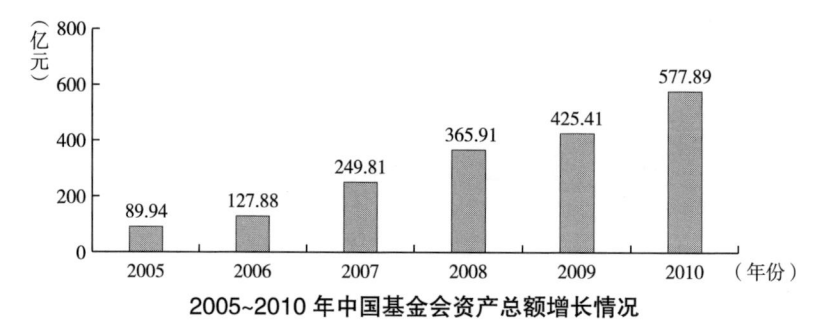

```
2005~2010年中国基金会资产总额增长情况
(亿元)
2005: 89.94
2006: 127.88
2007: 249.81
2008: 365.91
2009: 425.41
2010: 577.89
```

（二）慈善行业的危机倒逼

慈善业透明度问题最早吸引公众的广泛关注，是2008年四川汶川地震之后。2009年8月12日《中国青年报》刊发报道，称八成地震捐款可能转入政府财政。文章统计和发布了相关具体数据，指出震后来自全国的抗震救灾捐款捐物总数达到了767亿元左右，而这些来自民间的捐款，80%左右流入了政府的财政账户，由政府部门统筹用于灾区。尽管最初主要的质疑只是来自学界与媒体，但这一现象随即引发社会各界对捐款流向与管理的极大关注与深刻反思。

2011年6月，一名自称为红十字会下属的红十字商会总经理的女孩郭美美，因为炫耀其奢华的生活方式而引起社会的更大关注甚至强烈愤怒。人们怀疑其贪污了善款，进而质疑红十字会本身的管理。虽然郭美美的头衔并非真实，但这一丑闻迅速而广泛地发酵，成为全社会关注的热点事件。郭美美事件所带来的巨大危机，不仅冲击了中国红十字会，也冲击了整个中国慈善业；不仅导致基金会筹款本身受到明显而剧烈的影响，使随后半年中全国慈善组织的筹款下降了86.6%，更致命的是导致公众对我国慈善业信心的急剧降低甚至丧失。

如果说汶川地震捐款事件的危机在一定意义上催生了基金会中心网的应运而生，那么，郭美美事件的发生及其后面临的慈善业的危机在很大程度上推动了中基透明指数的加速开发与迅速投入运用。在很大程度上，无论是基金中心网还是中基透明指数本身，都是基金会行业中的有识之士们酝酿已久、此前已筹备有日的结果，或是既定日程之中的安排。

(三)基金会中心网及其开发的中基透明指数的使命与价值催迫

基金会中心网的使命与价值，反映在其 Logo 的设计中。基金会中心网负责人解释说，"基金会中心网的 Logo 是一个沙漏，象征着公信力，象征透明公正和标准"。机构的使命与愿景，是通过建立基金会信息披露平台，提供能力建设的服务，促进形成行业自律机制，提升公信力，从而促进创建一个良性的透明的公益捐赠文化。而其后开发的中基透明指数，诚如时任基金会中心网理事长徐永光所言，给了公众一把打开基金会透明大门的钥匙和做出选择的依据，这正是中基透明指数最重要的价值。可以说，基金会中心网本身及其开发的主要工具中基透明指数，其使命在于帮助打造中国慈善业的"玻璃口袋"。截至 2018 年 9 月 3 日，基金会中心网已收录全国 6720 家基金会的信息，所有这些信息均可免费向社会开放，社会公众均可以通过基金会中心网查阅到各个基金会的信息及其项目运行等状况。

公信力是基金会中心网及其中基透明指数的终极价值和生命线。在与一些基金会代表的座谈中，当我们问及，对于任何一家基金会来说，其关键或生命线是什么？与会代表毫不犹豫地一致表示："在于公信力！"显然，公信力已然成为基金会行业管理者乃至从业者的共识。"打铁必须自身硬"，对于致力于提升行业公信力的基金会中心网来说，公信力作为生命线同样适用，甚至可以说更受珍视。在基金会中心网办公场所一个通往会议室的过道上，就挂着一幅字画，即由人民币贰角纸币的设计者所题写的"公信力"三个大字。这三个大字，似乎在无时无刻地彰显着基金会中心网的价值，并提醒其工作人员时刻注意依此价值开展一切工作。

对公信力的珍视，使得基金会中心网在披露相关信息的时候，尽力保证数据披露行为的客观公正。不进行价值评价，是其一个重要原则。基金会中心网及其管理者强调和坚持不以私交或利益来交换原则，倡导和鼓励各基金会在自己的互联网网站披露信息，而不是仅仅在传统平面媒体上披露信息,更不是只向政府管理部门提交和披露信息,意图借此可以让基金会和基金会中心网同样面向公众并引入公众无时不在、无处不在的监督。中心网的数据坚持直接来源于各基金会而不是由自身做出修改和编辑,这不仅是在鼓励各基金会如实和尽可能全面地披露自身信息,对基金会中心网自身而言,亦在确保其信息披露的不偏不倚、客观公正。其中,中基透明指数的相关排名,其数据亦来源于各基金会各自的信息披露。

二 创新内容

(一)以数据说话,助推慈善业的透明与自律

"除了上帝,任何人都必须用数据说话",这一名言为基金会中心网所信奉和实践。作为服务中国现代慈善业的第一步,基金会数据中心的建立无疑至关重要。数据中心可以让公众、企业和相关捐助者方便、快捷地找到相关基金会的详细信息,从而决定其捐款选择、监督其善款管理,了解善款使用成效,寄望善款达成善心之所愿。基金会中心网的运营者为此付出了艰辛努力。

在该网创立之初,几乎没有基金会自觉自愿披露信息或主动提供信息。很多基金会的信息只能来自各地民政部门披露的年报,还有一些只能从税务信息等相关资料中进行大海捞针式的查找。更麻烦的是,许多基金会的信息根本语焉不详,基金会中心的数据收集工作之难度可想而知。如果说作为基金会管理的"内行"查找各基金会数据、了解各基金会信息尚且如此艰难,那么对于社会公众来说,要了解基金会信息的难度更可想而知。监督的前提和基础是知情。社会公众了解信息都难以做到,相关监督更无从谈起。可以说,基金会中心网收集和披露基金会行业的相关信息,是中国基金会行业的一项基础性工程。基金会中心网使出百般解数,充分利用一切可能的各种渠道收集数据,而数据汇集与披露展现出借由透明度的提升带来基金会公信力的提升之成效后,越来越多的基金会在信息提供和披露方面表现出越来越强的合作意愿。经过多年的

持续努力，基金会中心网收集的数据现在已覆盖到全国6720家基金会的信息，而且其中的信息也越来越详尽。要了解中国基金会，可以借由基金会中心网的数据"一网打尽"。诚如捐赠方代表、诺基亚企业社会责任部经理程兆敏所言："我们在选择哪个慈善方案的时候有很多选择……（基金会中心网）给我们提供了一个平台，一个桥梁，可以让我们的企业更好地了解各家基金会，它所擅长和它所做的这种项目，以及它各方面的一个管理……让我们的好事能做好。"

其实，这种数据汇集与披露的受益者，远远不止有意愿捐款的机构和人员，无论是企业还是个人。从一定意义上来说，社会监督、政府监管，都离不开基金会的真实和全面数据。可以说，基金会中心网的数据采集、汇总、披露等相关工作，对于政府、社会以及基金会行业自身发展来说，都是一项基础性工程。

（二）增加中国基金会透明度的重要抓手

中基透明指数有力地促进了中国基金会的透明度，诚如相关报道所言，"给公众一把打开透明大门的钥匙"，也给基金会行业自律提供了重要抓手。其主要开发者告诉我们，中基透明指数不是为了给大家做一个排名，"它就是为了促进透明，促进基金会做信息公开"。

中基透明指数设置的栏目包括资助人搜索、项目搜索、受资助者、项目核准、信息披露等，给资助人提供资助选择前、资助后项目监督的信息服务；也在官方网站上设置了项目管理规制、财务规制、人力资源规制、组织规则等栏目，帮助行业自律，促进其能力建设。对于缺乏基金会管理经验的绝大多数基金会来说，中基透明指数所设置的栏目、所提出的一系列指标，实际上可以起到引导基金会在管理过程中关注相关方面并开展管理，帮助其提升管理水平。诚如2012年美国《华尔街日报》所观察到的，中基透明指数"在帮助中国如何运行慈善组织"。[1]可见，中基透明指数特别值得称道之处，在于促进行业透明方面的特殊功用。

---

[1] Helping China how to run a charity organization, *The Wallstreet Journal*, October 8, 2012.

1. 倡导性是中基透明指数设计的重要原则

通过指数维度、指标与权重等方面的设计，打造了"透明口袋"标准，为促进基金会透明化提供倡导。中基透明指数的维度包括基金会基本信息、财务信息、项目信息，分别有 16 个、16 个、8 个指标。中基透明指数的分值是由多项以透明为标准的指标合计得出的。其具体公式是：

$$FTIn= \sum (T_i \times W_i \times S_i \times C_i)$$

其中，T_i 指第 i 个三级指标是否披露，值为 0 或 1；W_i 指第 i 个三级指标的权重，值范围为 1 至 9；S_i 指 i 个指标的信息来源，来源官网时 S_i 值为 1.2，来源其他渠道时 S_i 值为 0.8；C_i 指第 i 个指标信息披露完整度，值介于 0 到 1 之间，完整度越高值越接近 1（该参数仅应用于主要项目信息分数的计算）。

这些指标的设计，使得自觉自愿披露、通过互联网披露、披露越完整的基金会，在其中的得分就越高，排名更为靠前。而排名靠前者无疑会更受关注，更值得信任和托付。中基透明指数通过这种排行榜，形成倡导透明、鼓励信息披露的明确导向。

2. 发展性是中基透明指数设计的重要原则

该指数指标设计与赋权调整的动态性，推动基金会行业不断提升其透明度。2012 年发布的第一版 *FTI* 共 129.40 分，包含 60 个指标。2014 年经过调整，*FTI* 总分从 129.40 分改为 107.20 分，指标从 60 个改为 47 个。2018 年再次改版，总分从 107.20 改为 100 分，指标从 47 个改为 40 个。当某些信息的披露如各基金会办公地址的公布，已经为各基金会普遍实现，近乎行业不成文规则之时，该项指标即会被删除，即某项指标在达成行业透明的目的之后则"功成身退"。另外，根据社会关注度和基金会自身管理需要，中基透明指数适时将有助透明的一些指标加入其中，可以促使各个基金会注意到社会关注的某一方面，从而及时披露相关信息。

在中基透明指数的鼓励下，基金会披露的信息越来越全面，每年获得满分的基金会在不断增加。指数发布的当年仅 14 家基金会获得满分。2018 年共 151 家基金会获得满分，其中有 41 家连续 5 年都是满分。

2012~2018年中基透明指数变迁

3. 发布榜单，及时且持续更新

发布榜单使中基透明指数成为公众、企业等选择捐赠机构，公益行业内部选择合作机构的重要参考。反过来，这也促使各个基金会更进一步提升透明度与自律，从而推动透明度提升的良性循环和可持续发展的形成。在2013年四川芦山地震中，中基透明指数榜单中获得满分的89家公益基金会，其中17家获得了超过10亿元资助，占全部基金会所获资助的76%。而中基透明指数对于项目透明指数的涵括，不仅有助于捐赠人的监督与知情，更形成舆论压力使得各基金会尽力履行承诺，达成项目使命的完成与实现。在雅安芦山地震的救灾项目中，中基透明指数通过将相关项目数据的持续挂网，提醒基金会注意公众的一直关注和持续监督，默默督促着项目的完成。

国际上不少有着较大影响力的排行榜，往往有其不能公开的所谓"独家渠道"数据来源、"独家秘方"，作为测算依据的指标设计和计算过程。中基透明指数的设计与运用应该说不在此列。其自身对于数据来源与内容的客观性十分看重，并且长期坚持，不会因为人情关系而影响排行，也不会由于其为基金会中心网本身提供资助而具有任何优先排名的特权。不仅如此，基金会中心网对于指数本身的透明程度一直坚持高标准。基金会中心网负责人说："倡导透明的组织或个人，一定要自己先做到透明。"因此，中基透明指数坚持规则完全公开，以及所有的计算值都可以检验。即使其指标的设计及其权重的设计是否完全合理或许可议甚至有明显不足，但正如君子之行如昭昭日月，众皆可观，而没有任何掩饰。

三　创新效果

随着中国基金会透明度的改进与提升，公众对慈善业的信心得以恢复，中国基金会得到高速、健康与可持续发展。基金会数量从 2008 年的 1585 家，已经发展到 2018 年 12 月的 7049 家，基金会总资产从 2008 年的 361 亿元，发展到 2017 年的约 1471 亿元。虽然中国基金会的发展有着多方面的因素，但在这一过程中，基金会中心网及其中基透明指数，可以说做出了突出贡献。

中国基金会数量和资产总额变化（2005~2018 年）

年份	基金会数量（家）	基金会总资产（亿元）
2005	927	88
2006	1100	126
2007	1332	247
2008	1585	361
2009	1881	418
2010	2267	570
2011	2673	718
2012	3104	858
2013	3686	988
2014	4323	1124
2015	4999	1272
2016	5816	1454
2017	6502	1471
2018	7049	—

基金会中心网及其中基透明指数的贡献，得到了媒体、学界与社会各界的强烈关注，在中国社会产生了广泛影响。截至目前，基金会中心网就行业透明度建设方面，已接受各类媒体采访上千次，并斩获国内媒体发起的一系列相关奖项。例如，基金会中心网成立当年，即荣获《环球慈善》设立的环球慈善项目奖，新华社《半月谈》将其创立视为"中国社会建设 2010 年十大新闻事件"之一；2011 年，《南风窗》授予其"为

了公共利益"年度组织奖,《中国慈善家》评价其为推动中国慈善业发展的十大组织之一;2012年,《南方都市报》授予其"公益行动奖";2013年,《南方日报》授予其"南方致敬公益组织奖";2014年,《北京晨报》授予其"最创新公益奖"。除了媒体的关注,学术界对其亦赞誉颇多,例如2012年,基金会中心网荣获"中国社会创新奖"。基金会中心网及其中基透明指数相关工作的开展,对政府实施监管的作用与意义不言自明,而其自身的自律与管理亦足为典范。相关政府管理部门除了在不同时期、不同场合表达肯定之外,亦于2017年将其评定为"5A级社会组织"。基金会中心网及其中基透明指数或许还有着更为深远的意义。这一意义正如《南方都市报》在授予其"公益行动奖"时颁奖词中所指出的,中基透明指数的意义与价值不仅仅在基金会为基金的筹集与使用等自证清白,展现公益界的自信,更重要的是"确立社会自立精神"。

基金会中心网及其中基透明指数,对于政府相关部门全盘掌握其监管对象,并以此作为重要参考依据,实现有效监管都有帮助。但最为重要的是,相关创新对中国慈善行业透明度的提升产生了较大的推动作用。诚如清华大学创新与社会责任研究中心主任邓国胜教授所言:

> 从汶川到雅安,60%左右的基金会信息披露更完整、更及时……为什么从汶川到雅安这么多的基金会信息披露,有进步呢?最主要的原因之一是由于有独立第三方信息披露平台,在背后推动了基金会信息透明。这是基金会透明最重要的一个原因。

基金会中心网及其中基透明指数为信息化时代基金会行业透明度提升提供了可靠而有力的实现手段。信息化时代对于透明度的要求无疑是空前的,这对于社会三大部门来说都是共同面临的挑战。而对于基金会行业来说,因其存在与发展都仰仗公信力来获取政府与社会的支持,这种挑战与要求显然更为严峻、更为迫切。中基透明指数作为实现信息时代透明度的重要手段和技术工具,无疑是一项可行的重要创新。这一创新,不仅对于中国基金会行业来说具有重要意义,而且对于全球基金会行业来说都具有十分广泛的应用意义。也正是在这一意义上,不仅国内学界与基金会实务界公认其为"明亮的指路灯""行业的标尺",作为全球基金会行业龙头的美国,其基金会中心总裁也表示,应该向其中国的同行学习,以切实提高"帮助美国基金会满足在信息时代对透明度的要求的能力"。巴西的同行也表示,中基透明指数的相关指标体系和计算方法是"解决我们巴西基金会透明度的最佳解决方案"。而来自澳大利亚的同行与新加坡的学者,也都表达了学习甚至引入相关经验的愿望。截至目前,全球已经有近20家组织与其联系,希望引进基金会中心网在透明度建设方面的思想、技术和管理运营,以推动当地的慈善组织透明度的提升。新加坡资政吴作栋曾指出,基金会中心网在亚洲慈善透明方面发挥了"榜样力量"。此外,基金会中心网参与了《国际慈善数据宪章》的起草和制定,成为"全球资助者协会"的理事。从上述意义上来说,基金会中心网及其中基透明指数慈善业的贡献,不仅在于中国,也在于世界。美国基金会中心总裁布拉德·K. 史密斯评价说:

>中基透明指数的上线,意味着基金会中心网正在为中国乃至世界的基金会行业设定新的道德标准。人们常为中国基金会行业的高速发展而感到惊叹,而今天中国政府在基金会信息披露上设定的高标准和基金会行业自身推出的更加严格而公开的指数,更完全出乎全球领袖们的想象。我们美国基金会中心将努力向中国基金会中心网学习,来提高我们帮助美国基金会满足在信息时代对透明度的要求的能力。

四 问题及展望

基金会中心网一开始就参考美国基金会中心的相关经验,其机构之成立与指数之开发具有宏大的国际视野和很高的起点。通过迅速开发、发布和运用中基透明指数,中国基金会中心网超越世界各国的同行,堪称一大创新。相关创新对慈善业本身以及对社会带来的积极影响值得高度肯定。其资金获取渠道稳定,自身亦通过较为民主、科学的内部治理机制,而使得相关创新具有可持续性。社会环境的整体改善,其数据收集渠道的增多,业已在行业内部与社会乃至国际所具有的影响力、公信力，使得其持续发挥作用有着更大的可能性。

不过，因为基金会中心网自身资源的有限性，包括经费、人力资源等方面的有限性，其促进作用的充分发挥尚有改进的空间。我们注意到，虽然其最初的使命是希望促进整个中国基金会行业，包括全部基金会在透明度方面的整体提升，但现实的情况是，部分珍视公信力的企业对于中基透明指数有着更高的敏感度，愿意追随其所倡导的价值、设定的标准而不断地提升自身的透明度。而一些基金会长期处于榜单的末端，在追随标准、提升透明度似显进度迟缓甚至无动于衷。虽然前者的数目在不断增加，后者的数目仍为数甚巨。另外，我们还注意到，中基透明指数榜单中基金会透明度存在明显的地区差异。2018年，北京、重庆和四川地区的基金会透明指数平均得分，相对于其他省份来说，分数较高。上述现象的出现，其主要因素在各基金会自身的观念与作为，以及各个地方民政部门在管理方面的差异。

不过，这并不意味着基金会中心网难以有所作为。其若能进一步加强与更多地方政府、更多基金会的伙伴关系，将宣传明确纳入发展战略从而使得更多基金会认识到透明和公信力的重要性，中基透明指数若能通过指数的设计更好地处理"普及"与"提高"的关系，可以合理预期，其帮助提升我国基金会行业自律、自立方面的效果将更为显著，会使更多基金会受益，则一定可以使整个基金会行业透明度既有普遍性的增强，又有持续不断的提升。这种提升，所造福的远不仅仅是中国慈善业本身，更有助于推动整个"廉洁中国"的建设。

附 录

首届"中国廉洁创新奖"获奖及提名奖名单

一 获奖名单

序号	获奖项目名称	获奖单位
1	阿里巴巴廉正合规体系化建设	阿里巴巴（中国）有限公司
2	基于"互联网+"的扶贫惠民资金精准监督创新	福建福州市纪委监委、市财政局
3	"最多跑一次"改革	浙江省"最多跑一次"改革办公室
4	"有效最低价"：建设工程招投标评审体系创新的合肥模式	安徽公共资源交易集团有限公司
5	公款存储"潜规则"治理	福建龙岩市纪委监委
6	宁海村级小微权力清单三十六条	浙江宁波市宁海县委
7	企业反舞弊联盟	广东省企业内部控制协会
8	全国首个村务监督委员会的创建及村级监督实践	浙江金华市武义县委
9	四川省党风廉政建设社会评价	四川省纪委
10	农村集体"三资"监管机制创新	江苏苏州市纪委监委

二　提名奖名单

序号	获奖项目名称	获奖单位
1	"互联网+"时代的企业廉洁体系综合创新	三只松鼠股份有限公司
2	规范"一家两制"管理创新	浙江金华市义乌市纪委监委
3	反贿赂管理体系的"深圳标准"	广东深圳市纪委监委
4	麻阳苗族自治县"互联网+监督"平台	湖南怀化市麻阳苗族自治县纪委监委
5	政府直审"村官"模式	山东淄博市淄川区委区政府
6	国有企业"大监督"体系创新的国网新源模式	国网新源控股有限公司
7	党内监督责任清单化管理	四川宜宾市纪委监委
8	打造基金会行业的"玻璃口袋"	北京恩玖非营利组织发展研究中心（基金会中心网）
9	山东曲阜"廉洁城市"建设	山东济宁市曲阜市委

致　　谢

　　党的十九大报告明确指出，要"增强改革创新本领，保持锐意进取的精神风貌，善于结合实际创造性推动工作"。党的十八大以来，以习近平同志为核心的党中央坚持以零容忍态度"打虎""拍蝇""猎狐"，同时创造性地提出了一系列制度创新，推动夺取反腐败斗争压倒性胜利，全面从严治党已经取得重大成果。在这一过程中，我国各级党政机关、各类企事业单位和社会组织等的廉洁创新不断涌现，有一些创新在实践中已经取得重要进展。这本《廉洁创新的中国实践》，系统地剖析了首届"中国廉洁创新奖"19个获奖项目，是理论密切联系实际、学术界和实务界协作培育的"创新之花"，也代表了党的十八大以来我国地方廉洁创新实践的最新成果。

　　我们要衷心感谢中央纪委国家监委等中央国家机关相关领导对首届"中国廉洁创新奖"评选及本书编撰工作给予的关心、帮助和指导，衷心感谢中国石油化工集团公司纪检监察组对评选活动给予的大力支持。同时，国内廉政学界相当一部分有影响力的学者和一批生力军，也都怀着推动理论和实践创新的使命感，投身到我们评奖活动的相关环节中。新闻界也给予了热情关注和追踪采访，发表了一系列有分量的报道，在此一并表示感谢。

　　我们要感谢参加首轮评审的专家。他们是北京航空航天大学杜治洲教授、西安交通大学李景平教授、中国政法大学李莉副教授、中南大学李满春教授、南昌大学廖晓明教授、四川日报报业集团副总编辑廖翥、中国矿业大学(北京)刘金程副教授、广州大学卢汉桥研究员、三峡大学欧阳庆芳教授、上海师范大学商红日教授、湖北省社会科学院唐坤研究员、吉林大学王立峰教授、检察日报社编委王治国、成都理工大学肖云忠教授、江南大学徐玉生教授和湖南大学袁柏顺教授等。

我们要感谢冒着酷暑、奔赴全国各地参加实地考察的专家。他们是青岛大学陈洪连副教授、福建农林大学陈建平副教授、复旦大学李辉副教授、贵州师范大学李运才教授、南昌大学罗文剑副教授、内蒙古大学孙凯民教授、天津大学闫东玲教授、福州大学叶先宝教授和长春师范大学朱明仕副教授等。其中部分老师也参与了案例分析和报告撰写工作。

我们要感谢参加最终评审的专家。他们是来自学术界的香港城市大学公婷教授、中国政法大学副校长马怀德教授、中山大学倪星教授、中央党校(国家行政学院)汪玉凯教授;来自实务界的中央纪委原副局级纪检员、监察专员邵景均,北京市纪委原副书记、监察局原局长王海平,北京市海淀区委常委、纪委书记、监委主任肖韵竹等;来自新闻界的人民日报社政治文化部主任温红彦,中国纪检监察报社副总编辑肖云祥,检察日报社副总编辑魏星,中国新闻社通稿中心副主任陈立宇等。

我们也要感谢在现场为获奖单位颁奖的领导和专家。他们是中央纪委研究室原主任李雪勤、清华大学程文浩教授、北京市哲学社会科学规划办公室刘军处长和刘峰杰等。

我们还要感谢所有积极参加申报的党政机关、企事业单位和社会组织等单位及相关领导。由于篇幅所限,我们难以在此列出这份长长的名单,但他们推动廉洁创新的热情和责任感,以及持续不断的探索和努力,令我们备受感动也倍感振奋。特别是首届"中国廉洁创新奖"10家获奖单位和9家提名奖获奖单位领导,分别对案例报告细节进行了核对,并提出了中肯的意见和建议,从而确保了本书内容的真实性和时效性。

最后需要感谢的是组织委员会和评选委员会的全体工作人员,他们为评选活动的顺利推进和案例的后续推广承担了大量细致的工作。评选委员会副主任何增科教授对具体评选、实地考察等进行了悉心指导,组织委员会副主任宋伟副教授负责日常的统筹协调及国际交流工作,组织委员会办公室贺海峰博士后承担了具体的协调联络、文稿起草和书稿编辑等工作,安家妤老师承担了具体的会务协调和国际交流等工作。周磊博士后、李论博士、范舒瑞博士、李松锋副教授、卢文超讲师、潘春玲讲师、杜函芮博士和刘梦滢老师，以及陈梦妮、董昊、张译文、秦萌和刘琨等同学，分别承担了具体的实地调研及案例撰写等工作。评选委员会办公室彭舒新老师、牛朝辉讲师、洪宇博士、薛彤彤博士和王方方博士等，也参与了部分的专家联络、实地调研及案例撰写工作。社会科学文献出版社王玉霞老师为本书出版提供了很多具体帮助，在此也向她表示诚挚的谢意。

  尽管我们付出了极大努力，但由于出版时间较为仓促，本书难免会有疏漏之处。同时，由于各地廉洁创新动力之强、进展之快，令人目不暇接，也难免存在一些遗珠之憾。期待广大读者朋友不吝赐教，共同挖掘和推进中国廉洁创新，助力实现海晏河清、朗朗乾坤！

编　者
2019 年 2 月 28 日

图书在版编目（CIP）数据

廉洁创新的中国实践：首届"中国廉洁创新奖"获奖案例集/任建明，过勇主编.--北京：社会科学文献出版社，2019.4（2022.3 重印）
ISBN 978-7-5201-4458-2

Ⅰ.①廉… Ⅱ.①任… ②过… Ⅲ.①廉政建设-案例-中国 Ⅳ.①D630.9

中国版本图书馆 CIP 数据核字（2019）第 047483 号

廉洁创新的中国实践
——首届"中国廉洁创新奖"获奖案例集

主　　编 / 任建明　过　勇

出 版 人 / 王利民
责任编辑 / 王玉霞
文稿编辑 / 王　悦
责任印制 / 王京美

出　　版 / 社会科学文献出版社·城市和绿色发展分社（010）59367143
　　　　　　地址：北京市北三环中路甲29号院华龙大厦　邮编：100029
　　　　　　网址：www.ssap.com.cn

发　　行 / 社会科学文献出版社（010）59367028
　　　　　　北京志愿文化有限公司（010）59366500

印　　装 / 三河市龙林印务有限公司

规　　格 / 开　本：787mm×1092mm　1/16
　　　　　　印　张：16.5　字　数：249千字

版　　次 / 2019年4月第1版　2022年3月第3次印刷
书　　号 / ISBN 978-7-5201-4458-2
定　　价 / 68.00元

读者服务电话：4008918866

版权所有 翻印必究